DEEP LEARNING

ENGAGE THE WORLD CHANGE THE WORLD

DEEP LEARNING : ENGAGE THE WORLD CHANGE THE WORLD
by Michael Fullan, Joanne Quinn, Joanne McEachen

Copyright 2018 ⓒ Corwin Press, Inc. (a SAGE Publications, Inc. company)
Originally published by Sage Publishing in London, California, New Delhi and Singapore.

Korean translation copyright ⓒ 2025 by ERICK PUBLISHER
Korean language edition published by arrangement with Sage Publishing through EYA Co.,Ltd

All rights reserved.

이 책의 한국어판 저작권은 EYA Co.,Ltd를 통해
SAGE PUBLICATIONS, INC. & CORWIN PRESS와 독점 계약한 <교육을바꾸는사람들>에 있습니다.
저작권법에 의해 한국 내에서 보호를 받는 저작물이므로 무단전재와 복제를 금합니다.

전 세계 1200개 학교에서 실행한 글로벌 역량교육의 실제

역량교육, 이렇게 한다

Michael Fullan · Joanne Quinn · Joanne McEachen 지음
이병승 · 박인혜 옮김

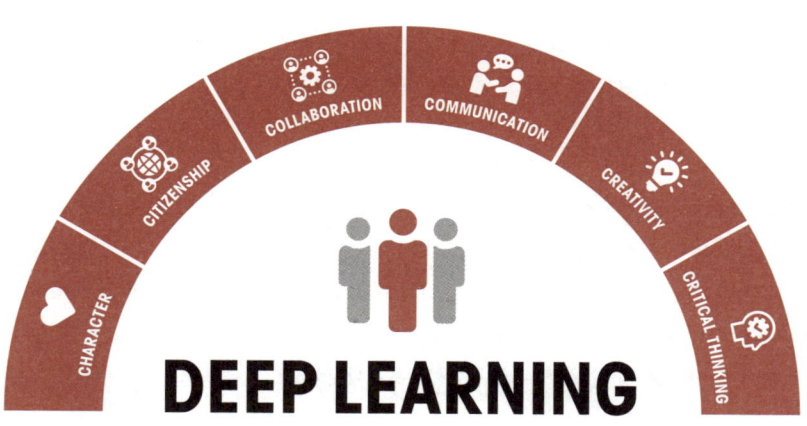

교육을바꾸는사람들

추천의 글

『Deep Learning: : Engage the World Change the World』의 한국어판 출간을 축하합니다. 글로벌 역량과 깊은학습의 네 가지 요소에 초점을 맞춘 교육은 모든 학생을 위한 공정하고 공평한 교육을 실현할 수 있는 강력한 추진력입니다. 앞으로 한국이 깊은학습의 교수학습 프레임워크를 실현하는 작업에 보다 적극적으로 함께하기를 희망합니다.

톰 다미코 _ 오타와주 가톨릭 교육청 교육감, NPDL 캐나다 공동 대표

이 책은 6C, 즉 인성(character), 시민자질(citizenship), 협업(collaboration), 의사소통(communication), 창의성(creativity), 비판적 사고(critical thinking)를 습득해 가는 과정으로서 '깊은학습' 개념을 제시한다. 이는 우리나라 2022 개정 교육과정 총론에서 강조한 "깊이 있는 학습을 통해 역량을 함양"하고자 하는 교육적 목표와도 공명한다. 이 책의 강점은 '깊은학습'을 교육과정 문서상에만 존재하는 수사가 아닌, 학생 성장의 장으로 다시 배치하는 데 있다. 구체적으로 깊은학습의 설계, 평가, 그리고 이를 지원하는 리더십과 시스템 전체의 변화에 대한 다양한 교육맥락과 사례를 통해, 역량교육의 실제를 설득력 있게 보여준다.

이무성 _ 연세대학교 교육학부 교수

세계 각국에서 유치원부터 고등학교까지 일관되게 학생들의 자기 주도성에 근거한 역량교육을 실현하는 프레임과 실제 사례들을 보여주는 책이다. 특히 시민교육을 역량교육 안에 포함하여 일관되고 지속성 있게 설계, 추진한 내용은 주목할 만하다. 지역단위 교육혁신을 위해 지자체, 교육 행정가, 학교장 그리고 선생님들이 함께 읽고 토론할 좋은 촉매가 될 것으로 기대한다.

이상수 _ 서울시교육청 교육정책국장

이 책은 학생, 교사, 가족, 지역사회가 함께하는 학습 파트너십의 중요성을 강조하면서 배움이 교실을 넘어 삶 전체로 확장될 가능성을, 학생들이 자기 삶의 주인이자 사회 변화를 이끄는 시민으로 성장할 수 있다는 희망을 보여준다.

김수구 _ 대전 둔산중학교 교장

세계 최고의 교육개혁 전문가들이 소개하는 역량교육에 대한 글로벌 실행보고서이자 미래역량 교육을 준비하는 교육 리더들이 반드시 읽어야 할 귀중한 자료이다. 이 책은 학생들의 자기 주도성 신장을 통해 교실의 변화를 이끌어내고자 하는 선생님들께 깊은 통찰과 실행 가능한 매뉴얼을 제공하고 있다.

김길수 _ 전북 백암초등학교 교장

학습자, 교사, 학부모, 지역사회 모두가 함께 변화를 만들어 가는 모습을 통해, 교육이 단지 수업 방법의 개선을 넘어 학교문화와 시스템을 혁신하는 길임을 설득력 있게 제시하는 책입니다. 이 책이 교사와 학생, 그리고 교육 리더들에게 새로운 영감을 줄 것이라 확신하며, 우리 모두가 바라는 "모두를 위한 깊은학습"을 실천하는 데 있어 든든한 길잡이가 되기를 바랍니다.

박종필 _ 경기 평택 율포초등학교 수석교사

전 세계 1,200개 학교의 실천과 검증을 통해, 교육이 단순한 교수법의 변화가 아닌 시스템 전체의 혁신이어야 함을 명확히 보여줍니다. 저자들이 제시하는 6C 글로벌 역량은 미래 세대를 준비시키는 데 있어 가장 핵심적인 지침이며, 이는 현 시대가 추구하는 학습 철학과도 정확히 맞닿아 있습니다. 이 책은 교육 리더와 정책 결정자, 현장의 모든 교사들이 반드시 읽어야 할 필독서라 확신합니다.

조현구 _ CT(구 클래스팅) CEO

이 책은 '깊은학습'을 교육의 도구로 다루는 데 그치지 않고, 전문적, 사회적, 문화적 자본의 강화를 돕고 강력한 시너지를 창출하는 체계적 접근으로 다룬다. 소수의 승자만이 결승선을 통과하는 학교 시스템은 더 이상 유지될 수 없다. 모두가 배울 수 있다는 신념에 근거한 깊은학습은 학습자의 다양성을 인정하고, 학교 시스템의 변화와 진화를 돕는다. 또한 궁극적으로 이러한 거대한 변화가 문화가 될 수 있도록 실질적인 조언을 제공한다.

안드레아스 슐라이허 _ OECD 교육기술국장

이 책은 전 세계 7개국 1200개 학교와의 공동 작업을 통한 결과물이다. 이를 바탕으로 저자들은 깊은학습의 강력한 힘, 시스템 리더가 갖춰야 할 모습, 모든 학생들이 도전적이고 참여적이며 주도적이어야 한다는 점 등을 강력히 보여준다. 산업화 시대의 관료주의로 물든 조직에서 벗어나 학습과 창의성이 살아 있는 새로운 조직으로 교육을 변화시키고 싶은 교육 리더들이라면 반드시 읽어야 할 책이다.

잘 메흐타 _ 하버드 교육대학원 부교수

마이클 풀란과 동료 조앤 퀸, 조앤 매키첸의 협력으로 탄생한 이 획기적인 책은 수많은 학생들에게 보다 깊이 있는 학습 경험을 제공할 방법을 담고 있다. 형평성을 높이고 학생들의 내재적 호기심을 활용하는 데 관심이 있는 교육자들에게 이 책은 정말 귀중한 자료가 될 것이다.

페드로 노구에라 _ 서던캘리포니아교육대학원 학장

저자들은 깊은학습을 대규모로 실행할 수 있게 하는 강력한 아이디어들을 제시하고 있다. 깊은학습은 개별 학생과 교사부터 교실, 학교, 국가에 이르기까지 모든 수준의 시스템에서 다양한 사례를 개발하여 우리가 알고 있는 학교 교육을 변화시킬 수 있는 방식으로 학습을 근본적으로 재설계할 방법을 제시한다.

린다 달링 해먼드 _ 스탠퍼드대학교 명예 교수

우리는 창의성이 자본이 되는 세상에서 살고 있다. 이 책은 우리를 이러한 세상으로 깊이 데리고 들어간다.

단 루스하르데 _ 디자이너, 건축가, 혁신가

행동을 촉구하는 책이다. 세 저자들은 깊이 있는 개념적 지식과 방대한 실천 경험을 바탕으로 우리를 변화의 여정으로 이끈다. 전 세계 7개국 1200개 학교에서의 작업을 토대로 한 깊은학습은 인문주의적이고 국제적인 정신을 보여준다.

미겔 브레너 _ 우루과이 플랜 세이발(Plan Ceibal) 재단 원장

깊은학습은 학생들에게 배움에 대한 목표를 심어주고 세상과 연결되도록 만들 것이다. 나는 최근 저자들과의 국제 모임에서 깊은학습의 생생한 현장을 목격했다. 학교가 자신의 삶과 아무런 관련이 없다고 여기는 무기력한 학생들을 향해, 교사들은 참여와 의욕을 이끌어내기 위해 열정을 불태우고 헌신하고 있었다. 이 책은 우리 학생들이 분명 잠재력을 꽃피울 수 있다는 사실을 보여준다.

엘런 노벰버 _ 노벰버러닝 수석 파트너

| 차례 |

추천의 글   4
들어가며   15

PART 1 ── 세상의 변화에 동참하라

제1장   왜 지금, 깊은학습인가

삶과의 관련성	27
깊은학습의 매력	31
미래를 위한 도전	39

제2장   깊은학습, 무엇이 다른가

학습에 대한 새로운 상상	43
깊은학습의 본질	49
깊은학습의 필요성	57
학교문화 재정립	65
마무리하며	68

제3장   깊은학습이 가져올 변화

시스템 혁신과 일관성	71
깊은학습을 통한 일관성 구축	78
깊은학습 프레임워크	80
마무리하며	86

PART 2 ── 살아 있는 실험실

제4장   깊은학습의 실제

교실에 일어난 변화	91
새로운 가능성의 발견	100
깊은학습의 실현	113
마무리하며	118

제5장   깊은학습 설계 1 - 학습 파트너십

새로운 교육	121
학습 파트너십	124
마무리하며	149

제6장   깊은학습 설계 2 - 학습 환경, 디지털 활용, 교수법 실행

학습의 설계	151
학습 환경	152
디지털 활용	156
교수법 실행	160
네 가지 핵심 요소의 통합	170
마무리하며	171

제7장   깊은학습을 촉진하는 힘, 협업

협업의 중요성	185
협력적 탐구	191
학습 경험의 협력적 설계	193
학생 성장을 위한 협력적 조정	200
마무리하며	210

제8장　시스템 전체의 변화

- 학습 문화의 전환　213
- 깊은학습 촉진의 조건　217
- 새로운 동력　219
- 실천 사례들　227
- 마무리하며　245

제9장　새로운 측정과 평가

- 새로운 도구의 필요성　249
- 초기 측정 결과　258
- 글로벌 수준의 조정　271
- 마무리하며　272

PART 3 ── 불안정한 미래

제10장　파멸인가, 구원인가

- 세이렌　279
- 흥미로운 지점　283

참고문헌　291

깊은학습 여정에 함께한 나라들　299

| 도표 목록 |

도표 2.1	깊은학습을 위한 6C의 정의	51
도표 2.2	깊은학습 진전도의 예 (협업 역량 중 '상호보완적 협력' 영역)	55
도표 2.3	웰빙의 4개 발달 영역	59
도표 3.1	일관성 프레임워크	74
도표 3.2	깊은학습 프레임워크	82
도표 4.1	깊은학습의 6대 글로벌 역량	92
도표 4.2	미래사회에 요구되는 업무 역량	92
도표 5.1	학습 설계의 네 가지 요소	122
도표 5.2	학습 파트너십	125
도표 5.3	학생 학습 모형	126
도표 5.4	교사의 새로운 역할	135
도표 6.1	학습 환경	152
도표 6.2	디지털 활용	157
도표 6.3	교수법 실행	161
도표 6.4	기존 교수법과 새롭게 등장한 혁신적 교수법의 융합	164
도표 6.5	새롭거나 오래된, 좋거나 나쁜 교수법	167
도표 6.6	깊은학습 설계를 위한 호주 클러스터의 템플릿	170
도표 7.1	학습 설계를 지원하는 협력적 탐구	190
도표 7.2	협력적 탐구 과정 (4단계로 재구성)	192
도표 7.3	깊은학습 글로벌 챌린지 (UN 아동 인권 협약)	197
도표 7.4	협력적 평가와 조정을 위한 프롬프트 예시	203
도표 7.5	깊은학습으로 재설계된 이니그마 미션	208
도표 8.1	깊은학습의 도입과 설계를 위한 네 가지 요소	217

도표 8.2	깊은학습 조건 루브릭 예시	220
도표 8.3	새로운 변화 동력	222
도표 8.4	파인리버 고등학교의 연간 발전계획 (2017년)	230
도표 9.1	깊은학습 진전도의 예 (협업 역량)	254
도표 9.2	역량별 깊은학습 진전도 평가 결과	259
도표 9.3	깊은학습 모범 사례에 포함된 학습 설계의 단서들	264
도표 9.4	역량 진단을 위한 평가지 (수업 전)	266
도표 9.5	역량 진단을 위한 평가지 (수업 후)	266
도표 9.6	깊은학습과 교육과정의 연계 예시 (캐나다 밀그로브 공립학교)	268
도표 9.7	깊은학습과 교육과정의 연계 예시 (핀란드)	269

깊은학습 사례 목록

사례 1.1	학교에서 입을 열지 않았던 학생	32
사례 1.2	창의적인 지원서를 제출한 학생	33
사례 1.3	의욕 없고 무기력한 학생	34
사례 4.1	새로운 접근으로 기후 변화를 배우는 학생들	93
사례 4.2	스스로 도전 과제를 설정하고 해결한 학생들	95
사례 4.3	목표 실현을 위해 행동에 나선 학생들	97
사례 4.4	깊은학습을 주도한 학생들	102
사례 4.5	지역사회와 연계를 추진한 학생들	103
사례 4.6	협업으로 학교 주변을 변화시킨 학생들	105
사례 4.7	자신과 공동체의 삶을 변화시킨 학생	107
사례 4.8	삶과 관련된 학습으로 잠재력을 일깨운 학생	109

사례 5.1	새로운 파트너십을 발전시킨 학생들	131
사례 5.2	달라진 학습 파트너십이 교사에게 가져온 변화	132
사례 5.3	문제 해결을 위한 지역 전시회를 주도한 학생들	133
사례 5.4	실제 학습을 통해 필요한 역량을 알게 된 학생들	145
사례 5.5	지역사회와의 파트너십이 학교에 가져온 변화	146
사례 6.1	작은도서관 설립 프로젝트를 주도한 학생들	168
사례 6.2	지역사회 기여를 통해 성장하는 학생들	173
사례 6.3	실패를 통해 창의력을 키워나가는 학생들	175
사례 6.4	호기심을 도전적 과제로 풀어낸 학생들	176
사례 6.5	생활 주변 문제 해결에 도전한 학생들	178
사례 6.6	기부의 의미를 발견하고 실천하는 학생들	179
사례 6.7	초콜릿을 통해 공정무역의 의미를 발견한 학생들	181
사례 8.1	학교의 변화를 주도한 교사들	228
사례 8.2	지역의 변화를 주도한 교육청	234
사례 8.3	시스템 변화를 주도한 리더들	237

일러두기

- 이 책의 제목인 'Deep Learning'은 '깊은학습'으로 붙여 써서 고유성을 가진 자체 용어로 번역했다.

- 인명, 지명 등의 외래어는 국립국어원의 외래어 표기법을 따랐다. 단 해외 학술 단체명, 학회지의 표제, 연구 프로젝트명은 국내 학회와 언론, 문헌에서 통용된 사례를 참고해 표기했다.

- 영문 두문자어로 쓰이는 고유명사는 처음 나올 때 원어명과 옮긴이 주로 설명하고 이후 약어로만 제시하였다.

들어가며

깊은학습은 지금까지 시도된 어떤 교육 혁신과도 그 본질과 범위가 다르다. 깊은학습은 단순히 수업 방식을 바꾸는 데 그치는 것이 아니라 교육의 결과, 즉 학습자의 역량 자체를 변화시키기 때문이다. 여기서 역량은 글로벌 역량인 6C(인성, 시민자질, 협업, 의사소통, 창의성, 비판적 사고)를 포함하는 보다 큰 개념이다.

깊은학습은 학습의 초점을 학생 개인이나 공동체에게 의미 있는 문제에 맞추고 그 문제의 원인과 해결 방안을 깊이 있게 탐구한다. 이러한 학습은 학생, 교사, 부모 등 교육에 참여하는 모든 사람의 역할을 근본적으로 변화시키고, 모든 구성원에게 영향을 미쳐 시스템 전체의 개혁과 혁신을 일으킨다. 시스템 전체의 형평성(equity)과 탁월성(excellence)을 성취하려는 목표를 품고 있다면 이를 실현할 방법 또한 이 책에서 찾을 수 있을 것이다. 아직 해결되지 못한 부분들이 일부 남아 있긴 하지만 그럼에도 교육 현장에 새로운 에너지와 통찰을 가져올 수 있다는 점만은 분명하다.

우리는 그동안 학교 시스템 파트너들과 함께 교육변화에서 큰 진전을 이루어 왔다고 자부한다. '새롭고 유망한 것'들이 교육 현장 곳곳에 숱하게 등장했고, 해결 방안이 절실한 사람들에게는 이들이 꽤 반짝거리는 유혹으로 다가왔을 것이다. 깊은학습 또한 마찬가지로 그리스 신화에 나오는 세이렌의 매혹적인 소리처럼 사람들을 나락으로 유인하는 건 아닐까 우려가 있는 것도 안다. 우리가 걸어온 변화의 여정은 무척이나 험난하고 기존 문화를 거스르는 길이었다. 그럼에도 우리는 깊은학습이야말로 교육에 진정한 혁신을 가져올 구원의 길이라 믿으며 나아가는 중이다. 기술을 활용한 혁신은 교육에서도 폭발적으로 진행되고 있으며 그 흐름은 앞으로 더 가속될 것으로 보인다. 그러나 기술은 학습의 가속장치일 뿐, 발전과 확장의 근본적인 동력은 학습 그 자체에 있다.

현재의 교육 시스템에 답답함을 느끼는 사람들, 특히 교육의 형평성을 위해 애쓰는 이들일수록 빠른 변화와 가시적인 성과를 기대하는 마음이 크다. 그런 조급함은 때때로 성과를 과장하거나 지나치게 부풀려 말하게 만들 수 있다. 2017년 7월 21일자 《이코노미스트》 표지에는 뇌 이미지를 배경으로 '학습의 미래: 기술은 교육을 어떻게 변화시키고 있는가'라는 표제가 실렸다. 이 글은 게이츠재단에서 지원하고 랜드코퍼레이션에서 수행한 연구 보고서 「개인별학습(personalizd learning)의 실행 및 효과에 관한 연구」(Pane et al., 2017)에서 나온 것으로, NGLC(Next Generation Learning Challenges : 공교육 혁신을 위한 공공·민간 협력체—옮긴이)의 혁신적 학교모델 프로그램에 참여한 40개 학교 대상 연구를 기반으로 한다. 이 학교들 중 4분의 3은 공립형 자율학교로 평균 학생 수가

230~250명 내외인 소규모 학교들이다. 또한 기술을 활용한 개인별학습을 실천함으로써 학생의 필요와 목표에 맞게 수업을 조정하고 있었다(Pane et al., 2017).

그러나 전통적인 방식으로 운영되는 다른 공립학교들과 비교하면 이들 학교에서 긍정적인 결과가 나온 것들도 있지만, 전반적으로 두 학교 집단 간 눈에 띄는 차이점은 나타나지 않았다(p. 2). 솔직히 이 연구 결과는 우리의 기대에 못 미치는 것이었다. 개인별학습은 깊은학습 모델 중 극히 일부일 뿐이지만 그럼에도 대상 학교들이 상대적으로 변화에 유리한 조건을 가진 학교라는 점을 감안하면 아쉬운 결과다(p. 3).

- 각 학교들은 저마다 다양한 방식으로 개인별학습을 구현하고 있었지만, 기대했던 만큼 기존 학교들과 근본적 차이를 보인 곳은 없었다.

- 학생과 교사가 학습의 진전 정도와 목표에 대해 토론한다거나 학생의 강점·약점·목표를 업데이트하고 학습 주제와 자료를 학생이 직접 선택하게 하는 등, 실제로 학교에서 구현하기 어려운 요소들은 기존의 전통적 학교나 이 학교들 모두 별다른 차이가 없었다.

맞는 말이다. 이 연구 자체는 분명 신뢰할 만하다. 문제는 《이코노미스트》가 변화를 너무도 간절히 열망하다 보니 그러한 변화가 실제 현실이 된 것처럼 믿어버렸다는 데 있다. 물론 여기서 가정한 몇 가지 전제가 있긴 하다(Economist, 2017). "교사와 기술이 유기적으로 협력한다면", "기술이 격차를 줄이는 데 효과적으로 쓰이게 된다면"과 같은 전제는 우리도 충분히 동의할 수 있다. 다만 이를 실천에 옮길 전략이나 실행 플랜은 없다는 점이 문제다. 앞서 본 랜드코퍼레이션의 연구 결과에서도 드러났지만 기회와 자원을 갖춘 유리한 학교들조차 현실에서 변화를 위한 실천으로 깊이 나아가지 못하는 상황이다.

하지만 이 책은 깊은학습의 포괄적인 모델과 함께 7개국 수많은 공립학교에서 실제로 진전을 보인 사례를 바탕으로 한다. 우루과이의 사례에서처럼 새로운 소프트웨어와 기기를 이용함으로써 많은 취약계층 학습자에게 긍정적 효과를 가져온 경우도 찾아볼 수 있다. 그동안 우리는 시스템 변화에 대해 집중적으로 작업해 왔다. 우리의 방식은 큰 시스템 단위와 파트너십을 맺어 중요한 변화를 일으키고, 그로부터 배워서 다음 단계를 더 잘 수행하고, 이것이 이론에 다시 영향을 미치는 것으로, 이론과 실행 둘 다의 향상, 즉 '이론을 견인하는 현장의 실천'이 함께 이루어지게 된다. 최고의 아이디어는 이처럼 연구 자체가 아니라 선도적인 실천가로부터 나오는 경우가 많다. 지금은 변화가 필요한 때이자 행동에 나설 기회가 열려 있는 시점이다.

기존의 낡은 시스템은 소수에게만 유효하다. 학교 성적이 우수한 사람들은 언뜻 성공을 거둔 듯 보이지만 점점 더 복잡해지는 시대를 살아갈 준비가 충분히 되었다고 보기 어렵다. 흥미로운 점은 최근의 위기 상황이 인류가 서로 간, 그리고 지구 및 우주와의 관계를 재고하게 만들고 있다는 사실이다. 현재 인류가 처한 상황은 역사상 유례없는 도전적

국면이며, 그렇기 때문에 세상의 변화에 능동적으로 대처하기 위해 무엇보다 학습이 절실하다. 교육자이자 비판적 철학자인 파울루 프레이리(Paulo Freire)가 1960년대에 농민들에게 제시했던 변화의 비전이 이제는 전 세계적으로 나타나고 있다는 말이다. 그는 '세계를 변화시키는 주체로서의 인간', 즉 인간은 개인적으로나 공동체적으로 더 풍요롭고 충만한 삶의 가능성으로 나아가는 존재라고 보았다. 또한 전환의 시기에 인간에게 가장 필요한 것은 변화를 위한 깊이 있는 학습과 실천이라고 생각했다(Freire, 2000, p. 32). 지금이야말로 바로 그 변화의 시기라는 것은 굳이 설명할 필요도 없을 것이다.

깊은학습은 무섭도록 혼란하고 복잡한 세상에서 우리의 자리를 찾아가는 과정이다. 자리를 찾는다는 것은 개인이 타인과 함께 학습하면서 현실을 변화시킨다는 뜻이기도 하다. 깊은학습 운동(deep learning movement)에서 중요한 점은 정책이나 상위 수준(정부)이 이러한 움직임을 주도하지 않는다는 것이다. 오히려 이 운동의 동력은 중간 수준(교육청 및 지방자치단체)과 하위 수준(학생, 교사)에서 더 크게 나오고 있다. 현명한 정책 입안자들이라면 이러한 사실을 활용, 깊은학습의 확산을 더욱 촉진함으로써 글로벌 역량을 갖춘 시민을 키워내고자 할 것이다.

이 책은 우리가 전 세계 학교 시스템과 협력하여 실제로 수행하고 있는 작업에서 시작되었다. 우리는 현재의 교육 시스템이 더이상 지속될 수 없다고 보고 그 대안을 구체화하여 내보일 계획이다. 책에 제시한 새로운 돌파구는 학생, 학부모, 교육자들의 관심과 주목을 받고 있으며 의도적인 사회 운동이라고 부를 만한 흐름을 만들고 있다. 이런 점에서 깊은학습은 시스템 전반을 변화시킬 만한 잠재력을 지니고 있다.

다만 깊은학습이 너무 복잡하고 어려워지면 이러한 움직임이 약화하면서 현 상태를 유지하려는 강력한 힘에 묻혀버리지 않을까 우려된다. 어떤 결과가 나올지는 예측할 수 없다. 모두의 세상을 바꾸는 흥미로운 학습의 일부가 될 수도 있지만 아무런 변화도 일으키지 못하고 지나가 버리는 그저그런 무언가가 될 수도 있다. '더 많이 달라질수록 오히려 달라지는 것은 아무것도 없다.'는 말이 있다. 과연 지금의 세상은 무언가 달라지는 쪽에 서 있는가? 우리는 그렇다고 믿고 있다.

이 책은 학습을 통해 현재보다 훨씬 더 깊이 있고 더 나은 세상으로 나아갈 방법에 관해 이야기할 것이다. 근본적인 변화를 모색하기 위해 우리가 취한 접근 방식은 시스템 내의 모든 수준에서 구성원들과 협력하는 것이다. 즉 지역 학교 및 커뮤니티, 중간 수준(교육청, 지방자치단체, 네트워크) 및 상위 수준(정부)과 협력함으로써, 살아있는 배움의 실험실에서 시스템 전반의 '문화 재정립(re-culturing)'을 시도하려는 것이다. 이 책은 호주, 캐나다, 핀란드, 네덜란드, 뉴질랜드, 미국, 우루과이를 포함한 NPDL(New Pedagogies for Deep Learning, 깊은학습을 위한 새로운 교수법)이라는 파트너십을 통해 전 세계 1,200개 학교와 협력한 결과물이다.

'문화 재정립'이라는 용어는 우리가 의도적으로 사용한 것이다. 조직문화 연구의 선구자인 에드거 샤인(Edgar Schein)은 조직문화란 '어떤 집단이 외부 적응과 내부 통합의 문제해결 과정에서 학습하고 공유한 기본 가정의 패턴'이라 정의한다(2010, p. 18). 깊은학습은 문화를 바꾸고 재정립하는 일이다. 프로그램은 확산되지 않지만 문화는 확산된다

(Scott, 2017). 이 책에 제시된 수많은 성공적 사례에도 불구하고 아직은 시스템의 변화가 대규모로 일어났다고 말할 수는 없다. 다만 이러한 노력에 깊이 관여하고 있는 집단이 점점 증가하고 있기에 시스템 전체의 변화도 곧 뚜렷해질 것으로 확신한다. 나아가 전 세계 개별 학교에서 일어나고 있는 깊은학습 사례들 또한 더 큰 변화를 위한 발판으로 작용할 수 있을 것이다.

우선적으로 짚어 보아야 할 거대한 장벽들이 있다. 잘못된 정책, 부적절한 시험 제도, 권력을 가진 사람들이 유지하고 가중시켜 온 불평등, 공교육에 대한 부적절하고 고르지 못한 투자가 그것이다. 깊은학습이라는 새로운 개념이 올바른 방향으로 가고 있으며 단기간에 성과를 낼 수 있다는 사실을 입증해야 하는 복잡성도 장벽이라 할 수 있다.

지금까지 깊은학습은 수많은 학생, 교사, 학부모 등 많은 사람들에게 인상적으로, 실로 놀랍게 받아들여졌다. 이러한 변화가 앞으로 어디를 향할 것인지는 알 수 없지만 단 하나 자신 있게 말할 수 있는 것은 현재의 교육 시스템이 더 이상 효과적이지 않으며, 향후 20년 이내에 어떤 식으로든 변화되거나 사라질 것이라는 점이다. 학생의 목소리와 필요를 배제하고 지루하게 진행되는 학교 교육은 더이상 용납될 수 없다. 디지털 방식으로 무장한 세상의 역동적인 변화는 좋든 싫든 우리 의지와는 관계없이 급격한 변화를 강요할 것이다.

이 책은 깊은학습의 의제를 실행하고 있는 7개국에서 실제로 일어나고 있는 변화를 자세히 관찰하고 의미 있는 지점을 포착하려 한다. 지금 일어나고 있는 변화를 관찰하는 것은 매우 중요하다. 많은 경우 그 변화가 기존 시스템 내부의 사람들로부터 발생하기 때문이다. 이에 더하여 학교, 교육청 및 시스템에서 혁신을 주도하는 실행 사례들은 NPDL 홈페이지(https://deep-learning.global)를 방문하기 바란다. 이 책에 제시된 동영상(책에 수록된 큐알코드를 활용할 것—편집자)을 포함, 다양한 참고문헌과 자료를 활용할 수 있다.

이 책은 세 부분으로 구성되어 있다.

PART 1에서는 깊은학습이 왜 필요하고 중요한지, 무엇이 깊은학습을 만드는지에 관한 내용을 다룬다. 이를 통해 전체적인 그림을 그리고, 학습 시스템의 전면적이고 혁신적인 변화를 위한 서막을 연다. 그런 다음 학습의 변화를 주도하기 위한 하나의 모형을 제시한다.

PART 2에서는 전 세계 학생, 교사, 가족에게 영향을 미치고 있는 흥미로운 사회운동을 설명한다. NPDL 파트너십을 기반으로 깊은학습이라는 개념을 정의하고, 깊은학습 설계를 가능하게 하는 핵심 요소들을 규명하며, 학습과 교수 실천의 변화를 이끌어낼 협력적 탐구 과정을 살펴볼 것이다. 또한 깊은학습을 지역과 국가 수준에서 활성화하는 데 필요한 조건과 리더십 사례를 다루며, 깊은학습의 진전을 평가하고 소통하기 위한 새로운 측정 지표의 필요성도 알아보려 한다.

PART 3에서는 깊은학습의 여정에서 새롭게 발견한 것들을 요약하고, 결과를 판별하고, 전환 가능한 방법과 가능성의 문제를 다룬다.

깊은학습은 오래도록 기억할 가치가 있는 학습이다. 프레이리에 따르면(Freire, 2000), 학습자는 가치 있는 학습을 통해 세상에 영향을 미치는 존재가 되고 이를 통해 자신과 세계 자체를 변화시킨다. 이것이 바로 이 책에서 제안하는 핵심적인 돌파구이다. 자신을 둘러싼 세계와 교류하며 세상을 변화시키는 것은 학습의 근본적인 목표이다. 가치 있는 학습은 학생의 열정을 자극하고 교사와 학부모를 흥분시킨다. 이것은 우리의 미래이기도 하다. 이 책은 바로 그러한 내용이다.

마지막으로 소개할 내용은 깊은학습이 '형평성을 통한 탁월성 구현(excellence through equity, 긍정적 차별로 모든 학생을 성공으로 이끈다는 뜻—옮긴이)'과 어떻게 관련되는가이다. '형평성 가설(the equity hypothesis, Fullan & Gallager, 2017)'도 이 문제를 고민하는 과정에서 나왔다. 깊은학습은 모든 사람에게 유익하지만 전통적인 교육 시스템에서 소외된 사람들에게 특히 강력한 효과를 발휘한다. 형평성을 통한 탁월성 구현은 우리 사회에 주어진 과제이며 깊은학습은 그 해결에 중요한 역할을 할 수 있다. 깊은학습을 통하면 '모두를 위한' 형평성과 탁월성의 결합이 가능할 뿐만 아니라 사회경제적 불평등으로 인한 학습의 격차를 줄일 수 있다. 이는 단순한 도덕적 당위가 아니라 인류의 생존과 번영을 위해 꼭 필요하고 절박한 문제다.

PART 1

세상의 변화에 동참하라

배울 만한 가치가 있는 것들은
가르칠 수 있는 것이 아니다.
Nothing worth learning can be taught.

·

오스카 와일드 Oscar Wilde

| 제1장 | 왜 지금, 깊은학습인가

삶과의 관련성

거대한 변화는 늘 한쪽에서는 밀어내고 다른 쪽에서는 끌어당기는 방식으로 이루어지는데, 대개 끌어당기는 힘이 더 강력하다. 하지만 지금의 교육 현실에서 눈에 띄는 것은 학생을 학교에서 '밀어내는' 여러 요인들이다. 그중에서도 가장 강력한 요인은 학교 교육이 학생들에게 그다지 매력적이지 않다는 점일 것이다.

    유치원생부터 고등학생까지 교실 수업에 참여하는 학생의 비율을 조사한 여러 연구자 중 하나로 리 젠킨스(Lee Jenkins, 2013)가 있다. 그의 연구에 의하면 유치원생과 초등학교 저학년 학생들은 약 95퍼센트가 수업에 참여하는 반면, 고등학교 2학년이 되면 참여 비율이 약 39퍼센트 정도로 감소하는데, 학생과 교사를 대상으로 하는 다른 연구에서도 비슷한 결과가 보고되고 있다. 또한 수업에 참여하는 학생들도 수업이 재미있어서가 아니라 대부분 성적 때문에 어쩔 수 없이 참여하고 있다. 갤

럽 조사(Gallup Poll, 2016)에서도 전체 초중고 학생 중 최소 3분의 1이 '수업에 적극적으로 참여하지 않는' 상태이며, 고등학교 2학년 학생의 경우 초등학교 5학년 학생보다도 수업 참여도가 현저히 떨어진다고 보고됐다. 이와 같은 결과는 현 교육에 대한 단순한 비판을 넘어, 지금껏 유지되고 있는 150년 전의 학교 교육 형태가 더 이상 적합하지 않다는 근거로 받아들여져야 한다.

기존의 학교 교육이 무의미하게 느껴지는 또 다른 요인, 즉 '밀어내는' 요인은 미래 직업 세계의 특성이다. 미래의 직업 시장은 예측하기 어려울 뿐만 아니라 로봇의 증가 등으로 일자리 수도 줄어들고 있다. 좋은 미래를 보장받기 위해서는 학교 졸업장이 필요했기에 학교를 다닐 동기가 그 자체만으로도 충분했던 기성 세대와 비교하면, 현 세대는 자신들이 어떻게 해야 바람직한 미래로 나아갈 수 있을지 상상조차 하기 어려운 형편이다. 빈곤 계층이나 소수 민족 학생들에게는 이러한 불확실성이 더욱 심각하다. 학교에 대한 소속감이나 연대감은 고사하고 보호조차 받을 수 없다는 절망감마저 느낀다. 단도직입적으로 결론을 내리자면 대다수 학생들에게 전통적인 학교 교육은 진지하게 받아들여야 할 이유가 없다. 학교 밖에는 약물, 디지털 세계 등 관심을 끌고 유혹할 만한 것들이 널려 있고 아무것도 하지 않고 지내도 그만이다. 만족감까지는 아닐지라도 최소한 편안함과 즉각적인 안도감을 제공하기에 쉽게 선택할 수 있고 저항도 적다.

우리는 변화라는 개념이 '~로부터의 자유' 또는 '~할 수 있는 자유'에서 비롯된다고 보고 있다(Fullan, 2015). 인간은 제약이든 지루함이든 억압적인 무언가로부터 벗어나려고 노력하기 마련이니까 말이다. 그러나 막상 새로운 자유가 주어지면 그 자유로 무엇을 어떻게 할 것인지 결정하는 데에는 익숙하지 않으므로 잘못된 일에 빠져들거나 사람들에게 휘둘리기 쉽다. 독일의 저명한 사회심리학자이자 정신분석가인 에리히 프롬(Eric Fromm, 1941, 1969)은 "인간은 순수한 자유에 대해 불편과 고독감을 느끼기 때문에, 이러한 부담에서 벗어나고자 자유를 포기하고 새롭게 의존할 대상을 찾거나, 아니면 긍정적인 방식으로 자유를 완전히 실현하고자 나아가려는 경향이 있다."고 주장했다(p.x). 자유를 실현하는 것은 분명 그리 쉬운 일은 아니다. 그러다 보니 자유의 공백 속에서 고립된 채 퇴보하거나 잘못된 집단에 종속되어 의존하려 한다. 이러한 상황에서는 사람들을 의미 있는 활동으로 '끌어당기는' 특별하고 강력한 힘이 필요하다. 깊은학습은 바로 그러한 힘을 가지고 있다.

    물론 걱정해야 할 문제들도 많다. 점점 악화되고 있는 문제들 중 하나는 갈등이다. 역사적으로 보면 이전 시대보다 큰 규모의 갈등은 아닐지라도, 네트워크로 연결된 현대 사회에서 갈등은 더욱 즉각적으로 나타나며 그 반작용과 반발은 훨씬 더 치명적이다. 우리는 이를 '큰 그림(세상은 어디로 가고 있는가?)'과 '작은 그림(나는 어디에 맞춰야 하는가?)'이 하나로 융합되는 상황이라 보고 있다. 여덟 살도 안 된 어린아이들조차 일상에서 불안을 느끼는 실정이다. 지금의 세상은 너무나 불안정하고 누구에게나 쉽게 노출되기 때문에 수많은 아이들이 어린 나이부터 불안을 느끼기 시작하고, 오랫동안 지속된 불안이 뇌까지 영향을 미치고 있다. 반면 정보에 대한 접근은 더욱 즉각적이고 폭발적인 추세로 증가하고 있다. 갈등을 풀어나갈 대안으로 떠오르는 것들 중 효과적으로 보이는 것은 아직 없다. 타조와 같은 대응(위험에 처하면 머리를 파묻는 타조의 습성처럼 일시적으로 문제를 회피하려는 방식—옮긴이)은 설득력이 없고, 어떻게 대처해야 하는지 또는 무엇과 싸워야 하는지조차 불분명하다. 이 책은 이러한 상황을 해결할 방법을 찾아 기꺼이 여정을 시작하려는 이들을 위해 쓰였다. 미지의 영역을 향한 이 여정에서 좋은 학습자가 되는 것이야말로 궁극적인 자유의 실현이 될 수 있을 것이다.

마지막으로 언급하고 싶은 것은 급속도로 증가하고 있는 불평등의 심화 추세이다. 리처드 플로리다(Richard Florida)는 확산되고 있는 빈곤층에 대해 다음과 같이 상세히 보고했다(2017, p. 98).

> 고질적 빈곤에서 헤어나오지 못한 채 (중략) 2014년 기준으로 1,400만 명의 미국인이 극도의 빈곤 속에 살고 있다. 이는 사상 최고치로서, 2000년도와 비교할 때 두 배 이상 증가한 수치다.

우리는 이 책에서 깊은학습이 고질적인 빈곤의 악영향을 줄이는 데 어떤 역할을 하게 될지 탐구하고, 마지막 장에서 정책적 해결 방안과의 연계성을 살펴볼 것이다. 빈곤과 불평등 문제를 해결하기 위해서는 사회적·인간적 관점에 근거한, 강력하고 설득력 있는 방안이 필요한데 깊은학습은 그 해결책이 될 수 있기 때문이다. 어떤 근거로 이런 주장을 펴는 것인지, 깊은학습이란 무엇인지에 대해 좀더 자세히 알아보기로 하자.

깊은학습의 매력

인간에게 삶의 의미를 부여하는 것으로 삶의 목적이나 강력한 열정에서 비롯된 정체성, 가치 있는 무언가를 추구하려는 창의성과 숙달, 그리고 나를 둘러싼 세상 및 타인과 나와의 연결성을 꼽을 수 있다(Mehta & Fine, 2015). 여기서 던질 수 있는 핵심적인 질문은 한 개인이 어떻게 위 세 가지 요소를 얻을 수 있는가가 아니라, 함께 살아가는 공동체 속의 모든 사람들이 어떻게 의미 있는 삶을 이루어갈 수 있느냐이다.

다행스러운 것은 이 세 가지를 충족하는 데 있어서 혼자만의 힘보다 주변의 여러 사람들과 함께하는 편이 훨씬 더 쉽다는 것이다. 이는 상호작용과 전파의 힘 덕분이다. 사실 깊은학습 여정을 처음 시작할 당시만 해도 우리는 모든 사람이 이 세 가지와 관련된 목적의식, 숙달을 위한 스킬, 연결성을 찾아낼 잠재력을 갖추고 있는지에 대해 확신하지 못했다. 그런데 다양한 환경에서 깊은학습을 구현하는 과정을 거치면서, 적절한 조건만 갖춰진다면 깊은학습이 모든 사람에게서 효과를 거둘 수 있다는 점을 확인하게 되었다. 이 깨달음은 '깊은학습은 학교 교육과 단절된 사람들에게 특히 더 효과적이다.'라는 '형평성 가설'로 이어지게 되었다. 이해를 돕기 위해 세 가지 예를 들어 설명하겠다. 첫 번째는 학교와 단절된 초등학교 남학생(사례 1.1), 두 번째는 깊은학습 그룹의 일원으로 '지속 가능성'이란 주제를 공부하기로 결정한 중학교 여학생(사례 1.2), 그리고 세 번째는 학습의 의미를 실감하기 전까지 학교를 지루하게만 여겼던 초등학교 남학생(사례 1.3)이다.

| **사례 1.1** | 학교에서 입을 열지 않았던 학생 (알렉스, 캐나다 온타리오주, 초등학교) |

처음 학교에 왔을 때 알렉스는 불안감이 높았다. 알렉스 입장에서 보자면 말더듬으로 어려움을 겪어왔던 터라 자신이 다른 사람보다 뒤떨어진다고 생각했을 것이다. 자존감도 낮았다. 친구들에게 무시당할까 봐 두려워한 나머지 수업 시간 소그룹 활동에도 거의 참여하지 않았고 하루종일 입을 떼지 않았다. 그는 아무도 자기 말을 들어주지 않는다고 생각하고 있었다.

입학 후 한 달쯤 지났을 무렵 알렉스의 학급은 타 학교 고등학생 그룹과 협업할 기회를 갖게 되었다. 멀리 떨어진 고등학교였기에 대부분의 공동 작업은 인터넷 상의 문서 도구와 앱을 사용해 이루어졌다. 앱을 활용하여 소통하는 데 익숙해지자 알렉스도 서서히 협력 작업에 참여하기 시작했다. 깊은학습 프로세스에 몰입하게 된 알렉스는 팀원들과 함께 문제를 해결하고, 연구를 통해 학습에 기여할 기회를 가지며, 새로운 방식으로 자신의 아이디어를 공유했다. 친구들뿐만 아니라 고등학생들과도 아이디어를 적극 공유했다. 놀라운 일이었다. 얼마 전까지 말더듬 때문에 간단한 대화조차 꺼리던 알렉스가 이제 말하기와 대화를 중심으로 학습을 진행하게 된 것이다. 그것도 겨우 초등학교 1학년이었는데 말이다.

그다음 해 2학년에 올라갔을 때 알렉스는 여러 사람들 앞에서 자신의 학습 경험에 대해 이렇게 발표했다.

"학교에서 거의 말을 하지 않고 지냈을 때가 아직도 기억납니다. 제가 여러 사람들 앞에 서서 발표를 하게 되리라고는 생각도 못했어요. 어떻게 이런 일이 일어났을까요? 그것도 초등학교 1학년에게 말이에요. 수업시간 동안 진행된 학습은 정말 흥미로웠습니다. 어떤 방식의 학습을 할 것인지 제 스스로 선택할 수도 있었어요. 저는 기술(technology)을 선택했는데 제게 잘 맞았던 것 같아요. 무엇보다 중요했던 건 매 순간 협력이 요구되었고 실제로 매일 협력이 일어났다는 점입니다. 다른 사람들과 함께할 때 아이디어가 발전하고 성장할 수 있기에 협력은 제게 정말 중요했어요."

3학년이 되자 이제 알렉스의 성장을 막아설 것은 아무 것도 없었다. 학교에서 수학 과목 성과 발표회를 열었을 때 알렉스는 워크숍 주제 발표를 주도하며 친구들의 참여를 이끌어내고 멋진 아이디어로 좋은 평가를 받았다. 처음 학교에 온 날 아침, 말더듬을 감추려고 불안한 표정으로 입을 꾹 다문 채 두려움에 싸여 있던 그 모습을 직접 보지 못했더라면 지금 알렉스가 그때 그 아이와 동일한 사람이라는 것을 결코 믿을 수 없었을 것이다.

| 사례 1.2 | 창의적인 지원서를 제출한 학생 (마라, 캐나다 오타와주, 중학교)

마라가 다니는 학교는 6C 역량을 키우려 노력하고 있다. 학교에서는 13세 학생들의 소그룹과 교장, 교사들이 함께 스웨덴을 방문하여 '지속 가능성'이란 주제로 체험학습을 진행할 계획으로 12개의 팀을 모집하기로 했다. 마라는 창의성을 발휘해 좀더 특별한 지

원서를 제출했다. 여행에 필요한 서류와 탑승권, 현지에서 기억해야 할 사항 목록, 그리고 6C의 중요성에 대한 의견을 쓴 문서를 담은 여행가방을 제출한 것이었다. 다음은 그 문서의 내용이다.

"누군가에게는 6C가 학교와 관련 있는 단어나 표어일 뿐입니다. 하지만 우리 학교 학생들에게는 부지불식간에 이미 생활의 일부가 되었습니다. 어떤 이들에게 6C라는 단어는 아무런 의미를 갖지 못합니다. 그러나 우리 학교에서는 학교와 지역 공동체를 통합하는 특별한 의미로 생각되고 있습니다. 저는 집에서 가족과 함께 있을 때나 주변 세계와 상호 작용할 때 언제나 6C를 사용하고 있습니다. 이번 체험학습을 통해 저는 우리 학교와 스웨덴의 학교생활을 비교하고, 학교 친구들 및 선생님과 추억을 만들고, 여기서 배운 것을 기반으로 우리 커뮤니티를 개선하는 데 유용한 팁을 얻고, 6C를 스웨덴 친구에게 소개하고자 합니다."

| 사례 1.3 | 의욕 없고 무기력한 학생 (크리스토퍼, 캐나다 온타리오주, 초등학교) |

학년 초까지만 해도 크리스토퍼는 아무런 의욕이 없었다. 학교에서 그는 하루종일 쉬는 시간, 점심 시간, 하교 시간만을 기다리는 것 같았다. 그는 걱정스러운 학생이었다. 이런 태도가 4학년 학업 성취도에 영향을 미칠까 염려스러웠다.

"과연 아이들이 세상을 바꿀 수 있을까요?"

크리스토퍼의 변화는 한 학생이 던진 이 짧은 질문에서 시작되었다. 그때만 해도 나는 이 질문이 우리를 1년간의 깊은학습 여정으로 이끌어 모두에게 사회적 기업가 정신과 시민의식을 갖게 만들 것이라고 짐작하지 못했다.

크리스토퍼는 변화를 만들어내는 일과 그것이 삶을 달라지게 하는 방법에 대해 관심을 보였다. 그는 적극적으로 논의에 참여했고 혁신적인 아이디어를 내놓았다. 얼마 안 가 그의 열정은 교실을 넘어섰고 무엇도 그를 멈추게 할 수 없었다.

우리 지역 몬트리올 은행의 비즈니스 파트너의 도움으로, 학생들은 지역사회에 제품이나 서비스를 판매하는 사업기획 과제를 부여받았다. 크리스토퍼는 이 과정을 주도하며 리더 역할을 수행했다. 그는 암 연구에 관련된 비즈니스 아이디어를 브레인스토밍했고, 경제성을 갖춘 제품과 서비스를 기획하기 위해 적극적으로 협력했다.

학교에서 투자제안 발표회(Dragon's Den, 영국의 비즈니스 리얼리티 프로그램으로, 출연자들은 각자의 비즈니스 아이디어를 5명의 패널에게 제시하고 투자를 유치해야 한다. 패널들은 '황금을 지키는 용'이란 의미에서 '드래곤'으로 불렸고, 출연자에게 투자하게 되면 일정 비율의 지분을 획득한다—옮긴이)를 개최했을 때 우승한 것은 크리스토퍼의 그룹이었다. 이들의 아이디어는 환자와 보호자를 위한 맞춤형 실리콘 팔찌를 디자인하여 학교 커뮤니티에 판매하는 것이었다.

학교에서는 이 외에도 학생들의 창의성을 자극할 수 있는 다양한 학습 파트너십을 마련해 진행했다. 크리스토퍼가 없었다면 이러한 파트너십 중 상당수가 시작도 할 수 없었을 것이다. 암 연구와 관련하여 모금한 돈이 어떻게 쓰이는지 더 잘 알 수 있어야 한다고 나선 사람도 크리스토퍼였다. 그 결과 우리는 테리폭스(Terry Fox) 암 연구재단과 함께 구글 메신저 소통을 시작하기로 결정했다.

2016년 10월부터 2017년 6월까지 암 연구와 관련된 이 벤처사업을 계속 운영할 수 있었던 것은 크리스토퍼의 열정적인 에너지 덕분이었다. 이 여정을 시작한 이후, 크리스토퍼는 단 하루도 쉬지 않고 프로젝트와 관련된 모든 일(마케팅, 커뮤니케이션, 관심, 재정 등)을 살펴보았다. 그는 이 일에 진정으로 온 마음과 정신을 쏟아 부었다. 학교에 대한 그의 태도는 점점 긍정적으로 바뀌었고 세상에 기여하려는 열망도 커졌다. 결국 그는 학교에서 더 많은 학생들이 가치 있는 일을 할 수 있도록 지원하기 위해 졸업 후 벤처기업을 시작하려고 결심하게 되었다.

우리는 깊은학습 여정이 이전에는 상상도 못했던 방식으로 크리스토퍼의 잠재력을 발견하게 했다고 자부한다. 크리스토퍼의 작업 속에는 '글로벌 역량'이라 부르는 것들, 즉 인성, 시민자질, 협업, 의사소통, 창의성, 비판적 사고가 잘 구현되고 있었다. 그의 열정을 지켜보면서 우리는 학생들이 학습의 주도권을 갖고 자신의 길을 개척할 수 있도록 해야겠다는 영감을 얻었다. 학생들이 자신의 목소리를 내게 되면, 이전에는 상상할 수 없었던 방식으로 프로젝트를 주도할 수 있다.

이와 비슷한 사례들은 다른 여러 학교에도 있을 것이다. 그러나 특히 위에 소개한 세 가지 사례에 우리가 관심을 갖게 된 것은, 학교, 교육청, 지역, 지자체, 그리고 국가 등 시스템 전체에 걸쳐 깊은학습을 구현해 나가는 학생들의 이야기란 점에서다. "모든 학생들이 깊은학습을 통해 성장할 수 있을까?"라고 누군가 묻는다면 우리는 "단언컨대 가능할 뿐만 아니라 미래를 위해서도 필수적이다."라고 대답할 것이다. 이처럼 자신 있게 말할 수 있는 이유는 수천 명의 학생들 및 교육자들과의 협력을 통해 직접 경험한 결과이기 때문이다.

학교는 학습에 흥미를 보이지 않는 학생이나 학생 집단을 두고 '학습 능력이 뒤떨어진다'거나 '무능하다', '학업에 관심이 없다'고 치부해 버린다. 이런 학생들을 위해 학교가 제공하는 보충학습은 대개 지루함을 증폭시키거나 한층 지겹게 만들어 '상처에 소금을 뿌리는' 식으로 학습과 더 멀어지게 한다. 하지만 깊은학습은 그렇지 않다. 깊은학습은 모든 학생이 '숨겨진 보물(Hidden Figures, 흑인 여성들이 인종 차별을 딛고 우주 프로젝트를 성공적으로 완수한다는 내용의 영화에 나오는 표현으로 뛰어난 잠재력을 가진 사람—옮긴이)'이라는 것을 입증한다.

소외된 학생들뿐만이 아니다. 사회와 학습 모두에서 멀어져가는 일반 학생들 또한 점점 더 복잡해지는 세상에서 어떻게 적응해나가야 할지 그 방법을 찾아야 하는 상황이다. 이들 중 상당수가 학교 밖 거리, 위탁 아동시설, 그리고 사회의 주류 바깥에 방치되어 있으며, 조금 나은 환경에 있는 학생들조차 혼란스러운 세상에서 방향을 잃을 위험에 처해 있다.

모든 사람은 자신이 우주의 신비로운 존재라는 사실을 스스로, 또 서로에 대해 인식해야 한다. 교육의 역할은 학생이 자신을 둘러싼 껍질과 고통을 벗어나도록 돕는 것이며 그것을 방해하는 장애물을 극복할 수 있게 지원하는 데 있다. 연구에 사용된 기초데이터를 보면 빈곤가정 아이들과 부유층 아이들의 소외 궤적은 매우 다르다. 지루하고 무의미한 활동을 요구하는 상황에 놓인 학생들은 어디에도 다다를 수 없는 무기력하고 대책 없는 존재로 보일 수 있다. 하지만 깊은학습 환경에서는 모두가 언제라도 세상을 바꿀 준비를 갖추게 된다. 지금까지 이런 결과를 수없이 목격해 왔기에 우리는 이 사실을 확신하고 있다.

깊은학습의 매력은 다음과 같이 정리할 수 있다.

- 과정 속에서 더 많은 학습과 성취를 촉진하고 학생 자신과 타인에 대한 기대치를 높인다.
- 학생의 관심과 특성을 고려해 학습을 구조화하며, 학습자 주도성을 촉진하여 참여도와 몰입도를 높인다.
- 학생을 현실 세계, 즉 학생이 처한 현실과 문화적 정체성을 반영하는 세계로 연결한다. 이는 특히 소수 문화권 학생들에게 더욱 중요할 수 있다.
- 세속적이든 종교적이든 많은 사람들이 공감할 수 있는 정신적 가치로 이끈다.
- 탐구를 통해 스킬, 지식, 자신감, 자기 효능감을 구축한다.
- 학습자, 가족, 커뮤니티 및 교사와의 새로운 관계를 구축한다.

- 타인과의 관계 속에서 서로에게 도움이 되는 과업을 함께 수행하려는 인간 고유의 본성을 자극한다.

미래를 위한 도전

이 거대한 도전적 과제를 앞두고 우리가 강조하려는 핵심은 '제대로 할 게 아니라면 아예 시작하지도 말라'는 것이다. 그러고 나면 이제 깊은학습을 시스템 전체로 확산시킬 것인가, 아예 시도조차 하지 않을 것인가의 선택이 남는다.

시스템 전체의 진전을 이루는 것은 무척 어려운 과제이지만 성공을 견인하는 여러 요인들이 곳곳에서 발견되고 있다는 점은 희망적이다. 점증하는 수많은 위기를 고려할 때 깊은학습 외에 다른 대안은 없다고 보아도 무방하다. 게다가 깊은학습은 이미 전 세계 NPDL 학교에 깊이 뿌리를 내리고 있다. 교육자, 학생, 학부모들이 일단 깊은학습의 흥미와 잠재력을 경험하고 나면 더욱 열의를 갖고 상호작용하게 될 것이며 이는 깊은학습의 주요한 확산 요인이 될 것이다. 실제로 지난 3년간 깊은학습을 실시한 학교 수는 7개국 500개에서 1,200개까지 가파르게 증가했다. 특히 우루과이는 100개에서 400개로, 핀란드는 100개에서 200개 이상으로 큰 폭의 증가를 보였다. 캐나다 온타리오주 3개 대규모 교육청의 경우, 초기에는 10퍼센트 정도의 비율이던 것이 3년 만에 전체 학교, 즉 100퍼센트까지 확대되었다.

물론 모든 학교, 모든 지역에서 이처럼 빠른 확산만 보인 것은 아니다. 시작이 반이라고는 하지만 깊은학습을 시작하는 것만으로 대전환이 저절로 이루어질 거라 단언할 수도 없다. 변화를 거부하고 현 상태를 유지하려는 힘과, 혁신이 시작되더라도 이를 억제하려는 많은 반발이 작용하기 때문이다. 그러나 지난 몇 년간의 경험에 따르면 핵심 요소들이 자리를 잡고 적절히 실행될 경우 깊은학습은 자연스럽게 그 추진력을 얻고 확산의 동력을 확보할 것이다.

여기서 몇 가지 질문을 던지고 가자. 모든 아이가 배울 수 있다면 모든 교사도 배울 수 있는가? 신경과학과 기술의 놀랍도록 빠른 발전은 우리 모두, 특히 소외된 이들을 위한 게임 체인저가 될 수 있을 것인가? '전환기에 처한 인류의 궁극적인 소명은 세상을 인식하고, 행동하고, 변화시키는 것'(이는 깊은학습의 기본 명제이기도 하다)이라고 말한 파울루 프레이리의 통찰은 현 시대에도 적용될 수 있는가? 젊은 세대와의 협력을 통해 현 상황을 헤쳐나갈 집단적 에너지를 끌어내는 일은 실제로 가능할까?

우리는 이 모든 것이 가능하다고 믿는다. 젊은 세대는 기존 체제를 고수해야 할 이유가 별로 없거니와 인류에 기여하려는 열정도 가득하다. 우리의 목표는 깊은학습을 변화를 이끌어낼 기폭제로 만드는 것이다. 사람들은 소중한 가치를 구현하거나 새로운 결과와 영향을 가져올 만한 참신한 아이디어에 매력을 느끼며, 그러한 의도를 담고 있는 사회 운동에 기꺼이 동참할 것이다. 사람을 움직이게 만드는 것은 리더의 명령이 아니라 공감의 아이디어다. 우리는 변화의 동력이자 많은 이들을 참여하게 만들 요소로 깊은학습을 제안하고자 한다. 깊은학습의 가치는 경험해 보기 전까지는 알기 어렵지만 일단 경험해 본다면 분명히 그 힘을 깨닫게 될 것이다.

    이어지는 두 개의 장에서는 깊은학습의 실행에 필요한 기본 원리들을 설명할 것이다.

어떤 바보라도 알 수는 있다.
중요한 것은 이해하는 것이다.
Any fool can know. The point is to understand.

•

알버트 아인슈타인 Albert Einstein

| 제2장 | 깊은학습, 무엇이 다른가

학습에 대한 새로운 상상

격동과 혼란의 시대, 새로운 상황에 맞게 사고하며 세상을 변화시킬 수 있는 학습자를 원한다면 '학습' 자체를 새롭게 상상할 필요가 있다. 학생들이 배워야 할 중요한 것은 무엇인지, 학습을 촉진하는 방법은 무엇인지, 학습은 어디에서 일어나는지, 성공의 여부를 어떻게 측정해야 하는지를 새롭게 생각해야 하는 것이다. 이러한 상상은 학습에 대한 도전, 자극, 촉진, 학습의 성취를 기꺼이 맞이할 수 있는 환경을 만들기 위한 시작이다. 깊은학습은 바로 이러한 학습과정을 개념화한 시도이며, 우리는 이것이 교육의 새로운 목적이 되어야 한다고 믿는다.

학생들이 진정한 성장을 이룰 수 있는 학습 환경이란 어떤 모습이고 어떤 느낌일까. 최근 네덜란드의 디자이너이자 건축가, 혁신가인 단 루스하르데(Daan Roosegaarde)는 2017년 5월 토론토에서 개최된 NPDL 깊은학습 국제회의 기조연설에서 학습에 대한 새로운 상상을 위해 몇 가지 흥미로운 아이디어를 공유해 주었다. 그는 자신을 '인류에게 더 나은 세상을 만들기 위해 실용적이고 아름다우면서 지속 가능한 환경을 창조하려는 혁신가'라고 소개했다. 그의 이야기는 항상 '왜'라는 질문으로 시작되었는데, "왜, 사람들은 많은 돈을 자동차에 쓰면서 왜, 지금도 중세 시대의 도로 디자인을 그대로 쓰고 있는가?"와 같은 식이다. 실제로 그는 이러한 호기심을 바탕으로 낮에는 태양 에너지로 충전하고 밤에는 충전된 에너지로 빛을 발하는 페인트를 발명했다. 그리고 그 페인트 기술을 네덜란드 한 공원에 설립된 빈센트 반 고흐 박물관에 적용하여 방문객들이 어울리고 교류하게 했다. 낮 동안 충전된 태양 에너지를 사용해 밤이면 마법처럼 길을 밝히는 자전거 도로를 고안한 것이다. 별처럼 빛을 발하는 벽돌로 만들어진 이 자전거 도로는 방문객들에게 마치 고흐의 작품 <별이 빛나는 밤> 속을 여행하는 느낌을 준다.

루스하르데의 새로운 발상은 중국에서도 이어졌다. 중국을 방문했을 때 그는 첫째 날 호텔 방에서 보았던 도시 전망이 둘째 날에는 스모그로 인해 완전히 가려진 모습을 보고 충격을 받았다. 그래서 대기의 오염 물질을 흡수하여 탄소 입자를 제거하는, 세계에서 가장 큰 공기청정기라고 할 만한 '스모그 프리 타워(smog free tower)'를 만드는 일에 착수했다. 효과는 즉각 나타났다. 공기의 질이 인근 지역보다 55~75퍼센트가량 더 좋아졌다는 결과가 나온 것이다. 루스하르데 팀은 도시에 깨끗한 공기를 제공하고자 수집된 스모그 속의 탄소를 압축하는 기술로 스모그 프리 반지(smog free rings, 스모그 속의 탄소를 다이아몬드 생성 기술로 압축해 만든 반지―옮긴이)를 만들었고, 이와 비슷한 기능을 수행할 자전거를 연구하고 있다. 이러한 발명은 대기 오염을 근본적으로 해결하는 방법은 될 수 없지만(탄소 배출량 자체를 줄여야 하기 때문이다) 적절한 의문을 갖고 새로운 생각을 가로막는 장벽을 제거하면 어떤 일들을 할 수 있는지를 잘 보여준다.

루스하르데는 자신이 평범한 학교에서는 적응하기 힘든 사람이라고 솔직하게 털어놓으며, 타고난 호기심을 하나씩 해결해나가는 가운데 재능과 열정이 폭발했다는 이야기를 들려주었다. 그가 교육자들에게 제안하는 '풍요로운 학습 환경'은 다음과 같다.

- 호기심이 학습을 이끄는 원동력이 되게 한다. 학생 스스로 현실의 문제를 탐구하며, 자신과 사회 모두에게 의미 있는 주제를 발견하게 하고, 학습자 자신이 미래를 직접 만들어가는 존재임을 인식하게 하자.
- 학생이 문제를 발견하고 설계하는 주체가 되게 한다. 지금의 현실을 단순히 평가하는 데서 멈추지 않고, '무엇이 가능할까'라는 관점에서 새로운 가능성을 제안하도록 이끌어야 한다.
- 학생이 직접 현실 속 문제와 마주하게 한다. 정해진 답을 찾는 데 그치지 말고 불명확하고 모호한 상황에서 스스로 문제를 탐색하고 새로운 관점에서 해결을 시도하게 하자.
- 배움은 평생에 걸쳐 경험하는 일임을 깨우쳐 준다. 학습이란 끊임없이 위험을 감수하며 시도하는 삶의 여정이며, 배움은 평생 지속되는 모험이라는 점을 일깨우자.

- 모든 학생은 기대치를 뛰어넘을 수 있다는 믿음을 갖는다. 미지의 세계를 두려워하지 않고 오히려 도전하며 호기심을 품도록 가르쳐야 한다.
- 혁신과 창의성은 이미 모든 인간의 유전자에 존재하고 있다는 사실을 기억하라. 즉 그것은 새로 만들어내는 것이 아니라 끌어내는 것이다.

마지막으로 루스하르데는 새 자전거를 발명하는 것이 아니라 자전거를 타는 새로운 방법을 찾는 것이 현실의 과제라고 말한다. 다시 말해 학습 과정을 새롭게 만들기보다 오히려 학습 과정을 재정의하여 본래 존재하는 학습 잠재력을 이끌어내라는 말이다. 아이들은 천부적으로 호기심이 많으므로 도전하도록 격려만 하면 된다. 옳고 그름을 재단하는 것이 아니라 발견한 것을 소중히 여기고 다듬어 나가는, 즉 일단 시작하고 배워나가는 정신을 가져야 한다. 모든 사람이 서로 다르다는 것을 인정하고, 자신만의 학습 여정을 따라 학습하는 분위기를 만들고 격려해 주는 학습의 장이 필요하다. 끈기와 열정을 중시해야 한다. 실수를 통해 배우지 않으면 실수일 뿐이라는 인식을 심어주는 환경을 조성해야 한다. 학습자가 꿈을 꾸고 행동에 옮기도록 도전할 수 있는 환경을 만들어야 한다.

2014년 우리는 '깊은학습 구현'이라는 새로운 도전을 시작했다. 7개국 1,200개 이상의 학교와 함께하는 글로벌 파트너십인 NPDL이 설립된 것이다. 이 살아 있는 실험실은 모든 학생이 핵심 스킬과 글로벌 역량을 개발할 수 있도록 학습 과정을 근본적으로 변화시킬 수 있는 실천과 조건을 탐구하는 데 전념한다. 학생들은 자신이 사회 변화의 기폭제인 동시에 학습에 영향을 미치는 주체라는 사실을 인지하기 시작했으며 그러한 증거 또한 곳곳에서 발견되고 있다. 또한 학생은 물론, 교육자, 학부모를 포함한 모든 학습 파트너의 역할까지 변화시키고 있다.

그러면 이제 깊은학습이라는 사회적 운동에 참여하고 있는 교실, 학교, 교육 시스템에 실제로 어떤 일이 벌어지고 있는지 살펴보자.

깊은학습 교실에 들어가 보면 학생들이 호기심 가득한 얼굴로 친구, 교사, 가족, 지역사회 또는 전 세계 전문가들에게 질문하도록 서로 격려하는 모습을 볼 수 있다. 학생들이 과제를 해결하기 위해 애쓰며 아이디어를 조사하고 대화하는 소리가 끊임없이 흘러나온다. 모든 이들이 자신을 둘러싼 세계를 이해하기 위해 집중하느라 방문자인 당신의 존재를 눈치채지 못할 수 있다. 그러나 가만히 귀를 기울이면 학생들 모두가 지금 하는 활동과 그 목적을 명확하게 설명할 수 있다는 사실을 알게 될 것이다. 그들은 지금 익히고 있는 스킬을 설명할 수 있으며, 그것을 더 향상시키기 위한 방법이 무엇인지도 알고 있다. 활동 과제가 매력적이기 때문에 하교 후 혹은 주말에도 과제에 몰입하는 학생들이 많다. 학생들은 자신의 활동이 의미 있고 진정성이 있으며 삶과 관련이 있다고 생각하고, 친구들이나 지역사회 구성원에게 자신의 활동을 설명할 때 자부심을 느낀다. 이런 것이 곧 큰 변화를 만들어 낸다.

깊은학습이 뿌리내리고 있는 학교의 교사들에게서도 비슷한 모습을 볼 수 있다. 교실을 돌아다니다 보면 교사들이 동료교사 혹은 소규모

그룹 단위로 서로에게 질문하고, 적절한 학습 자료를 효과적으로 탐색하고 피드백을 주고받으며 상호작용하는 모습을 볼 수 있다. 교사들은 학습 설계와 학생의 성장을 평가하기 위해 서로 협력하고 있다. 이러한 학교들 사이에는 투명한 관행, 공통의 언어, 공동의 기대치에 대한 공감대가 잘 형성되어 있다. 회의에서는 문제 학생에 대한 논의보다 학생들이 얼마나 잘 배우고 있는지, 학습의 효율성을 높이기 위해 어떤 자료와 과정을 적용할 것인지에 중점을 둔다. 학교 관리자들은 학습을 개선하는 방법에 대해 교사 그룹과 자주 토론한다. 행정 및 재정, 시설 관리 등 학교 관리 이슈들이 많긴 하지만 대부분 온라인 프로세스로 처리함으로써 귀중한 대면 시간이 학습에 집중될 수 있도록 한다. 이러한 학교에서 학부모는 학습 파트너로 환영받으며 학부모 회의는 학생의 진전과 성과를 공유하는 데 중점을 둔다.

깊은학습이 진행되고 있는 학교에서는 시스템이 중요한 역할을 하고 있다. 교실과 학교가 스스로 혁신하며 깊은학습을 발전시켜 나갈 수 있다고 하지만 시스템이 뒷받침되지 않으면 한계에 부딪친다. 혁신에 열정적이었던 교사들과 교장이 떠나고 새 교장이 부임하면 발전이나 개선보다는 현재 진행하고 있는 활동을 유지하는 데 급급해지기 쉬운 것이다. 반대로 깊은학습이 안착된 학교에서는 시스템이 전략적 역할을 맡고 있다. 그 시스템은 지자체, 교육청, 학교 클러스터, 또는 깊은학습 네트워크일 수 있다. 이러한 시스템이 작동하는 학교를 방문해 보면 그 안에서 사용하는 공통 언어가 무엇인지, 공유된 목표는 무엇인지 알게 될 것이다. 깊은학습이 무엇이며 깊은학습으로 더 큰 효과를 얻는 방법이 무엇인지에 대한 지속적인 대화와 협의가 이루어지고 있기 때문이다. 교사와 교장은 업무를 투명하게 수행하고, 전문 지식과 자료를 공유하며, 성과를 통해 서로 격려하고 축하해 준다. 책무성의 관점에서도 이와 같은 학교는 외부 평가에 집착하지 않고, 학습이 일어난 증거를 수집하고 공유하는 데 더욱 집중한다.

이 새로운 학습은 전 세계 여기저기서 만나볼 수 있다. 새로운 학습은 학생, 학부모, 교육자, 정책 입안자와 사회 전반에 걸친 학습 관계를 재구성해 새로운 성과를 도출해 낸다. 그렇다면 이렇게 활력 넘치고 학생 참여도가 높은 학습이 모든 교실과 학교, 시스템에서 자발적으로 뿌리를 내리지 못하는 이유는 무엇일까? 깊은학습은 우리에게 새로운 학습 방법으로 다가오지만 확산을 위해서는 신중히 고려할 요인이 있다. 깊은학습을 활성화하고 모든 사람이 경험할 수 있기를 원한다면, 깊은학습이 의미하는 바가 무엇인지를 좀 더 명확히 정의할 필요가 있다.

깊은학습의 본질

NPDL 파트너십을 맺은 국가들은 변화하는 글로벌 역학 관계, 연결성, 사회적 변화를 고려했다. 학생들은 앞으로 점점 더 도전적인 세상을 마주할 것이고 교과 내용 기반의 정형화된 지식 습득을 성취로 보는 시대는 끝났다고 생각한 것이다. 경제협력개발기구(OECD) 교육기술국장인 안드레아스 슐라이허(Andreas Schleicher)는 학교 졸업생들에게 "앞으로는 '알고 있는 것'이 아니라 '할 수 있는 것'에 대해서 보상을 받게 될 것"이라 말했다(OECD, 2016). 이러한 흐름은 정형화된 지식에서 벗어나 기업가 정신, 창의성, 문제해결과 같은 역량으로의 전환을 의미하는데, 급변하는 세상에서 성공하기 위해 필요한 새로운 역량들의 집합이라 할 수 있다.

교사, 리더, 교육행정가들은 학생들이 시민으로서 알아야 할 것, 할 수 있는 것, 그리고 어떤 모습의 시민으로 자라나야 하는지에 관해 오랫동안 논의해왔다. 그 결과로 나온 것이 바로 6C, 즉 인성(character), 시민자질(citizenship), 협업(collaboration), 의사소통(communication), 창의성(creativity), 비판적 사고(critical thinking) 등 세계 시민으로 성장하는 데 필요한 6대 글로벌 역량이다. 깊은학습은 바로 이러한 역량을 습득해가는 과정으로, 타인에 대한 연민, 공감, 사회정서적 학습, 기업가 정신, 그리고 복잡한 세상을 성공적으로 살아가는 데 필요한 핵심 스킬들까지 모두 포함한다. 이 여섯 가지 역량에 이름을 붙인 것만으로도 진전이라 할 수 있지만 교사나 학생, 학부모가 그 의미를 깊이 이해하고 공유하는 데에는 여전히 부족하다. 6C는 각각 다양한 범위를 가지고 있고 종종 모호하게 인식되는 경우도 있으므로 좀더 명확히 규정할 필요가 있다. 예를 들어, '비판적 사고'는 가장 널리 알려진 개념이지만 교사 열 명에게 비판적 사고가 무엇을 의미하는지 물어보면 답변은 제각각일 것이며 여기에 비판적 사고의 정도를 어떻게 측정할지 물어보면 답변은 더욱 모호해질 것이다. 이에 따라 우리는 6C에 대하여 각각의 정의와 그 구성 요소를 구체적으로 규정했다(도표 2.1).

도표 2.1 깊은학습을 위한 6C의 정의

인성 Character	• 배우려는 자세로 학습하는 태도 • 끈기, 투지, 인내 및 회복탄력성 • 자기조절, 책임감, 도덕적 진실성
시민자질 Citizenship	• 세계 시민임을 자각하기 • 다양한 가치와 세계관에 대한 이해를 바탕으로 바라보기 • 인간과 환경의 지속 가능성에 대한 관심과 해결 능력 • 타인에 대한 연민, 공감, 배려의 태도
협업 Collaboration	• 서로 협력하여 시너지 효과를 낼 수 있게 활동하기 • 대인관계 및 팀워크 스킬 • 사회정서적 소통, 서로 다른 문화에 대한 이해와 적응 • 팀 내 인간관계와 갈등 관리 • 동료를 통해 배우고 동료의 학습에 도움을 주기
의사소통 Communication	• 디지털을 포함한 다양한 방식으로 의사소통하기 • 청중에 맞는 커뮤니케이션 전략 구사하기 • 학습 과정 속 의사소통 방식 성찰과 개선
창의성 Creativity	• 경제적·사회적 기회에 대한 창업가적 관점 갖기 • 탐구를 위한 적절한 질문하기 • 참신한 아이디어와 해결 방안을 고안하기 • 리더십을 발휘해 아이디어를 행동으로 옮기기
비판적 사고 Critical Thinking	• 정보와 논거를 평가하기 • 연결을 통해 패턴을 확인하기 • 문제해결 능력 키우기 • 지식을 구조화하고 의미 있게 재구성하기 • 생활 속 아이디어를 실험하고, 검토하고, 실행에 옮기기

<출처 : New Pedagogies for Deep Learning™ (NPDL), 2014>

역량의 개념을 이와 같이 구체화함으로써 실제 상황에서 역량이 어떤 모습일지에 대해 공통의 언어를 마련하는 시작점이 갖추어지게 되었다. 또한 교사, 학생, 학부모, 리더들이 각자의 생각과 관점을 공유하기 시작했다. 우리의 작업은 분명 역량에 대한 토론을 이끌어내는 데 도움을 주는 것이었다.

하지만 이것만으로는 역량의 진전 정도를 측정하고 학습과제를 수준별로 구분하기에 여전히 어려움이 있다. 이에 우리는 각 역량이 어떤 경로로 발달하고 성장하는지를 설명하고, 학습자의 성장을 측정할 수 있는 새로운 방식을 개발하기에 이르렀다. 그리고 이를 '학습 진전도(learning progressions)'라고 명명했다.

일부에서는 스킬(skill)과 능력(ability)이라는 용어가 더 일반적이고 잘 이해되는데 굳이 역량(competency)이라는 용어를 사용한 이유를 묻는다. 이는 역량의 다층적 성격, 즉 자신과 타인에 대한 지식, 스킬, 태도를 포괄하는 속성을 나타내기 위한 것이다. '역량'이란 용어는 OECD 보고서 「포용적 세계를 위한 글로벌 역량」(2016)에서 다음과 같이 강조되고 있다.

■ 글로벌 역량은 세계 및 문화 간 문제에 대한 깊이 있는 지식과 이해, 다양한 배경을 가진 사람들로부터 배우고 그들과 함께 살아갈 수 있는 능력, 타인을 존중하며 상호 작용하는 데 필요한 태도와 가치의 습득을 포함한다(p. 1).

우리가 정의한 역량과 '21세기 학습(21st century learning, 협업, 비판적 사고, 의사소통 및 창의성 등을 포함하는 개념—옮긴이)'은 언뜻 비슷하게 보일 수 있다. 그렇지만 이들 모두를 '미래역량'으로 묶어 나열하는 것만으로는 실질적인 영향을 미칠 수 없다. 게다가 지난 20여 년간 많은 교육자들과 교육네트워크, 교육위원회에서 21세기 스킬(21st century skills)을 논의해왔지만 이를 실행에 옮기고 평가할 만한 효과적인 방법을 찾지 못했다. 어떻게 실행할지에 대해 초점을 맞추지도 않았고 대규모로 구현하려는 시도도 거의 없었을 뿐 아니라 교수학습에서 의미 있는 변화가 일어났다는 구체적인 증거도 나오지 않았다.

이런 점에서 깊은학습에서 제시하는 6대 글로벌 역량(6C)은 기존의 미래역량과는 달리 포괄성, 정밀성 및 측정 가능성이라는 세 가지 중요한 특성이 있다. 이들 특성에 대해 좀 더 자세히 살펴보기로 하자.

| 포괄성(comprehensiveness) |

6대 글로벌 역량(6C)에는 의사소통, 협업, 창의성, 비판적 사고에 인성과 시민자질이 더해졌다. 이 두 가지 역량은 학생들이 복잡한 문제에 집중하고, 자신의 학습에 책임감을 가지며, 세상에 대한 관심을 갖고 기여할 수 있도록 하는 게임 체인저가 되고 있다. 앞서 언급한 사례들을 다시 떠올려보자. 학생들은 6C를 적극 활용하여 지역사회와 인류에 기여할 수 있는 과제에 집중한다. 이 과정에서 끈기와 인내심이라는 인성을 키워가며 스스로 학습을 이끌어가는 모습을 발견하게 될 것이다. 이러한 포괄적 접근이야말로 깊은학습의 핵심이다.

인성과 시민자질은 창의성, 협업, 비판적 사고, 의사소통 스킬과 실행에 생명을 불어넣는 기본 자질이라고 할 수 있다. 창의성은 초기 미래역량 논의에서 상대적으로 소외되었으나 우리의 논의에서 새롭게 부각된 자질이다. 창의성은 6C의 모든 실행 과정에 스며들어, 기존의 고질적인 문제에 대해 혁신적이고 새로운 해결 방안을 찾아내는 촉매 역할을 할 수 있다.

| 정밀성(Precision) |

깊은학습을 실제로 실행하려면 각각의 역량마다 하위 속성과 스킬 요소를 정의하고, 진전 정도의 측정 방식을 마련할 필요가 있다. 이에 따라 '깊은학습 진전도(deep learning progressions)'가 개발되었다.

깊은학습 진전도는 각 역량마다 필요한 스킬, 능력, 태도를 5~6개의 하위 영역(dimension)으로 구분하고, 5단계(level)로 진전 수준을 설정해 측정하고 평가할 수 있도록 했다. 협업 역량을 예로 들면 '상호보완적 협력'을 비롯한 5개 영역에서 각각 관찰되지 않음, 형성, 발전, 가속, 능숙의 5단계로 측정이 이루어진다(도표 2.2). (협업 역량의 하위 6개 영역 전체에 대한 깊은학습 진전도는 9장, <도표 9.1>에서 좀 더 자세하게 살펴볼 수 있다.)

깊은학습 진전도는 학습을 설계하는 데 있어 논의에 전문성을 부여하는 기준이 되고 실제 학습 과정에서 모니터링 및 평가 시스템으로도 사용할 수 있다.

도표 2.2 깊은학습 진척도의 예 (협업 역량 중 상호보완적 협력 영역)

단계 / 영역	관찰되지 않음 Limited Evidence	형성 Emerging	발전 Developing	가속 Accelerating	능숙 Proficient
상호 보완적 협력	개별적으로 학습 과제를 수행하거나 2인 1조 또는 그룹을 이루어 비공식적으로 협력하지만 팀으로 함께 작업하지는 않음. 몇 가지 문제나 내용을 함께 논의하지만 프로세스 관리 방법 등 중요하고 실질적인 결정에는 참여하지 않을 수 있음. 이는 팀 작업이 얼마나 잘 이루어지는지에 부정적 영향을 미침.	2인 1조 또는 그룹을 이루어 함께 작업함. 그룹의 일원으로 과제를 완수하기 위해 책임감을 가짐. 과제는 각 구성원의 강점과 전문성에 일치하지 않을 수 있고, 그룹 구성원이 기여하는 공통하지 않을 수 있음. 함께 논의하여 어떤 결정을 내리기 시작하지만 가장 중요하고 실질적인 결정은 한두 명의 구성원에 의해 이루어지고 있음.	2인 1조 또는 그룹을 이루어 효과적으로 작업함. 구성원 각자의 개별적인 강점을 전문성에 맞추어 과제를 조정하는 방법을 함께 결정함. 중요한 문제 또는 프로세스에 대해 모든 구성원이 공동으로 참여하여 결정하고, 팀 차원의 해결책을 개발함.	상호 보완적으로 함께 작업함. 구성원 각자의 개별적인 강점을 최대한 활용, 실질적인 결정을 내리고, 설명적인 아이디어와 해결책을 개발하는 방법을 명확히 할 수 있음. 상호 보완적인 팀워크를 통해 모든 구성원의 기여가 가르침의 기여가 중요되고 있음. 중요한 아이디어를 공유하고 결과물을 산출하는 데 이러한 탐구크기가 잘 합되어 있음이 명확히 드러남.	구성원 각자의 개별적인 강점을 최대한 활용할 뿐만 아니라 이를 바탕으로 구성원 각자가 새로운 스킬을 배우고 발전시킬 기회를 얻게 됨. 효과적이고 시너지를 발휘할 수 있는 상호 보완적 팀원이 이루어짐. 구성원 각자의 강점과 관점이 반영되어 모두에게 이익이 되는 최상의 결정이 내려지도록 함. 즉, 같은 수준에서 설정적인 결정이 논의되도록 보장하는 것이 포함됨.

제2장 • 깊은학습, 무엇이 다른가 　55

| 측정 가능성(measurability) |

깊은학습 진전도는 교사와 학생 모두가 학습 시작 단계에서의 수준을 평가하는 데 사용할 수 있다. 또 각 역량별로 성공을 뜻하는 공유된 용어를 개발하고, 역량 계발을 촉진하고, 학습의 진행 상황을 모니터링하고, 학습이 진행됨에 따라 학습자의 성장 정도를 측정하는 데에도 사용할 수 있다.

역량을 정밀하게 정의하고 깊은학습 진전도를 견고하게 구성하는 일은 다음 두 가지 측면에서도 중요하다. 첫째, 학습을 설계하고 평가하는 데 있어 학생, 교사, 학부모에게 공통의 언어를 제공할 필요가 있다. 이를 통해 학습의 공동 설계와 공동 평가를 추진할 수 있기 때문이다. 둘째, 학습 설계, 모니터링, 평가에 관한 토론의 정밀성을 높이고 의도에 맞게 진행하자면 이를 뒷받침할 기반이 필요하다. 우리는 학생들이 고등교육을 마치고 사회에 진출한 후의 삶에도 이어갈 깊은학습의 결과물로서 6C를 측정하는 작업을 진행하고 있다.

교사들이 공통의 언어와 6C를 사용하기 시작하면서 이 역량들이 다음에 제시된 특정한 학습 경험을 통해 더욱 잘 길러진다는 사실은 주목할 만하다.

- 현대 사회라는 맥락 속에서 내용과 이슈를 깊이 있게 이해하기 위해 고차원적인 인지 과정을 수반하는 학습
- 학문 간 경계를 넘나드는 주제와 문제에 몰입하여 탐구하는 학습
- 학문적 역량과 개인적 역량을 함께 기르는 통합적 학습

- 능동적이고, 실제적이며, 도전적이고 학생 중심적인 학습
- 지역사회 또는 더 넓은 세계에 변화를 일으키려는 목적의 학습
- 다양한 공간에서 디지털과 연결성을 활용하는 확장된 학습

깊은학습은 학습자가 현실 세계 속에서 가치 있는 문제와 과제에 몰입하여 역량을 발휘할 때 일어난다. 모든 학생에게 도움을 줄 수 있지만, 특히 취약계층 학생들과 전통적인 학교 교육으로부터 충분한 지원을 받지 못했던 학생들에게는 깊은학습이 결정적 전환점이 될 수 있다는 증거들이 점점 더 많이 발견되고 있다.

깊은학습의 필요성

앞에서 살펴보았지만 깊은학습을 통해 점점 더 많은 학생들이 그들이 처한 환경의 유불리에 상관없이 성장하고 있다는 것을 목격할 수 있다. 이런 결과로부터 주목받고 있는 주제가 있다. 바로 형평성과 탁월성이 서로를 발전시키고 있다는 점이다. 우리는 이 두 가지 개념이 서로 얽혀 있으며, 두 가지 모두에 집중함으로써 진정한 웰빙(well-being)에 도달할 수 있다고 보고 있다.

지금까지 세상과 단절된 채 살아온 일부 학생들에게는 이런 말이 허황되거나 낯설게 들릴지 모른다. 그러나 오늘날의 세상은 학생 혼자만의 힘으로는 헤쳐나가기 힘들 정도로 복잡하고 변화무쌍하다. 깊은학

습은 이들이 세상을 살아갈 방법을 모색하고 문제를 해결하는 데 실질적 도움을 줄 수 있을 것이다.

| 웰빙 |

웰빙은 전 세계 여러 국가들 및 OECD와 같은 국제기구에서도 주목하는 주제다. 이제 사람들은 성공적인 삶을 위해서는 학업 성취를 넘어선 무언가가 더 많이 필요하다고 생각하고 있다.

다음은 캐나다 온타리오주 교육부에서 정의(2016)하는 웰빙의 개념이다.

■ 웰빙은 인지적, 정서적, 사회적, 신체적 요구가 충족될 때 느끼는 긍정적인 자아감, 정신, 소속감이다. 이는 삶에 필요한 최소한의 기본 요건을 모두가 갖출 수 있도록 형평성을 실현하고 다양한 정체성과 강점을 존중함으로써 지원할 수 있다(p.3).

유아기와 학교에서의 웰빙은 학생이 회복탄력성을 키울 수 있게 돕는다. 이를 통해 학생은 현재는 물론 미래에도 성공적으로 학습하고 성취할 힘을 얻게 되며, 문제에 부딪쳤을 때에도 긍정적이고 건강한 선택을 해나갈 수 있다. 온타리오주 교육부에서는 인지, 신체, 사회, 정서 4개 발달 영역에서 웰빙에 접근할 수 있게 구조화하고, 그 중심에 자아감과 정신을 두고 있다(도표 2.3).

도표 2.3 웰빙의 4개 발달 영역

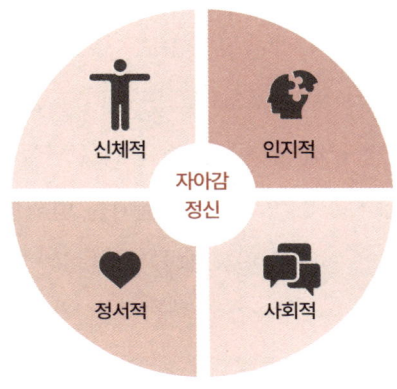

출처 Ontario Ministry of Education. (2016). Ontario's Well-Being Strategy for Education. Ontario, Canada: Author. Retrieved from http://www.edu.gov.on.ca/eng/about/WBDiscussionDocument.pdf.
© Queen's Printer for Ontario, 2016. .

깊은학습과 6대 글로벌 역량(6C)은 신경과학의 기본 원리에 바탕을 두어 4개 영역을 다룬다. 온타리오주 교육정책 고문이자 소아정신과 의사인 진 클린턴(Dr. Jean Clinton)은 최근 깊은학습 연구를 수행하며 취약계층 학생들이 자신의 삶과 관련된 문제를 어떻게 해결하고 있는지 그 사례를 보고했다(Connection Through, 2017. 6). 여기서 그는 6C에 초점을 맞추어 교육하면 사회적, 정서적 어려움에 대한 면역력을 키우고 예방할 수 있으며 긍정적인 정신건강과 회복탄력성을 키울 수 있다고 말한다. 또한 6C는 취약한 환경의 아이들에게 보다 공평한 기회를 제공한다는 견해를 밝혔다.

클린턴은 두뇌 발달에서 관계성이 매우 중요한 역할을 한다고 강조한 바 있다(2013). 유아기 두뇌 발달은 아이를 안고 달래면서 시작된다. 아이가 느끼는 안정감과 소속감은 뉴런(신경세포)을 변화시키고 새로운 신경회로를 생성함으로써 스트레스를 처리할 능력을 갖추게 되며, 관계를 형성하고 감정 관리 및 자기조절 능력을 만들어간다. 아이가 감정을 적절하게 관리하고 표현하려면 허용되는 범위를 알려 주고 함께 관리해 줄 어른과 또래 친구가 필요하다. 만약 이런 메시지가 유년기에 제대로 전달되지 못했다면 소속감을 느낄 수 있는 교실 환경을 만들어 주는 것이 더욱 중요해진다. 클린턴은 학교란 교사, 학생, 여러 사람들 사이에서 끊임없이 메시지가 오가는, '보이지 않는 거대한 교실'이라고 말한다. 이러한 메시지는 웰빙에 영향을 미치며 특히 소속감, 사람들 간의 연결에 관여한다.

깊은학습과 관련된 두뇌 발달의 또 다른 측면은 뇌가 평생에 걸쳐 성장하고 변화하는 놀라운 능력을 갖췄다는 점이다. 이 능력은 새로운 신경회로를 지속적으로 형성하는 힘으로, 출생 시기부터 6세까지 가장 활발하게 일어나며, 인지 및 감정 자극은 물론 모든 종류의 자극에 적극적으로 반응한다. 이후 뇌는 청소년기에 또다시 폭발적인 변화를 일으킨다. 이 시기의 뇌는 이미 형성된 신경회로들이 가지치기(pruning)를 통해 정리되면서 신호 전달의 효율성을 높이고 습관을 형성한다.

교육자에게 이와 같은 사실이 갖는 중요한 함의는 두뇌 발달이 인지적 자극뿐만 아니라 사회적·정서적 환경에 의해서도 깊이 영향을 받는다는 점이다. 즉 선택의 기회가 있는 진정성 있는 학습과 더불어 정서적으로 안정된 관계와 환경이 뇌 발달을 촉진하고, 이것이 깊은학습으로 이어진다는 것이다.

■ 6C에 중점을 둔 교실에서는 교사와 학생, 그리고 학생들 간에 매우 강하고 안정된 관계가 만들어진다. 학생과 학습 공간과의 관계 역시 학생에게 안정감을 형성하는 데 중요하다. 교실을 협력적인 공간으로 만들기 위해서는 교사가 학생들 간에 나타나는 차이를 이해하고 존중해야 한다. 소통에 초점을 둘 경우라면 학생과 교사 모두 상대방의 말을 진정성 있게 경청하고 "네 생각을 말해 봐." 같은 방식보다는 "무슨 의미인지 말해 줄래?"와 같은 방식으로 질문해야 할 것이다. (중략) 이는 모든 아이의 역량과 능력에 대한 믿음, 모든 아이가 배울 수 있다는 믿음을 전제로 한다(Clinton, 개인 커뮤니케이션, 2017년).

교육자는 학생의 언어, 사고, 감정 모두를 동시에 고려해야 한다. 학습은 인지와 정서 발달의 상호 연결성을 고려한 환경에서 가장 잘 이루어지기 때문이다. 이러한 통합적 접근은 특히 상호 연결성을 경험하지 못하고 자극이 부족한 상태로 학교에 오는 아이들, 즉 형평성 측면에서 불리한 여건에 놓인 아이들의 성장을 이루는 데 더욱 결정적인 영향을 미친다.

| 형평성 가설 |

매일 등교하는 학생들 중 일부는 학습에 대한 준비가 매우 부족한 상태다. 이는 대물림되어 온 빈곤, 난민 생활, 노숙, 가정 내 방치, 또는 학습자극 부족 등에서 비롯된다. 수십 년간 교육정책 입안자들은 이 문제의 개선을 위해 형평성에 관심을 두어 왔지만 대개 접근 기회를 확대하거나 뒤처짐을 만회하기 위한 보충학습 프로그램을 제공하는 정도에 그쳤다. 또한 학생들에 대한 기대치를 낮추고 또래 학생들로부터 분리하는 식의 프로그램으로 학습 소외를 더욱 가중시켰다.

유치원에 입학하는 아동을 예로 들면 빈곤층 아동의 경우 300단어, 부유층 아동은 1,200단어 이상을 알고 있는 상태다. 어휘력 수준이 낮은 아이들은 의사소통이 제한적일 뿐만 아니라 자신에게 주어지는 지시를 알아차리지 못할 수도 있다. 즉 "배낭을 사물함 안에 넣어 주세요."라는 말을 듣고도 '배낭'이나 '사물함'이 무엇을 의미하는지 모르기 때문에 교사의 지시를 무시할 수 있다는 말이다. 이때 교사의 사고관점과 태도가 중요하다. 아이들과의 관계를 우선할 것인가, 잘못된 행동을 수정해 줄 것인가? 이런 상황을 소통을 강화할 기회로 삼을 것인가, 아니면 반항이나 무관심으로 해석할 것인가? 우리는 소속감, 목적, 희망을 기반으로 관계를 구축하는 교사라면 6C라는 렌즈를 통해 아이들의 인지적 측면을 활짝 꽃피울 수 있을 것으로 기대한다(5장과 6장을 참고하라).

학습에 어려움을 겪는 학생에 대한 고정관념의 하나는 일정 수준의 읽기, 쓰기, 수학 능력을 갖춘 다음에야 다음 단계로 나아갈 수 있다는 것이다. 하지만 기초적인 문해력과 수리력을 효과적으로 강화하면서도 학생이 몰입할 수 있고, 비판적 사고력 같은 핵심 역량을 의미 있게 키울 수 있는 새로운 프로그램들이 등장하고 있다. 이는 '형평성 가설'이라 부르는 새로운 개념과 관련되며, 깊은학습이 모든 학생들, 특히 전통적인 학교 교육에서 소외된 학생들에게 더 큰 도움이 될 수 있다는 새로운 증거가 되고 있다.

우리는 형평성과 탁월성이 분리되지 않고 깊은학습이라는 하나의 방향으로 통합되어야 한다고 생각한다. 여기서 탁월성은 깊은학습, 즉 학생들 개인의 삶과 관련성이 있고 사회 전체적으로도 의미 있는 것을 깊이 있게 학습하는 것을 뜻한다. 이를 한 마디로 나타내면 이렇다.

"(학생에 대한) 기준을 낮추지 않고 (교육의) 수준을 높인다!"

요컨대 깊은학습은 기존 교육에서 고립되고 소외된 학생들을 학습에 참여시킴으로써 세대 간에 존재하는 뿌리 깊은 빈곤과 차별의 폐해를 차단하는 데에도 효과적이라는 것이다(Noguera et al., 2015).

■ 저소득층 및 소수 민족 학생들을 깊은학습에 참여시킨 학교에서는 학업성취도, 출석률, 행동 문제가 눈에 띄게 개선되었고 중퇴율은 낮아졌다. (중략) 비슷한 환경의 대조군 학교에 비해 대학 진학률과 학업 지속률도 더 높았다(p.8).

미국교육연구소에서 19개 고등학교를 대상으로 진행한 교사행동, 지원 구조 및 학업 성취도에 대한 연구 결과도 비슷하다(American Institute for Research, 2014). 깊은학습을 실행 중인 학교의 학생들이 고교 졸업률, 대학 진학, 성취도평가 점수, 문제해결력 평가, 학습 참여도, 학습동기, 자기효능감 측정 모두에서 높은 수준의 점수를 받은 것이다(Heller & Wolfe, 2015; Huberman et al., 2014; Zeisr et al., 2014). 다만 이처럼 성공적인 결과가 아직까지는 소규모에 불과하다. 이 학교들은 일반적인 학교들과는 다른 예외적인 상황에 해당하기 때문이다. 앞으로의 과제는 깊은학습이 예외적 사례가 아니라 교육 시스템 전반의 보편적 특징이 되게 만드는 일이 될 것이다.

형평성과 탁월성에 대한 생각을 입증하는 데 있어서 '편견 없는' 정책만으로는 충분하지 않다. 편견을 완전히 근절하고 다양성의 가치를 적극적으로 가르쳐야 하며 모든 학생을 성공으로 이끄는 구체적 전략이 나와야 한다. 편견과 차별을 줄이는 것만으로 웰빙이 실현되는 것은 아니기 때문이다. 온타리오주의 한 원주민 리더의 말이다.

■ 우리에겐 모든 어린이가 각자 재능을 가지고 태어난다고 믿는 문화가 있다. (중략) 학교는 아이들의 재능을 발견하고 발전시키기 위해 무엇을 할 것인가?(Ontario Ministry of Education, 2014a)

깊은학습은 모든 학생을 위한 학습 환경을 조성하면서 6대 글로벌 역량을 키우도록 하는 데 중점을 둔다. 우리는 학생들의 웰빙이 형평성과 탁월성을 다루는 깊은학습의 결과로 나타날 것이라 믿으며 앞으로 그 사례와 증거를 충분히 보여주고자 한다.

학교문화 재정립

깊은학습은 NPDL에 속한 학교를 넘어서 전 세계로 확산되고 있다. 깊은학습에 대한 관심은 국가, 주, 지역, 학교의 정책 입안자와 실무자 사이에서도 급격히 높아지고 있다. 많은 교육자들이 이렇게 질문한다.

"깊은학습이 필요하다는 데에는 동의하지만, 지역 및 국가 수준처럼 큰 범위에서 깊은학습이 대규모로 실행될 수 있을까요?"

문제의 핵심은 깊은학습이 한 교실, 한 학교에서 이루어지게 하는 데 있지 않다. 트위터와 소셜 미디어에 매일같이 혁신적인 교사와 학교들이 올라오고 있다. 학교 내 모든 교실에서, 지역 내 모든 학교에서, 나아가 국가 전체에서 이런 혁신이 일어나게 할 방법에 집중하여 도전해야 한다. 시스템을 변화시키려면 집단의 힘이 필요하다. 개인은 시스템에 저항할 수 있기 때문이다.

그러면 교육은 어디서부터 변화를 시도해야 원하는 결과를 얻을 수 있을까? 이 문제는 '닭이 먼저냐, 달걀이 먼저냐?'와 비슷한 딜레마이다. 변화와 혁신을 주장하는 이들 중 일부는, 학교는 오래된 유물이므로 학생들이 모든 제약에 구애받지 않고 스스로 학습을 설계할 수 있도록 현 시스템을 해체해야 한다고 주장한다. 이들의 논리대로라면 학생의 자유롭고 깊이 있는 학습을 위해서는 학교 건물이나 교육청, 교과 내용, 평가 등을 모두 없애야 할지 모른다. 실제로 점점 더 다양해지고 누구나 쉽게 접근할 수 있는 디지털 기술 덕분에 그러한 학습이 가능해진 것은 맞다. 그러나 모든 학생이 그러한 학습 기회를 이용할 수 있는 것은 아니며 그렇게 해서 시스템 전반에 자리한 불평등을 해결할 수 있다는 보장도 없다.

시스템을 해체하는 것보다는 지속적 수정을 통해 점진적 개선을 추구해야 한다는 주장도 있다. 학습과 평가를 위한 새로운 표준을 마련하려는 움직임이 그러한 예로, 미국 연방정부가 마련한 국가공통핵심성취기준(CCSS) 및 모든학생성공법(ESSA)이 해당한다. 여러 가지 문제가 있긴 하지만 이와 같은 점진적 개선 노력은 학습과 평가를 위한 새로운 접근을 통해 교수법을 개발하고 그 결과 학생의 잠재력 계발과 참여도 제고를 가져올 것으로 기대할 수 있다.

단, 이는 분명 변화로 나아가는 한 걸음이긴 하나 성장 메커니즘을 제공하기에는 역부족이라고 생각된다. 여기서 주장하는 학습 성과의 기술과 측정은 교사와 리더들이 새로운 학습 형태를 촉진하는 데 필요한 스킬과 지식을 변화시키는 데 거의 도움이 되지 않기 때문이다. 즉 접근 방식은 '무엇'에 초점을 두고 있지만 개선을 위해서는 '어떻게'를 다룰 강력한 전략이 필요하다. 그렇다면 무엇이 먼저 이루어져야 할까? 모든 구조와 원칙을 변화시키는 것부터 시작해야 할까, 아니면 현상을 유지하면서 점진적인 조정을 해 나가야 할까?

구조적 변화에 집중하는 것은 시간도 많이 걸리거니와 변화의 초점을 흐릴 위험이 있다. 한 예로 학교 건물과 교사의 역할을 없애고 학생 주도 학습으로 대체하는 일만 보아도, 이런 일이 대규모로 빠르게 추진될 수 있다고 생각하면 오산이다. 실제로 학생 수 감소로 폐교된 학교의 철거를 추진했던 한 교육감은 지역 주민들로부터 엄청난 원성과 비난을 받았다. 비합리적이고 감정적인 반발이지만 지역 주민들에게는 낡은 채 방치되어 있던 건물임에도 무언가 빼앗기는 느낌을 받았기 때문이다. 학교 건물, 대학 입시, 교사 연수, 교육과정, 기술, 시간, 평가의 변화는 깊은학습 촉진을 위해 분명 필요하지만 이것이 더 큰 변화로 이어지기 위한 전제 조건이 되어서는 곤란하다. 시스템 전체의 구조적 변화에 집중하느라 깊은학습 경험을 촉진하는 데 더욱 필요한 전문성 구축에 소홀해질 수 있기 때문이다.

그렇다면 현 상태를 유지하면서 점진적 개선을 추구하는 방식은 어떨까? 이는 시스템 일부만 건드리게 될 뿐 전체에 걸친 변화를 고려하는 경우는 드물다. 그 결과 단편적인 개선만 이루어지게 되고 시스템 전체의 변화로 이어지지는 않는다.

이런 이유로 변화의 초점을 학습 프로세스(process of learning)에 두는 것이 훨씬 더 생산적인 접근이 아닐까 한다. 구성원들이 학습 프로세스에 초점을 두고 집단적으로 협력하면 구성원 간의 관계가 달라지고 새로운 교육적 실천이 만들어지며, 결국 구조적 변화를 촉진할 수 있다. 학습 프로세스에 대한 집중이 학생, 교사, 학부모 간의 관계 및 교사들 간, 교사와 학교 관리자 간의 관계를 근본적으로 변화시키고 학교 문화의 변화를 가져온다는 뜻이다.

의미 있는 변화를 위해서는 집단적 협력이 필요하다. 우리는 이미 이전 연구에서 학습공동체 구현을 통해 교육청 전체의 시스템을 변화시킨 사례를 확인한 바 있다. 의미 있는 협력을 경험하지 못하고 개인별 활동에만 몰두했던 사람들은 시간을 할애했음에도 의도했던 목적을 달성하지 못했고 학생과 학습에 영향을 미칠 수 있는 신뢰 관계 구축에도 실패했다. 반면 짧은 시간이라도 학습 개선을 위해 집단적 협력을 진행한 학교와 교육청에서는 의미 있는 성과를 확인할 수 있었고, 나아가 시스템의 구조를 이용해 변화에 필요한 여건을 만들어냈다.

마무리하며

여기서 얻을 수 있는 교훈은 분명하다. 변화의 초점은 학습의 형식이나 구조가 아니라 문화에 있고, 우리가 바꿔야 할 것은 학습의 문화 그 자체라는 점이다. 정책이나 행정 지침만으로는 변화를 가져올 수 없다. 진정한 변화는 새로운 학습 프로세스를 촉진하고 구성원들이 자발적으로 참여함으로써 일어날 수 있을 것이다.

앞에서 언급한 학습 성과나 역량에 대한 공감대가 형성되었다면, 이제 학생들에게 협력적으로 학습할 기회를 충분히 제공하고 새로운 관계를 구축하며, 실천을 통해 배우는 구조를 만들어야 한다. 사전 계획에 아무리 많은 시간과 공을 들인다 해도 실제로 작업을 수행하면서 함께 배워나가는 경험만큼 효과적인 것은 없다. 과정 속에서 역량과 주체성 모두가 길러지기 때문이다.

간단히 말해 무언가 하려는 것에 대해 생각하는 것보다 실제로 해보는 것으로부터 더 많은 것을 배울 수 있다. 그러니 깊은학습을 원한다면 지금 바로 시작해야 한다.

중요한 것은 변화를 위한 리더십이다. 특히 개인이 아니라 시스템 전 분야에서 나오는 리더십이 중요하다. 다음 장에서는 학교 문화 재정립과 학습의 혁신을 이끌어낼 리더십 프레임워크를 좀 더 자세히 살펴보기로 하자.

복잡함 이전의 단순함은 무화과 한 개만큼의 가치도 없지만
복잡함을 넘어선 단순함은 인생을 걸 만한 가치가 있다.

For the simplicity that lies this side of complexity,
I would not give a fig, but for the simplicity
that lies on the other side of complexity, I would give my life.

·

올리버 웬델 홈즈 주니어 Oliver Wendell Holmes JR.

| 제3장 | 깊은학습이 가져올 변화

시스템 혁신과 일관성

지난 수년간 깊은학습 작업에 몰두하면서 확실히 알게 된 세 가지 사실이 있다. 첫째, 깊은학습을 향한 동력은 이미 그 모습을 드러내기 시작했고 앞으로 더욱 뚜렷해질 것이다. 둘째, 시스템 혁신을 이끄는 리더십이 전방위적으로 나타나고 있으며, 특히 학생과 교사가 변화의 주체로서 중심에 설 가능성이 점점 커지고 있다. 셋째, 혁신이란 본래 애매한 것이기에 리더십이 아무리 탁월하더라도 예상치 못한 어려움 속에서 좌절하고, 돌파구를 찾아나가는 과정을 거치기 마련이다.

모든 것이 불확실한 상황이지만 그럼에도 우리는 미지의 영역으로 나아갈 준비를 해야 한다. 아무것도 하지 않고 있다면 엄청난 복잡성과 속도로 세상을 집어삼키는 필연적인 변화의 기세에 휩쓸려 미미한 존재로 전락할 뿐이다. 지금은 시스템 전체의 혁신을 일으킬 만한 강력하고 깊이 있는 변화 이론이 필요한 때다.

새롭게 주목받고 있는 변화 전략은 시스템 전체에 성장과 혁신의 문화를 촉진하고, 다양한 참여자들이 함께 작동하는 생태계를 만들어내며, 모두의 역량을 구축하고 일관된 실행을 이끄는 접근이다. 이 장에서는 시스템 전체의 일관된 변화를 위한 프레임워크를 검토하고 깊은학습에 적용하는 방법에 대해 초점을 맞출 것이다.

우리는 저서 『Coherence: Right Drivers in Action for Schools, Districts, and Systems(일관성: 학교, 교육청 및 시스템을 위한 추진 요인들의 실행)』(Fullan &Quinn, 2016)에서 빠르고 혁신적인 시스템 전체의 변화를 어떻게 다루어야 할지에 대해 논의한 적이 있다. 여기서 나온 '일관성(coherence)' 프레임워크는 시스템의 모든 수준에서 수천 명의 교육자들과 함께한 협력의 결과물로서, 이론과 현실 간 상호작용을 통해 탄생한 것임을 다시 한번 강조하고 싶다.

일관성은 오늘날 조직 내부에 만연한 규정 준수 중심의 업무지침, 부서 간 단절과 파편화, 과중한 업무 양상의 문제점들을 일깨우고 정책입안자와 리더의 혼란에 대응하는 전략으로 받아들여져 많은 공감을 얻었다. 일관성이 제공하는 프레임워크는 신속하고 유기적이다. 이를 통해 리더는 '혁신적인' 시스템 전체의 변화 요건들을 통합하고 새로운 전략을 수립할 수 있으며, 깊은학습을 현실로 만들 수 있는 경로를 안내할 수 있다.

우리가 정의하는 일관성은 '작업의 본질에 대해 구성원들이 공유하고 있는 깊은 이해'다. 이 정의에는 두 가지 중요한 요인이 있다. 첫째, 일관성은 온전히 주관적이므로 리더의 설명이나 전략 계획만으로는 설명하기 힘들고 오직 공통의 경험을 통해서만 발전시킬 수 있다. 둘째, 일관성은 사람들의 마음 속에 존재하기 때문에 특정 그룹 간의 의도적인 상호작용 및 공동의 의제 수행 과정에서 효과적인 것들을 식별하고 통합해 나가는 가운데 의미를 갖는다. 구성원들이 바뀌고 상황이 달라지고 새로운 아이디어가 등장하는 등 일관성을 형성하는 과정은 누적적이며 지속적이다.

일관성을 창출하려면 주의를 분산시키는 요소를 제거하고 일상적인 문제에 대처하면서 돌파구를 찾기 위한 협업을 수행해나가야 한다. 일관성의 특징으로는 다음 세 가지를 들 수 있다.

첫째, 모든 학교나 교육청 등 시스템 전체의 변화에 초점을 둔다.
둘째, 교수법이나 학습 등 배움의 과정을 집중적으로 다룬다.
셋째, 학생에게 영향을 미치는 인과관계 경로를 항상 고려한다.

이 장은 복잡한 문제에 직면했을 때 단순함을 추구해야 한다는 인용문으로 시작했다. 여기서 우리가 제안하는 단순함(simplexity)은 제프 클루거(Jeff Kluger, 2009)에서 차용한 개념으로, 복잡한 문제를 깊이 이해함으로써 도달하게 된 단순명료함을 말한다. 이에 따르면 핵심적인 문제는 '어떻게 하면 역동적인 시스템 속에서 일관성을 높일 수 있는가'이다. 우리가 개발한 일관성 프레임워크는 시스템 전체(주, 지역, 국가)의 실무자들과 오랜 작업을 통해 도출된 것으로, 깊은학습 여정에 적용할 수 있는 네 개의 필수적 구성 요소로 이루어져 있다(도표 3.1).

도표 3.1 일관성 프레임워크

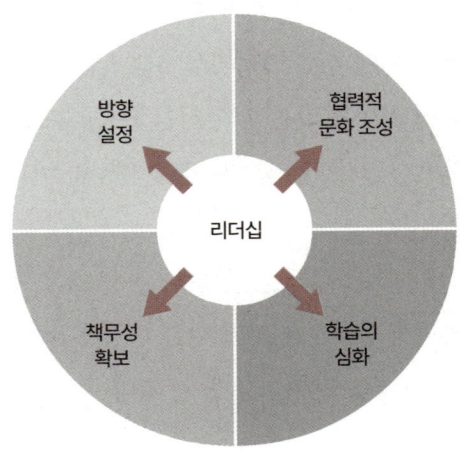

출처: Fullan, M., & Quinn, J. (2016). Coherence: The Right Drivers in Action for Schools, Districts, and Systems. Thousand Oaks, CA: Corwin.

 단지 4개 요소만 있다는 점은 '단순한' 부분이다. 그러나 이 요소들이 서로 상승 작용을 일으키며 하나의 통합된 집합으로 작동하게 만드는 것은 바로 '복잡한' 과제다. 일관성 프레임워크는 직선 형태가 아니고 4개 구성 요소들이 서로 영향을 주고받으며 작동하는 형태다. 이는 심장을 구성하는 네 부분(좌심방, 좌심실, 우심방, 우심실―옮긴이)과 유사한 모습으로, 각각의 요소마다 고유한 기능이 있지만 모두가 생명에 필수적이다. 일관성 프레임워크에서 리더십은 필요한 부위에 혈액을 공급해주는 역할이다. 즉 리더는 네 가지 구성 요소를 활성, 연결, 통합하는 주체로 작용한다.

| 방향 설정 |

첫 번째 구성 요소인 방향 설정에는 모든 아이는 학습해야 한다는 도덕적 당위성이 포함된다. 이는 배경이나 가정 환경과 관계없이 아동의 전인적 성장에 초점을 둔다는 뜻이다.

방향 설정은 변화 리더십을 수립하는 과정의 출발점으로 공유된 의미 구축, 공동의 목표 형성, 목적 달성을 위한 전략 수립이 이루어진다. 목표의 우선순위나 전략이 명확하지 않을 경우 혼란과 무력감을 초래하여 방향 설정이 힘들어질 수 있다. 구성원들이 전략을 신뢰하지 못하거나, 스킬이 부족하여 실패를 두려워할 수도 있다. 이때 리더는 학습자로 참여하여 진전을 이룰 방안을 '함께' 찾아나가야 한다. 이는 '공유된' 목적을 마련한다는 의미가 있다.

실행이 본격화되지 않은 상태에서 비전 수립에만 지나치게 매달리기보다는 초반 작업을 이끌 전략을 세우는 데 주력하라. 깊은학습 여정을 '방향 설정'부터 시작하는 것이 효과적인 이유는, 비전이 협력적 행동의 실행을 통해 더욱 명확해지기 때문이다. 이제 리더가 두 번째로 해야 할 작업은 의도적 실천을 위해 협력적 문화를 조성하는 일이다.

| 협력적 문화 조성 |

변화에 필요한 역량과 프로세스를 키워내는 일에서 중요한 것은 비판적이지 않은 문화다. 혁신은 실수를 허용하고 실수로부터 배울 수 있다고 믿는 환경에서 나온다. 협업은 단순한 협력관계를 넘어 구성원 모두가 집단의 목적에 집중할 수 있도록 전문성을 함양하는 과정이다.

이러한 과정은 집단의 변화를 위해 집단 자체를 활용하는 강력한 변화 전략으로, 리더는 구성원들이 구체적 문제와 실행을 통해 서로 배우고 학습하는 환경을 조성해야 한다.

방향 설정 및 협력적 문화 조성은 명확성을 높이고 목적을 부각시키며 학습에 깊이를 더할 수 있지만, 이들이 깊은학습과 직접적으로 연결되지 못한다면 피상적 접근에 그치고 말 것이다. 효과적인 리더는 다른 구성원들과 함께 학습자로 참여하며 집단적으로 노력함으로써 실천에 동참해야 한다.

| 학습의 심화 |

효과적인 학교와 교육 시스템일수록 학생이 어떻게 배우고 교사가 어떻게 가르치는지에 끊임없이 집중한다. '학습의 심화'가 주목하는 세 가지 측면은 다음과 같다.

첫째, 학습목표의 명확성이다. 이를 통해 교사, 학부모, 학생 모두가 어떤 학습을 지향하고 어떤 학습자를 길러내야 할지에 대해 공동의 이해를 형성할 수 있다. 어떤 학교는 기본적인 문해력을 갖추는 데 집중하고, 어떤 학교는 디지털 시대의 흐름에 맞게 깊은학습 의제를 추진하는 데 집중하는 식이다.

둘째, 교육적 실행에서의 정밀성 구축이다. 정밀성은 교육자들이 협력적 전문성을 구축하기 위한 탐구 커뮤니티를 통해 발전한다. 이를 통해 새로운 학습 역량을 식별하고 새로운 교수법과 실천을 한층 정밀하게 구축하는 것이다.

셋째, 교사와 리더가 새로운 실행을 활용, 기존의 '덜 효과적인' 접근에서 '더 효과적인' 접근으로 전환할 수 있도록 학교와 시스템이 필요한 조건과 프로세스를 만드는 일이다. 이는 그 초점이 격차 해소에 있든, 기초적인 읽기 쓰기 능력 향상에 있든, 깊은학습 의제의 추구에 있든 교사와 리더에게 꼭 필요한 전문성 영역이다.

| 책무성 확보 |

일관성 프레임워크의 네 번째 요소는 외부 책무성을 관리하는 것이 내부 책무성 구축에 있음을 인식하는 것이다. 즉, 외부 책무성을 관리하기 위해 내부 책무성 요인들부터 순차적으로 평가하는 역량을 갖추는 일이라 할 수 있다. 이는 성과에 대해 개인과 집단 모두가 책임감을 가지고 외부 책무성 시스템에 적극적으로 참여하며 상호작용함으로써 이루어진다.

내부 책무성 요인들로는 구체적인 목표, 실행 및 결과의 투명성, 정확한 행동(지시나 처방이 아니라 실질적이고 명확한 것), 비판적이지 않은 태도, 상호 존중, 효과 평가에 대한 수용 그리고 성과 개선을 위한 증거기반 실천, 외부 책무성 시스템에 대한 참여도 등이 있다. 앞에 제시한 일관성 프레임워크의 세 가지 요소(방향 설정, 협력적 문화 조성, 학습의 심화)가 제 기능을 한다면 이미 내부 책무성을 구축하는 여건이 마련되어 조직이 외부 책무성 시스템에 효과적으로 대응할 수 있게 된다.

학교, 교육청, 교육 시스템 전체에서 일관성, 즉 일관된 방향과 실행을 만들어갈수록 학습을 더 깊이 있게 만들 방법에 대해서도 관심이 높아졌다. 일관성 프레임워크는 시스템 전체의 변화라는 렌즈를 통해 혁신을 바라보는 포괄적인 틀을 제공한다. 일관성과 깊은학습에 관한 우리의 작업은 시스템 전체에서 깊은학습을 촉진하고 추진하는 방식으로 더욱 구체화되어 왔다. 비록 아직까지는 시스템 전체를 깊은학습으로 전환한 지역이나 국가가 나타나진 않았지만 가능성은 충분하다.

이어지는 단락에서는 '학습의 심화'에 해당하는 요소들이 어떻게 일관성 프레임워크로 확대되었는지, 그리고 깊은학습을 가속하고 확장하는 도구와 프로세스를 어떻게 개발했는지 상세히 살피려 한다. 그런 다음 NPDL 파트너십이 깊은학습을 촉진하는 글로벌 사회 운동을 확장하는 데 일관성 프레임워크의 네 가지 요소를 어떻게 활용하고 있는지도 알아볼 것이다.

깊은학습을 통한 일관성 구축

전통적인 학교 교육을 대대적으로 변화시키기란 간단한 문제가 아니다. 시스템의 모든 수준과 관련되어 있고, 불안정하고 끊임없이 변화하는 환경 속에서 이루어지기 때문이다.

변화는 단발성이 아니라 지속적인 과정이어야 하며, 거시적 수준(총체적 시스템 또는 사회)과 미시적 수준(개인 및 교육청)에서 동시에 일어나야 한다. 미시적 수준에서의 변화는 학습의 결과를 재정의하고, 새로운 리더십을 촉발하고, 새로운 환경과 파트너십을 구축하고, 깊은학습을 설계하고 평가할 수 있는 새로운 역량을 개발하고 적용하는 것 등이 있다. 이처럼 복잡한 과제를 앞에 두고 우리는 다음과 같은 질문에 직면한다. 어떻게 하면 '선발하고 분류하는' 기존의 학교 교육에서 벗어나, 모든 젊은이들이 글로벌 역량을 계발하고 성공적으로 살아갈 수 있게 하는 교육 모델로 변화해 나갈 것인가?

NPDL 글로벌 파트너십은 이에 대한 대답을 찾기 위한 노력의 하나다. 우리는 단편적으로 이루어지고 있는 혁신을 시스템 전체에 걸친 광범위한 혁신으로 전환하고자, 깊은학습을 한층 촉진하는 조건 및 실행에 대한 지식을 축적해 나가고 있으며 시스템 전체에서 변화를 만들어내는 조건을 연구 중이다. 파트너십 참여자들은 깊은학습 개발에 관심을 갖고 여정에 함께하는 이들과 협력적으로 학습하고 있다. 이 작업의 목표는 특별한 학교를 만드는 것이 아니라 일반적인 학교 시스템에서 학교 문화와 교육청 전체의 변화를 일으키고 모두를 깊은학습으로 이끄는 데 있다. 이에 우리는 지금까지 알아낸 것을 최대한 활용, 모든 학교와 교실을 변화시키는 프로세스를 창출하려 한다.

수 년간 우리는 시스템, 학교, 교실에서 깊은학습으로의 이동을 촉진하거나 방해하는 요소들을 찾는 데 몰두하며 학생부터 정책 입안자까지 다양한 사람들과 상호작용해 왔다. 그리고 우리가 미처 상상하지 못했던 방식으로 변화를 일으키는 실행에 대하여 많은 것들을 배울 수 있었다.

우리의 목표는 NPDL 확산보다는 이를 성공으로 이끄는 실행과 원칙을 찾아내는 데 있다. 실제로 효과를 발휘할 수 있는 단서 및 공통의 요소들을 찾아내면 향후 모든 학습을 혁신하는 작업에 통찰을 제공하고 실행에 반영할 수 있을 것이다. 깊은학습 프레임워크는 바로 이러한 내용을 담고 있다.

깊은학습 프레임워크

전통적인 학습에서 깊은학습으로의 대대적인 혁신을 위해서는 그에 적합한 모델이 필요하다. 그 모델은 실행을 이끌되 제약하지 않고, 포괄적이지만 지나치게 복잡하지 않아야 한다. 이러한 작업의 목표는 다수의 학교, 교육청, 시스템에 깊은학습 문화 개발에 몰두하고 이를 촉진하며 지원하는 사회적 움직임을 만들어내는 데 있다.

변화는 저절로 일어나지 않으며 행동을 모아내는 것만으로 변화가 일어나지도 않는다. 학교 개선 전문가 비비안 로빈슨(Viviane Robinson)은 대상에 대해 명쾌하고 구체적인 설계와 설명을 제시해 온 연구자로서, 저서 『Reduce Change to Increase Improvement(개선을 위해 변화를 축소하기)』(2017)에서 다음과 같이 말하고 있다.

> ■ '변화'와 '개선'을 구별함으로써, 리더는 자신이 제안하는 변화가 원하는 개선을 어떻게 이끌어낼 것인지 상세한 논리를 개발하고 구성원과 소통할 책임을 지게 된다(p. 3).

깊은학습 프레임워크는 제안된 변화가 의도한 결과를 어떻게 도출하는지 구조화한 틀이다(도표 3.2). 학습자에게 미치는 영향을 고려해 변화와 개선을 정의하고, 교육 시스템의 모든 수준에서 변화가 일어날 수 있는 프로세스를 담고 있다. 이를 통해 NPDL의 행동 이론 또는 인과 경로를 파악할 수 있다. 즉 원하는 결과가 '모든 학생들이 깊은학습자가 되는 것'이라면, 그러한 목표에 도달하기 위해 무엇을, 어떤 순서로, 어떻게 실천해야 하는지 원인과 결과 사이의 연결고리를 논리적으로 설명하고 있다는 말이다. 이를 역으로 살펴보면 다음과 같은 세 가지 핵심 요소를 찾아낼 수 있다.

첫째, 학습의 목표와 깊은학습자가 된다는 것의 의미를 명확히 해야 한다.

둘째, 교사, 리더, 학생, 학부모 모두의 사고와 실행에 전환을 일으킬 '학습 프로세스'를 정의해야 한다.

셋째, 모든 학교와 시스템 전체에 깊은학습이 실현되게 하려면 학생 모두를 위한 혁신과 성장, 학습문화 여건을 창출해야 한다. 학교, 교육청 및 시스템의 다양한 상황을 고려하여 적절히 조정할 수 있고 깊은학습의 빠른 확산 및 실행으로의 전환을 위한 구체적인 방법을 제공할 수 있어야 한다.

깊은학습 프레임워크의 4개 층위를 동심원으로 표현한 도표를 보라(도표 3.2). 간단히 말하자면 이는 깊은학습 실현을 향한 지원 구조를 역으로 나타낸 것이다.

도표 3.2 깊은학습 프레임워크

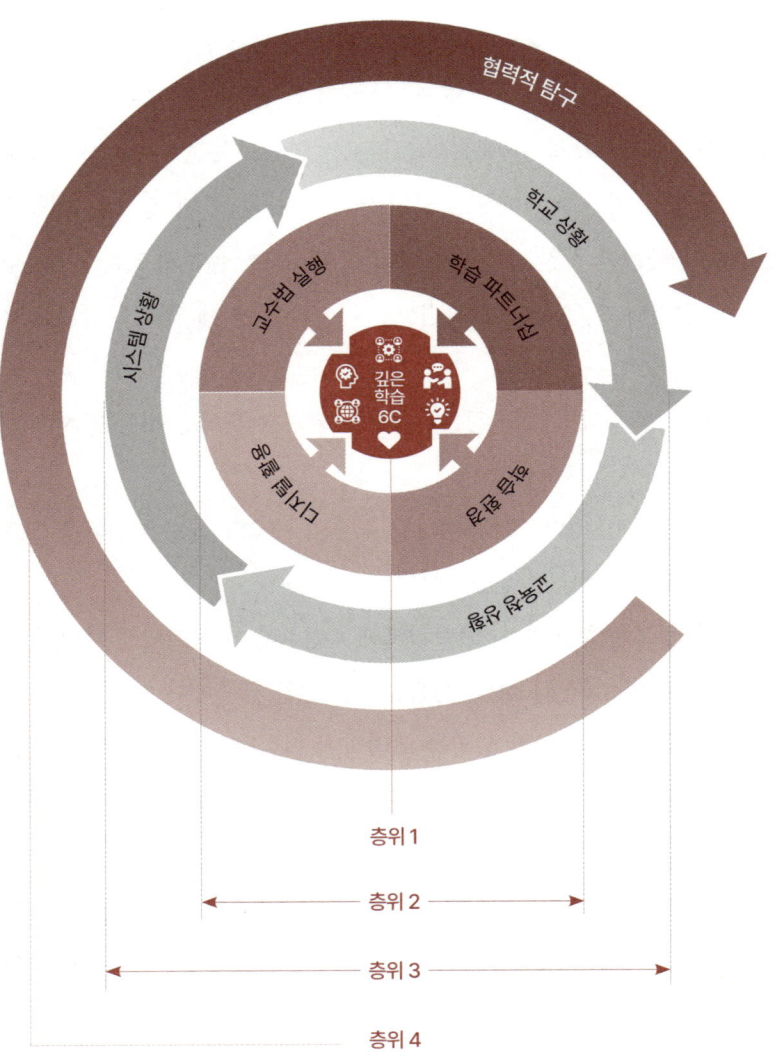

- 층위 1 : 깊은학습이 의도하는 결과물인 6C 역량
- 층위 2 : 원하는 결과를 얻기 위해 수업을 어떻게 만들 것인가에 초점을 둔, 학습 설계의 네 가지 요소(교수법 실행, 학습 파트너십, 학습 환경, 디지털 활용)
- 층위 3 : 학교, 교육청, 시스템에서 깊은학습을 촉진하는 루브릭(rubrics) 요인
- 층위 4 : 층위 전체를 둘러싼 협력적 탐구. 깊은학습이 모든 수준에서 지속적인 학습을 필요로 한다는 점을 나타냄.

| 층위 1 : 6대 글로벌 역량 |

프레임워크의 중심에 있는 첫 번째 동심원은 깊은학습의 결과물인 6대 글로벌 역량으로 인성, 시민자질, 창의성, 비판적 사고, 협업, 의사소통 역량이다. 깊은학습은 6C라고도 알려진 이 6대 글로벌 역량을 습득하는 과정이라고 정의할 수 있다.

이들 역량은 점점 더 고도화된 사고와 문제해결 능력, 한층 정교해진 협업 스킬, 자기이해 및 책임감, 공감 능력과 행동력, 이를 바탕으로 한 시민자질을 포함한다. 교사, 학생, 학부모가 공통의 언어와 기대치를 형성하려면 이 층위에서 학습성과를 명확히 할 필요가 있다.

우리는 학습의 향상 정도를 측정하고 평가하기 위해 각각의 역량별로 세부 속성 및 기대되는 스킬들을 정의하여 '학습 진전도'라는 도구를 새롭게 개발해 제시했다.

| 층위 2 : 깊은학습 설계의 네 가지 요소 |

프레임워크의 두 번째 층위는 학습 설계 과정을 지원한다. 교수법 실행, 학습 파트너십, 학습 환경, 디지털 활용이라는 네 가지 요소는 의도적으로 정밀하게 통합됨으로써 더 나은 학습 설계를 촉진한다. 이들이 복합적이고 깊이 있게 진행되면 학습의 성공을 극대화할 수 있도록 성장이 촉진되며, 습득한 필수 스킬과 이해를 바탕으로 다음 단계로 도약할 수 있다. 또한 디지털 기술의 활용을 촉진함으로써, 학습 경험을 한층 더 촉진하고 확장시키고, 교사, 학생, 학부모를 넘어 더 광범위하고 새로운 관계를 구축하게 만든다.

교사는 새로운 교수법의 각 요소마다 학습 경험이 깊이 뿌리내릴 수 있도록 노력할 것이다. 교사 자기평가 진단 도구, 학습 설계 루브릭, 학습 설계 프로토콜 등 다양하고 구체적인 도구들이 이를 적극적으로 지원한다.

| 층위 3 : 깊은학습을 촉진하는 조건들 |

깊은학습이 일부 혁신적 교사, 교장 또는 학교에만 국한되어서는 곤란하다. 세 번째 층위는 모든 학교와 시스템 전체에 깊은학습이 확산되게 하는 조건을 나타낸다. 이 조건들은 크게 학교, 교육청 및 클러스터(cluster, 교육 관련 연구나 프로젝트를 위해 목적에 맞는 특정 학교들을 그룹화한 네트워크—옮긴이), 주라는 세 개의 수준에서 전체 시스템과 관련을 맺고 있다. 문제는 어떤 정책, 전략, 행동이 깊은학습의 6C(층위 1)와 깊은학습 설계의 네 가지 요소(층위 2)의 개발을 가장 잘 촉진할 수 있는가이다.

솔직히 말하자면 이는 꽤 복잡한 문제라서 오랫동안 많은 노력을 기울여야 했다. 우리는 변화를 밀고 끌어당기는 요인을 어떻게 구체화하고 정의할지, 개발 과정을 어떻게 지원해야 할지 최상의 버전을 공식화하기 위해 연구했고, 현재 세 개의 수준(학교, 교육청 및 클러스터, 주)마다 있어야 할 다섯 가지 핵심 조건으로 비전, 리더십, 협력 문화, 학습의 심화 및 새로운 측정/평가를 도출하는 데까지 이르렀다. 이들은 일관성 프레임워크의 네 가지 구성 요소(방향 설정, 협력적 문화 조성, 학습의 심화, 책무성 확보)와 긴밀히 상응한다. 다섯 가지 조건에 대한 루브릭은 강점, 개선할 부분, 개선을 위한 가이드, 그리고 향상 정도를 식별하고 평가하는 데 사용할 수 있다.

| 층위 4 : 협력적 탐구 |

깊은학습 프레임워크의 가장 바깥에 놓인 원은 작업의 기반이자 모든 층위의 상호작용 효과를 촉진하는 협력적 탐구 과정을 나타낸다. 원 모양으로 그려져 있긴 하지만 이 과정은 최종 단계뿐만 아니라 개발의 모든 단계에서 각각의 원에 스며들어 강력한 대화를 촉발한다. 즉 교사가 깊은학습 경험을 설계할 때, 팀에서 학생의 작업과 발전 정도에 개입할 때, 그리고 교사와 리더가 학교와 시스템 차원에서 깊은학습 촉진에 필요한 조건을 평가해야 할 때, 협력적 탐구 과정이 반드시 필요해진다는 뜻이다.

마무리하며

중요한 것은 프레임워크의 각 동심원 4개 층위를 순차적으로 진행하는 것이 아니다. 오히려 각 부분들이 서로 어떻게 상호작용하고 영향을 주고받는지, 시너지 효과를 이해하는 것이 훨씬 더 중요하다. 이러한 상호작용이 바로 각 동심원이 만들어내는 시너지 효과에 해당한다. 이 모델은 정적인 구조가 아니라 역동적인 구조이기 때문에 각 요소를 따로 떼어 단순히 합친 것보다 전체가 훨씬 더 큰 결과를 낼 수 있게 작동한다.

특히 마지막 동심원에 있는 '협력적 탐구'야말로 핵심이라 할 수 있다. 이 요소는 실천을 통한 학습의 흐름을 만들어내고, 실제 수업과 실행에 대해 구성원들이 협력적으로 돌아보고 성찰하는 과정 속에서 새로운 지식과 아이디어를 창출하기 때문이다. 또한 다른 요소와 상호작용 속에서 시너지 효과를 발휘하여 새로운 전파와 협력을 일으킬 수 있다. 앞으로 우리가 해야 할 과제는 학생, 교사, 학부모 모두에게 학습을 변화시킬 수 있다는 강력한 인식을 갖게 하고, 공동의 목표와 협력 전문성을 구축하는 일이다.

PART 2 에서는 NPDL 참여 학교, 교육청 및 클러스터, 시스템에서 나온 실제 경험을 바탕으로 깊은학습 프레임워크의 각 층위에 대해 더 깊이 탐색하고자 한다. 이를 통해 우리는 어떤 실행과 어떤 요인들이 시스템 전체로 이어질 학습 프로세스의 혁신을 만들어낼 것인지 찾고 공유할 것이다. 독자들 또한 우리가 제시한 프레임워크를 사용하여 자신의 진입 지점을 찾아보기를 제안한다.

PART 2의 여섯 개의 장은 다음과 같이 구성된다. 먼저 4장에서는 실행 중인 깊은학습 프레임워크를 바탕으로 깊은학습이란 무엇인지 보다 자세히 살펴볼 것이다. 이후 5장과 6장에서는 깊은학습을 어떻게 설계할 것인지 구체적으로 알아본다. 7장은 깊은학습을 활성화하기 위한 협업 전략에 대해, 8장은 시스템 전체의 변화로 확장하기 위한 전략에 대해 살펴보겠다. 마지막으로 9장은 깊은학습을 측정하고 평가하기 위한 새로운 척도를 자세히 알아볼 것이다.

PART 2

살아 있는 실험실

누군가는 저 일에 대해 무언가 해야 한다고 말하고 나자
그 누군가가 바로 나라는 것을 깨달았다.
I said, 'Somebody should do something about that.'
Then I realized I am somebody.

•

릴리 톰린 Lily Tomlin

| 제4장 | 깊은학습의 실제

교실에 일어난 변화

깊은학습 모델의 핵심은 인성, 시민자질, 협업, 의사소통, 창의성, 비판적 사고의 6대 글로벌 역량(6C)이다(도표 4.1). 이 역량들은 과연 올바른가? 이것들로 과연 충분한가? 앞으로 2년 후, 5년 후, 10년 후에도 이 역량들은 유효할까?

교육 관련 조직과 교육자들은 앞다퉈 미래를 위한 역량과 스킬들의 목록을 만들어내고 있다. 아폴로연구소, 세계경제포럼 및 NPDL의 최근 보고서에서 정리한 미래 인재에게 요구되는 스킬 목록(도표 4.2)을 깊은학습의 6대 역량과 비교하면, 공통점과 일치점은 물론 경향도 엿볼 수 있다. 세부 내용과 의미는 끊임없이 변화하고 진화할 것이다.

세계경제포럼 보고서(2015)에서는 급변하는 신기술, 신제품, 그리고 일하는 방식의 변화 때문에 앞으로는 창의성이 가장 중요한 역량의 하나가 될 것이라 전망했다. 또한 협상력과 유연성이 갈수록 더욱 중요

도표 4.1 깊은학습의 6대 글로벌 역량

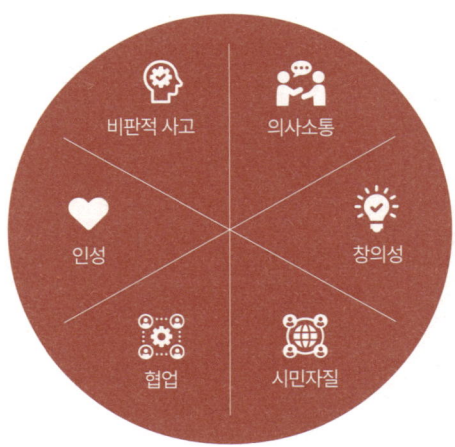

도표 4.2 미래사회에 요구되는 업무 역량

아폴로 연구소 2020	세계경제포럼 2015	세계경제포럼 2020	NPDL
1 센스 메이킹 2 사회관계 지능 3 참신한 사고 4 다문화 역량 5 컴퓨팅 사고력 6 뉴미디어 리터러시 7 초학문성 8 디자인 마인드셋 9 인지 부하 관리 10 가상공간에서의 협업	1 복잡한 문제 해결 2 타인과의 협력 3 인적 자원 관리 4 비판적 사고 5 협상력 6 품질 관리 7 서비스 지향 8 판단 및 의사결정 9 적극적 청취 10 창의력	1 복잡한 문제 해결 2 비판적 사고 3 창의력 4 인적 자원 관리 5 타인과의 협력 6 감성 지능 7 판단 및 의사결정 8 서비스 지향 9 협상력 10 인지 유연성	1 인성 2 시민자질 3 의사소통 4 협력 5 비판적 사고 6 창의성

출처: Grey, A. (2016). The 10 Skills You Need to Thrive in the Fourth Industrial Revolution. World Economic Forum. Retrieved from https://www.weforum.org/agenda/2016/01/the-10-skills-you-needto-thrive-in-the-fourth-industrial-revolution.

하게 부각될 것으로 예측하고 감성 지능(emotional intelligence)의 출현에 주목한다. 현장에서 관찰한 바로도 창의성은 갈수록 그 중요성이 커지고 있으며, 다른 역량의 발전을 위한 촉매 역할을 한다는 연구도 속속 나오고 있다. 동시에 인성과 시민자질의 일부로서 연민(compassion)과 공감(empathy)도 한층 주목받고 있다. 오늘날 모든 사람이 복잡한 세계 속에서 다양한 도전과 시각에 대처하며 힘겹게 살아가고 있기 때문이다.

미래 역량에 대한 완벽하고 최종적인 목록은 아직 없다. 우리는 학습자들이 평생 동안 학습하고, 변화하는 세상에 민첩하고 유연하게 대응하며 조화를 이루고, 세상에 기여할 수 있는 인간으로 키워낼 새로운 역량에 초점을 맞추고 있다. 중요한 것은 이 역량들을 실제 생활에 적용하면서 변화 요구에 따라 능동적으로 조정하는 일이다.

새로운 깊은학습 역량은 개념만으로는 다소 추상적이고 모호하게 느껴질 수 있다. 그러니 이제 전 세계 교실 중 몇 곳으로 직접 들어가, 6C의 성장을 촉진하는 학습이 실제로 어떤 차이점이 있는지 알아보도록 하자.

다음은 학습에 대한 새로운 접근법을 보여주는 핀란드 에스푸 지역 키르코야르비 초등학교 교사가 작성한 사례다.

| 사례 4.1 | 새로운 접근으로 기후 변화를 배우는 학생들 (핀란드, 에스푸 지역, 초등학교)

핀란드에서는 학생들에게 최고의 학습 환경을 제공하고자 한다. 우리 학교는 아름다운 현대식 건물이며, 올해 도입된 새로운 교육과정과 NPDL 덕분에 중요한 영역에 집중하는 학습 공동체로 변모

하고 있다. 교사들은 서로 협력하고 있으며, 기존과 차별화된 교수법으로 새로운 학습 경험을 제공하려 노력한다.

지금 우리 학생들은 기후 변화라는 깊은 도전 과제에 참여하고 있다. 이런 경험이 처음인데다 정보를 수집하여 문제를 평가하고 해결책을 찾아야 하는 어려움을 겪으면서도 학생들은 이 과정에 무척 흥미를 느끼고 있다. 교사들은 학생들이 더 깊이 파고들 수 있도록 전문가에게 연락하고 다른 학생 및 학부모와 새로운 방식으로 상호작용하라고 적극 격려한다.

이러한 학습 방식은 학생 스스로 문제를 발견하고 해결할 뿐만 아니라 결과와 자신의 활동을 돌아보며 상상력이 확장되게 한다. 협업 플랫폼을 사용하므로 학생과 교사들은 진행 상황을 연결하고 공유할 수 있으며, 진행 과정에서 겪는 어려움이나 성공의 기쁨을 실시간으로 확인할 수도 있다. 학생들은 글로벌 시민, 중요한 정보 소비자, 커뮤니케이터, 협력자로서의 역할에 대해 생각하게 되며, 창의적으로 깊은학습을 할 수 있다. 그리고 학습을 삶의 일부분으로 만들고 세상 속으로 나아갈 수 있는 자질을 키워나가고 있다.

(타르야 콜만, 초등학교 교사)

동영상 https://deep-learning.global. <Finnish Students Tackle Climate Change>

우루과이는 2010년대부터 모든 학생들이 글로벌 커뮤니티의 일원이 될 수 있도록 학습용 기기를 제공하는 프로그램을 시작했다. 부유한 나라가 아님에도 교수학습 개선과 연계된 기술과 소프트웨어를 도입하여 대규모의 시스템 전환을 이룬 점은 주목할 만하다. 리더들은 디지털 기술이 갖고 있는 잠재력을 활성화하기 위해 더 깊이 있는 교수법이 필요하다는 것을 깨닫고 NPDL 파트너십에 합류했다.

이제 우루과이 몬테비데오의 한 초등학교 교실을 방문해 교수법과 디지털이 결합될 때 무엇이 가능한지 엿보도록 하자.

| 사례 4.2 | 스스로 도전 과제를 설정하고 해결한 학생들(우루과이, 몬테비데오, 초등학교)

솔레다드와 클라우디아는 주변 세계를 탐색하고 싶었지만 학교에서는 매일 똑같은 교실에 갇혀 있는 느낌이었다. 두 아이는 수업에 성실히 임했지만 교실 한쪽 구석에 쌓여 있는 상자에 자꾸만 눈이 갔다. 상자 속에 든 것들이 궁금했던 아이들은 교사에게 상자를 열어보고 싶다고 여러 번 말했지만 교사는 언제나 안 된다고 했다.

그러던 어느 날, 교사가 새로운 교수법을 배우는 중이라고 말하며 이 방법을 교실에서 새롭게 적용할 계획이라고 이야기했다. 그리고 다른 학교, 다른 도시, 심지어 다른 나라 교사들과도 네트워크를 맺고 있다고 말했다. 솔레다드와 클라우디아는 상자를 살펴보게 해 달라고 한 번 더 요청한 끝에 드디어 허락을 받았다.

두 사람은 유튜브 동영상을 이용해 상자 속 키트로 된 로봇을 조립하고 프로그래밍하는 방법을 익혔다. 두 시간 남짓 걸려 완성된 첫 번째 로봇을 보고 학급 친구들도 이 탐험에 참여하고 싶어 했다. 솔레다드와 클라우디아가 스스로 설정한 도전 과제는 녹색 기술과 연결하여 인류의 문제를 해결할 수 있는 로봇을 만드는 일이었다. 어떤 아이들은 전쟁에 대해 공부한 뒤 지뢰를 탐지하는 로봇을 만들어냈다. 곧이어 학생들은 자신들 주변의 문제를 로봇으로 해결해 보자고 생각했다. 한 해 전 몬테비데오 해변에서 10세 소년을 포함하여 5명이나 번개를 맞고 사망했다. 학생들은 번개가 칠 때를 미리 알 수 있도록 경보를 울리는 경고 장치를 만들어내려고 노력했고 결국 성공했다.

이러한 움직임은 교실 전체로 급속히 퍼져나갔다. 아이들은 로봇 연구 성과를 이용해 지역사회와 세계에 영향을 미칠 방법들을 고민하기 시작했다. 여러 어린이들이 이 연구에 참여하고 싶어 했고, 이들을 돕기 위해 부모들도 참여하기 시작했다. 학생들의 관심이 높아지자 솔레다드와 클라우디아는 다른 사람들을 도울 수 있는 학생들을 모아 별도의 지원 팀까지 조직했다.

교사는 자신이 학생들의 '새로운 파트너'라고 설명했다. 학생들이 프로젝트나 주제를 제안하면, 교사는 이를 도와주는 역할을 하는 역할이다. 학생들은 점점 더 큰 도전 과제를 찾아나섰다. 교사는 NPDL에서 배운 학습 진전도와 루브릭을 소개했다.

학생들은 과제를 선택할 수 있다는 점, 도구를 사용하여 학습을 개선할 수 있다는 점, 진행 상황을 스스로 점검할 수 있는 점 등을 선호했다. 이제 학생들은 세상을 위해 무언가를 창조하고, 관심을 쏟고, 세상을 보호하고 변화시키는 방법을 스스로 설정한 도전적 과제를 통해 배워나갔다.

동영상 https://deep-learning.global. <Deep Learning With Robotics>

다음은 캐나다 온타리오주에 있는 한 고등학교 교실로 이동해보자. 경제지리학을 공부하는 고등학생들은 사회 변화 관리에서 정부, 사회단체, 개인이 미치는 영향을 분석하는 데 몰두하고 있다.

| 사례 4. 3 | 목표 실현을 위해 행동에 나선 학생들 (캐나다, 온타리오주, 고등학생)

학생들은 UN의 지속가능발전 목표에 대해 다른 사람들을 교육하고, 지역사회와 전 세계에 행동을 촉구하라는 과제를 부여받았다. 이에 따라 학생들은 각자의 관심에 따라 팀을 구성하고, 세계야생동물기금(World Wildlife Fund) 및 '지구의 친구들(Friends of Earth)'과 같은 환경 단체, '나로부터 우리로(Me to We)', 지역 푸드뱅크 및 다양한 사회 기관과 연결하고, 참여하고, 협력했다. 그리고 성취기준과 학습목표를 공동으로 만들고 정기적으로 가족들과 지역사회에 진행 상황을 공유했으며, 블로그를 만들어 타깃 독자들에게 접근했고 더 많은 파트너십을 이끌어냈다.

이러한 노력은 실질적인 행동으로 이어졌다. 학생들은 지역 초등학교에서 '여자아이로 산다는 것(Because I Am a Girl)'과 같은 성평등 행사와 헌혈 캠페인을 기획했다. 빈곤 문제를 다룬 다큐멘터리를 제작했고, 지역사회의 인식을 촉구하는 행사를 추진하는 등 영향력을 키워나갔다. 학교 밖 청소년의 지원을 위해 셔츠와 가구를 만들어 판매하고 수익금을 기부하는 등, 지속가능한 소비 실천 운동도 지원했다. 학생들은 말한다.

"우리는 고정관념을 깨고, 위험을 감내하며 도전하는 경험을 익히고 있다. 우리는 가능한 한 큰 꿈을 꾸고 있다."

교사들도 말한다.

"가장 보람된 부분은 학생들이 자신이 목표를 선택하고, 그것을 위해 배우고, 공유하고, 세상을 바꿔나가게 되길 열망하고 있다는 점이다."

위에 소개한 세 개의 사례는 모두 6C를 서로 다른 방식으로 추구한 것들로, 다음과 같은 공통점이 있다.

- 학생들이 서로에게, 그리고 인류에 기여하는 데 관심을 갖고 열정적으로 참여한다.
- 학생, 교사, 학부모 및 지역사회 사이에서 학습을 위한 새로운 관계가 생겨난다.
- 복잡한 협업, 창의성 및 문제해결 능력이 향상된다.
- 학교의 영역이 학교를 넘어선 시공간, 그리고 전문가와의 연결을 포함하며 확장된다.
- 실제 삶의 문제를 해결하는 데 필요한 비판적 사고가 발전한다.

이러한 특성을 두고 문제기반학습(problem-based learning) 또는 탐구학습(inquiry) 덕분에 나타난 것이라고 단순하게 생각할 수도 있다. 그러나 깊은학습은 문제기반학습이나 탐구학습과 동의어가 아니며 그것들을 포함하여 더욱 강력하고 다양한 교수학습 모형을 활용한다.

세 가지 사례는 모두 학생들에 의해 주도되었고, 또 독립적이고 협력적으로 학습이 이루어졌다. 이처럼 깊은학습은 학생들이 더 복잡한 사고를 하고, 창의성을 활용하며, 어렵고 복잡한 문제를 해결해나가는 과정을 포함한다. 복잡한 과제가 주어졌을 때 학생들은 협력 없이 개별적인 탐구를 통해 문제를 해결하기도 하지만, 어떤 경우에는 의도적인 협업을 위하여 의미 있는 그룹 기반 학습 과제를 수행할 기회가 필요하기도 하다. 이런 때에는 문제기반학습이나 협력적 집단학습과 같은 모델이 유용하다. 깊은학습은 한 가지 특정 교육 모델에 관한 것이 아니라 광범위한 실제 학습 속에서 활성화된다.

다음은 어떤 교장의 말이다.

■ 6C로 둘러싸인 큰 원이 있는 것 같다. 원 안에는 아이들의 성장에 도움이 되는 다양한 교수법이 있다. 선택은 우리가 해야 한다. 디자인 씽킹(design thinking)을 중시하든 탐구학습이나 문제기반학습을 중시하든 무엇이라도 효과가 있다. 정말 좋은 점은 학생과 지역사회에 적합한 접근 방식을 직접 선택할 수 있다는 것이다. 선택지가 많은 것은 장점이지만, 동시에 좋은 데이터와 지식을 바탕으로 현명한 선택을 해야 할 책임도 있다(개인 커뮤니케이션, 2017년 7월).

주목할 만한 사실은, 어떤 교수 모델을 사용하든 관계없이 6대 글로벌 역량인 인성, 시민자질, 협업, 의사소통, 창의력, 비판적 사고의 습득을 한층 가속할 수 있다는 점이다.

새로운 가능성의 발견

학생, 교사, 리더들은 이러한 수업 과정에서 새로운 에너지, 열정, 해방감, 낙관적 태도를 보여주고 있다. 우리는 그 이유가 깊은학습에 따라 더 커진 발언권과 선택의 기회 덕분이라 생각한다. 실제 현실과 가까운 학습이 이루어지면서 학생들의 모습은 한층 새로워지고 있다.

이처럼 깊은학습의 성과가 분명해짐에 따라 교사들 역시 더욱 강력하고 새로운 교수법을 선별하고, 학생에게 선택과 발언권을 부여하는 통합적 학습 설계를 선택하며, 이러한 교수학습이 미치는 영향을 측정하고 평가한다. 디지털 기술은 이제 수업 보조 도구가 아닌, 전 세계의 아이디어, 전문가, 함께 배우는 사람들, 새로운 가능성들과 연결해 주는 중요한 학습 수단으로 적극 활용하고 있다.

교수학습은 이제 새로운 역할과 관계를 만들어내고 있다. 이 모든 것은 혁신을 촉진하고 개인의 흥미와 재능을 중시하며 실제 현실과 연결되는 환경에서 일어난다. 이제 학습은 내일을 위한 준비가 아니라 오늘의 삶 그 자체가 되고 있다. 다음은 우리가 찾은 몇 가지 발견들이다.

| 세상에 기여하는 학습 |

학생들은 세상을 변화시키고 더 나은 세상을 만드는 데 기여하기를 원했다. 해변에 번개가 칠 것으로 예상될 때 미리 경고하는 시스템을 구축하고 있는 우루과이 학생들(사례 4.2 참고), UN 지속가능발전 목표를 지역사회와 전 세계적으로 실현해가고 있는 고등학생들(사례 4.3 참고)처럼,

학생들이 직접 행동에 나서고 있는 모습을 곳곳에서 볼 수 있다. 지난 20년간 교육담론의 중심을 이룬 것은 소통, 협업, 창의성, 비판적 사고 등의 21세기 스킬이었다. 하지만 근래 들어와 인성과 시민자질이 눈에 띄게 주목받고 있다. 창의성은 그 중요성에도 불구하고 아직까지 학교 교육에서 중요하게 다루어지지 못하고 있다(Ken Robinson, 2015).

깊은학습을 경험한 학생들은 글로벌 시민의식을 지니고 있다. 우리가 경험한 바로 이 학생들은 다양한 가치와 세계관에 대한 깊은 이해를 바탕으로 글로벌 이슈를 고민하고 있으며, 인간과 환경의 지속가능성에 영향을 미치는 모호하고도 복잡한 현실적인 문제 해결에 관심과 열정을 보여준다. 동시에 그들은 투지, 끈기, 인내, 공감, 연민 그리고 회복탄력성과 같은 개인적인 자질을 계발하고, 학습을 삶의 일부분으로 통합하는 능력을 키워가고 있다. "나는 인류를 돕는 일을 우리 동네에서 시작하기로 했어요."라고 말하는 우루과이의 10세 소녀가 있다. "시민이 되기 위해 10년을 기다리고 싶지 않습니다. 저는 지금, 오늘 이 시간부터 내일의 시민으로 살기를 원해요. 세상이 나를 필요로 하니까요."라고 말하는 학생들이 있다. 이러한 움직임은 학생뿐 아니라 인류 모두에게 희망적이고 이상적인 변화를 가져올 것이다.

| 변화를 주도하는 학생 |

학생들의 잠재력은 아직 충분히 발현되지 않았다. 만약 깊은학습을 통해 자기 목소리를 내고 선택할 기회를 갖게 되면, 조직, 사회, 교수법의 극적인 변화를 이끌어낼 주체로 떠오를 것이다.

▶▶ 조직

다음 사례는 학생 주도 리더십이 실현된 결과를 보여준다.

| 사례 4. 4 | 깊은학습을 주도한 학생들 (캐나다, 오타와주, 중학교) |

글래이샨 중학교의 깊은학습 여정은 학생들을 깊은학습 설계팀에 참여하도록 제안하면서 본격적으로 시작되었다. 학생들이 자발적으로 리더가 되어, 학교 전체에 깊은학습을 확산시키기 위해 공통의 이해와 목표를 설정하고 개발하는 역할을 맡았다.

우리는 최근 이 학교를 방문하고 학생들이 깊은학습으로의 전환을 주도한 핵심 주체라는 사실을 분명히 알 수 있었다. 우리는 25명의 깊은학습 설계팀 학생들을 만났고, 6C가 어떤 방식으로 학생들의 생각과 행동에 영향을 미치고 있는지, 그리고 미래의 삶을 준비하고 성장하는 데 그것이 어떤 도움을 주는지 보았다.

학교문화 속에 6C가 깊이 자리 잡고 있음을 보여주는 예의 하나로 2017년 5월에 있었던 스웨덴 학생 교류 프로그램을 들 수 있다 (사례 1.2 참고). 이 프로그램은 12명의 학생만 참여할 수 있었는데 선발 기준을 어떻게 정할 것인지 고민되는 상황이었다. 이에 학생들은 자신이 선발되어야 하는 이유를 만들고 설명하는 과제를 수행했다. 어떤 학생은 자신이 6C를 통해 이뤄낸 모든 성취를 가득 담은 여행용 가방을 제출했고, 또 다른 학생은 포스터나 스크랩북 형태로 자신이 어떻게 6C를 실천해 왔는지를 구체적으로 표현했다.

글래이샨 중학교의 교사들 역시 깊은학습 전환에서 중요한 역할을 담당했다. 그러나 학생의 창의성과 리더십 재능을 발휘하도록 한 것이 그 영향을 증폭시킨 것은 분명하다.

▶▶ 사회

지역사회와 글로벌 커뮤니티에 기여하기 시작하면서 학생들은 자신의 위치를 학습자로 국한하지 않고 세상을 변화시키는 주체로 새롭게 인식하게 된다. 그리고 "왜?"와 "왜 안 돼?"라는 질문을 통해 기존 교육 관행에 도전한다. 자신에게 의미 있고 현실과 관련된 과제에 몰입할 때 그들은 자신의 한계를 느끼지 못하게 된다.

| 사례 4. 5 | 지역사회와 연계를 추진한 학생들 (호주, 빅토리아주, 고등학교)

벤디고시니어 고등학교 학생들은 지역사회 구성원과 함께 '정치인과의 만남'이라는 제목으로 사전선거 포럼을 마련했다. 이들은 2016년 연방 선거에서 처음으로 유권자가 되면서 지역, 국가 및 글로벌 문제에 대해 긴장과 혼란을 경험했다. 그래서 학생들이 지역 정치 후보자를 만나 다양한 문제에 대해 질문하고, 연방 선거에서 투표할 때 정보에 근거한 선택을 할 수 있는 행사를 마련하고자 했다. 이에 따라 시장을 조직위원회의 일원으로 초대하고, 다양한 지역 단체를 만나고, 각 후보자로부터 정책 정보를 수집해 '첫 투표자를 위한 선거 안내 꾸러미'를 만들었다.

학생들은 자신이 선거에서 중요한 존재라고 느끼고 선거 연설,

이슈, 논쟁에 귀를 기울이기 시작했다. 그리고 미디어가 학생들의 생각을 알고 싶어 한다는 사실도 깨달았다.

이런 과정을 통해 자연스럽게 학생들의 시민자질 역량은 성장할 수 있었다. 단순히 어떤 행사를 준비한 것에 그치지 않았다. 그러한 경험을 통해 다양한 아이디어, 언어, 반대 주장 및 도전적인 질문을 마주했고 실천을 통해 배워나갈 수 있었다.

지역 커뮤니티의 참여는 예상을 훨씬 뛰어넘었다. 지역 사립학교에서 행사 참석을 요청하고 학부모들이 Q&A 패널에 질문을 보내왔다. 지역 언론도 행사에 참석하여 정치 과정에 학생이 참여하는 현상에 대해 긍정적으로 보도했다.

학생들 자신이 지역사회의 인식과 행동을 이끌어낼 수 있는 주체라는 사실을 깨닫게 된 것이다.

▶▶ 교수법

의미 있고 실질적인 학습을 한번 경험한 학생들은 더이상 학습지와 교과서 중심의 학습으로 돌아가려 하지 않는다. 학생들은 기존 방식을 유지해야 할 특별한 필요가 없기에 변화를 받아들일 준비가 되어 있다. 이는 변화로 '밀어내는' 의외의 요인이다. 교사는 학생의 변화를 직접 목격하면서 더 큰 도전을 감행할 동기를 갖게 된다.

새로운 학습 파트너십은 교사 혼자만으로는 예상할 수 없었던 방식으로 교사와 학생 모두가 학습의 경계를 확장하는 데 도움을 주고 있다. 이는 뉴브런즈윅주 베스버러 초등학교의 교사와 학생들이 라디오 인터뷰에서 말한 내용에서도 잘 드러난다.

| 사례 4. 6 | 협업으로 학교 주변을 변화시킨 학생들 (캐나다, 뉴브런즈윅주, 초등학교) |

학교 앞 등하교 스쿨버스 승하차 구역이 달라졌다. 20여 종류의 과일과 채소를 유기농으로 경작하고, 꿀벌의 수분이 활발하게 일어나는 자연 친화적 정원 3곳을 포함한 '땀방울과 식물과학을 품은 정원'으로 탈바꿈한 것이다. 모두 이 학교 6학년 학생들이 조사하고 설계한 결과물이다.

교사들은 학생들이 지역 커뮤니티 및 글로벌 문제에 대해 생각할 수 있기를 원했기에 몇 달 전부터 NPDL 파트너십에 참여했다. 인간이 섭취하는 음식의 3분의 1이 꿀벌에 의해 수분되는 식물에서 나온다는 점에 착안하여 꿀벌을 다뤄보자는 아이디어가 도출되었다.

일단 행동으로 옮길 수 있는 구상이 소개되자 학생들은 여러 가지 아이디어를 내놓느라 쉬는 시간이 없을 정도로 폭발적인 반응을 보였다. 조사를 마친 학생들은 자신의 과제를 발표할 매체를 선택하고 내용을 준비했다. 벌집 여행이 가능한 마인크래프트 맵 만들기, 툰애스틱 3D(Toontastic 3D, 디지털 스토리텔링을 돕는 애플리케이션으로, 여기에서 자신만의 내레이션을 곁들여 만화를 만들 수 있음—옮긴이), '꿀벌 호텔'과 유사한 3D 모델 구축, 그리고 스페로(Spheros, 과학 학습을 돕는 애플리케이션으로, 코딩을 통해 로봇 등을 자유롭게 만들 수 있음-옮긴이)를 이용하여 꿀벌 세계를 복제하기 등, 학생들은 그 발견을 부모와 공유하기 위해 '꿀벌 시사회'를 개최했다.

한 교사가 어떤 학생의 이야기를 들려주었다. 이전에는 학교에 거의 오지 않았지만 지금은 매일 학교에 오고 있는 학생이 있는데, 그 이유는 바로 꿀벌 프로젝트였다. 학교에 출석은 하지만 수업 참여도는 현저히 떨어지던 학생들 중에도 꿀벌 프로젝트에 완전히 몰입한 경우가 많았다. 그들 역시 자신의 영감을 끌어올리는 무언가에 참여하길 원했고, 스스로 선택할 수 있었기 때문이다.

"교사의 역할이 바뀌었어요. 학생들의 아이디어에 대해 제가 조언을 해주긴 했지만, 그것은 협력적인 노력이었습니다."

협업은 다른 학년으로까지 확대되었고 세계적으로 유명한 양봉 전문가의 기술도 적용되었다.

한 학생이 이렇게 말했다.

"이렇게 어렵고 힘든 일을 해낼 수 있다는 게 놀라워요. 꿀벌을 구할 수 있다는 말에 나도 꼭 하고 싶다고 했죠."

조사 결과를 공유하고 실천할 방법을 탐색하는 과정에서 디지털 세계에 기반한 새로운 교수법들도 다양하게 들어왔다. 이러한 협업은 학교가 학생의 학습을 돕기 위해 무엇을 해야 하는지에 대한 새로운 사고의 전환을 촉발시켰다.

| 형평성 가설 |

앞에서 깊은학습은 모든 학생에게 필요하지만 전통적인 학교 교육에서 소외된 학생에게 특히 더 필요할 수 있다고 말한 바 있다. 이것이 바로 '형평성 가설'이다.

우리가 선택할 수 있는 많은 사례들 중에서 두 가지를 보여주고자 한다. 첫 번째 사례는 학생들이 실제 삶과 관련이 있는 영역에서 깊은학습에 참여할 때 학업이 향상될 뿐만 아니라 자신의 자리와 목소리를 찾게 된다는 것을 보여준다.

| 사례 4.7 | 자신과 공동체의 삶을 변화시킨 학생 (캐나다, 온타리오주, 고등학교) |

빈곤한 가정의 학생들에게 깊은학습은 삶을 변화시키는 경험이 될 수 있다. 깊은학습을 통해 자신의 삶을 주도하고 다른 사람들의 삶을 개선할 수 있는 힘을 실감하게 되기 때문이다. 이제 소개할 고등학생 샘의 이야기는 이를 잘 보여주는 사례다.

샘은 캐나다 원주민 출신의 가난한 가정에서 할머니 손에 자랐다. 원주민 공동체의 아이들은 학교에 다니기 위해 수백 킬로미터나 떨어진 낯선 가정에 위탁되어 지내는 경우가 많았다. 샘도 마찬가지였다. 이런 원주민 학생들은 학업에 실패할 거라고 생각하는 사람들이 많았다. 실제로 샘은 학교를 다니면서 자신과 같은 처지의 원주민 청년들이 왜 그렇게 많이 학교를 자퇴했는지 이해할 수 있었다.

담임교사는 샘에게 온타리오주 정부가 후원하는 학생 연구 프로그램에 참여하도록 격려했다. 학생들끼리 팀을 이루어 관심 있는 주제를 선택하고 직접 그것을 조사하며 개선 방안을 찾는 프로그램이었다. 샘은 다소 뒤처진 학생이었지만 프로그램에 흥미를 느꼈고, 다른 원주민 공동체 학생들과 접촉한 끝에 소그룹을 만들 수 있었다. 그리고 '원주민 청소년들이 고등학교 입학 후 경험하는 것은 무엇인가?'라는 주제를 선정했다.

 샘과 학생들은 고교 입학 이후 무사히 졸업한 학생, 중퇴한 학생, 지역사회 노인, 학교 학생과 직원, 원주민 학생들에게 숙식을 제공한 가족 구성원들을 대상으로 설문조사와 인터뷰 질문을 설계하고 자료를 수집했다. 조사가 이루어지는 내내 그들은 외로움과 인종차별, 절망감과 실패감에 이르기까지 원주민 청소년들이 부딪쳤던 수많은 어려움과 장벽을 확인할 수 있었다. 그리고 이러한 내용을 담은 충실한 보고서를 작성했다.

 이 과정을 거치면서 샘과 원주민 학생들은 자신들이 앞으로 무엇을 해야 할지 깨달았다. 그들이 작성했던 보고서는 변화를 일으킬 동력이 되어 주었고, 원주민 공동체 청소년들이 좀더 나은 학교생활을 할 수 있어야 한다는 열정을 품게 했다. 이들의 노력에 학교와 지역사회 내 몇몇 원로들이 힘을 보태어 '원주민 청소년 자문위원회'가 구성되었다. 이 위원회는 원주민 청소년들이 목소리를 내고 학교에 필요한 변화를 주도할 수 있도록 지원하는 역할을 맡았다. 원주민 멘토, 동급생들의 학습 튜터링, 원주민과 비원주민 학생 모두를 위한 문화 행사, 원주민의 역사를 기리기 위해 고안된 활동, 위탁 가정을 바꾼 경험과 커뮤니티와의 연결 등이 그것이다.

작은 프로그램으로 시작했던 활동이 원주민 학생들을 위한 다년간의 실행 계획으로 전환되었고, 학교 내의 전체 구성원이 서로를 이해하게 만든 전환점이 되었다. 샘은 완전히 달라졌다. 이전의 샘은 기초학력이 부족하니 보충학습 과정에 가야 한다고 권고받았던 위축된 학생이었다. 그러나 이제는 독서와 연구를 즐기고 원주민교류센터에서 청소년 상담사로 일하며 교사 자격 취득을 위해 대학 진학을 꿈꾸는, 자신감 넘치는 청년으로 바뀌었다(Fullan & Gallagher, 2017).

두 번째 사례는 대체로 낮은 수준 수업에 배정되었던 학생이 자신의 관심에 부합하는 주제를 탐구할 기회를 얻었을 때 어떤 변화가 일어나는지 보여준다.

| 사례 4.8 | 삶과 관련된 학습으로 잠재력을 일깨운 학생 (캐나다, 온타리오주, 고등학교)

게이브는 직업 과정을 이수하고 있는 고등학생이다. 스포츠를 무척 좋아하는 그는 평소 가까이 지냈던 담당교사의 권고로 신체운동역학(kinesiology) 과목을 수강하게 되었다. 게이브의 담당교사는 깊은학습을 주제로 한 학교 기반 연구에 참여 중으로, 학생들이 무엇을 배우고, 어떻게 학습 성과를 보여줄지를 스스로 선택할 수 있도록 여러 과제를 재설계했다. 또한 학생들에게 가능한 한 자주 학습 내용을 실제 상황에 적용하도록 했다. 그 덕분에 학습에 어려움을 겪었던 게이브까지 해당 교육과정을 충분히 따라갈 수 있었

다. 예를 들어 이 수업에서 제시된 깊은학습 과제는 이러했다. 학생들 각자가 엘리트 운동선수 한 명씩을 선택하고, 그 선수가 치열한 경쟁 상황을 대비하고 컨디션을 회복하는 데 도움이 될 수 있도록 필수 영양 성분을 탐색하여 천연 재료로 영양 보충제를 만들어볼 것, 그리고 마케팅 포럼을 열어 업계의 전문가를 수업에 초대하여 자신들이 만든 영양 보충제를 홍보하고 피드백을 받도록 할 것 등이었다. 전직 프로 아이스하키 선수, 크로스핏 체육관 운영자, 최근 마라톤을 완주한 선수, 엘리트 수영 선수를 위한 개인 트레이너 등, 여러 지역사회 구성원들이 참여하여 제품을 살펴보고 학생들에게 다양한 질문을 던졌다.

게이브는 이 과제에 자신도 놀랄 만큼 깊이 빠져들었다. 교사도 놀라워할 정도였다. 운동선수들에게 중요한 영양소와 열량에 대해 관심을 갖게 된 게이브는 자신이 좋아하는 농구에 이를 적용하여 개별 과제를 진행했다. 과제 발표 후 질문에 답할 기회가 주어졌을 때 게이브는 이렇게 말했다.

"좋아하는 주제를 공부하라는 조언 덕분에 이 내용에 대해 깊이 알게 되었어요. 또 학습한 내용을 창의적인 방식으로 표현하라는 조언 덕분에 더 많이 몰입할 수 있었지요. 이 과제를 진행하면서 저는 학습에 자신감을 갖게 되었어요. 만약 시험을 치르는 방식이었다면 아무런 흥미도 느끼지 못했을 것이고, 깊이 학습할 수도 없었을 거예요. 이전에는 경험하지 못했던 방식으로 친구들과 함께 배울 수 있다는 걸 실감했어요. 제가 수행한 결과가 무척이나 자랑스러워요."

깊은학습은 모두를 위한 것이다. 깊은학습은 자신감과 끈기를 심어주고, 스스로 인식하는 학습의 어려움에도 불구하고 모든 학생에게 성공할 수 있는 기회를 제공한다.

형평성이 단기간에 실현될 수 있다고 주장하는 것이 아니다. 다만 교육 시스템은 그러한 목표를 향해 나아가는 것을 이상으로 삼아야 한다고 믿는다. 형평성과 탁월성이 학생의 웰빙과 안전을 고려한 정책 및 전략과 결합될 때 그 효과는 더욱 강력할 수 있다.

글로벌 역량이라는 새로운 영역에서 각 역량의 영향력을 측정하는 것은 어려운 도전이지만, '빅(big)' 데이터와 '스몰(small)' 데이터의 차이를 연구하는 핀란드의 동료 파시 살베리(Pasi Sahlberg)의 연구에서 우리는 그 가능성을 엿보고 있다(Rubin, 2016). 그는 빅 데이터가 기존의 분석 도구로는 처리할 수 없는 복잡하고 방대한 지표들의 데이터 세트라고 설명한다. 광범위한 데이터들이 있긴 하지만 의사 결정자들에게는 좋은 교수법이 무엇이며 그것이 어떻게 더 나은 학습으로 이어지는지에 대한 정보가 되지 못하고 있다.

살베리는 마틴 린드스트롬의 연구(Martin Lindstrom, 2016)를 언급하며, 그의 용어인 '스몰 데이터'가 의사 결정자들에게 더 유용하다고 말한다. 스몰 데이터는 거대한 흐름을 드러내는 작은 단서를 의미한다. 학교 현장에서 수집할 수 있는 스몰 데이터는 학교 내에서 발생한 사례나 사실들을 나타내는 작은 단서들이다. 우리는 전통적인 학교 교육에서 어려움을 겪는 학생들이 깊은학습 환경에서 발전적으로 변모한 사례를 통해 이러한 스몰 데이터를 수집하고 있다.

깊은학습이 아니더라도 어려움을 이겨내고 성공을 거둔 학생들의 사례를 찾을 수 있다. 그러나 이것은 깊은학습과 달리 혼자 고립된 상황에서의 성공 사례다. 우리는 깊은학습을 통해 학교 전반에 걸쳐 발전된 학습 변화 유형을 살펴보고자 하며, 스몰 데이터 개념을 이용, 시스템 전체에 강력한 파급효과를 가져오는 단서를 수집하고 있다.

깊은학습은 그동안 학습에서 소외되었던 학생들을 다시 학습에 몰입하게 만들어 준다. 깊은학습에서는 학습이 모든 학생 하나하나에 맞추어 설계되기 때문이다. 이렇게 되면 모든 학생이 학습에 참여할 가능성이 더 커지고, 이것이 조직 내의 일반적이고 보편적인 규준으로 자리 잡게 된다. 이것이 가능했던 이유는 학습목표가 구체적으로 제시되고, 6대 역량을 학습이 중심에 두고 그 역량을 실제로 키울 수 있도록 깊은학습 경험을 일관되게 제공한 덕분이다.

형평성 가설은 교육 정책과 시스템 전반의 변화에 지대한 영향을 미칠 수 있다. 그 이유는 학생을 대하는 관점의 변화에서 찾을 수 있을 것이다. 즉 부족하고 결핍된 학생들을 '고치려는' 관점에서 벗어나, 성장 가능성과 잠재력을 끌어내고 '돕는' 관점으로 교육에 대한 사고방식이 전환되기 때문이다.

깊은학습의 실현

사회 운동과 같은 혁신적 변화는 사람들을 실제 행동으로 이끄는 아이디어에서 시작된다. 단순한 구호나 도덕적 주장, 열정적 설득만으로 오랜 관행을 바꾸긴 어렵다. 오히려 생각하고, 느끼고, 세상과 상호작용하는 방식을 변화시키는 학생들의 사례가 훨씬 더 강력한 영향력을 미칠 수 있다.

그다음으로 강력한 자극은 깊은학습이 실제로 구현된 영상이나 영화를 통해 그 모습을 간접 경험하는 것이다. 이 책은 수많은 변화의 이야기를 풍부하게 담고 있으며, 그 경험을 생생하게 느낄 수 있도록 동영상 링크도 수록하고 있다. 깊은학습을 탐구할 준비가 되어 있다고 생각한다면, 그 시작을 위한 세 가지 방법을 다음과 같이 제안한다.

| 대화와 토론 |

새로운 개념과 아이디어를 제대로 이해하자면 시간이 필요하다. 따라서 학생이 원하는 것이 무엇인지에 대해 학생, 교사, 리더, 학부모 모두가 깊이 있게 토론할 기회가 필요하다. 역할이 비슷한 그룹을 조직하여 아이디어와 이해를 함께 나누는 공동의 장으로 확장하는 것도 좋은 방법이다. 그룹의 구성원이 학교의 변화에 대해 고민하기 시작한 교장이든, 미래를 꿈꾸는 교직원 또는 교육자이든, 학부모 및 지역사회 구성원이든 관계 없다. 누구든 학교의 변화에 대한 깊은 대화를 통해 다양한 관점을 이끌어내려면 실제 사례만큼 효과적인 방법이 없다.

이때 대화를 이끌어가는 일정한 틀, 즉 프로토콜(protocol)을 활용하면 참여자들이 서로의 공통점과 차이점을 생산적으로 탐색할 수 있고, 결국 학생들에게 어떤 교육을 제공하고 싶은지에 대한 공통의 비전을 세워갈 수 있다. 핵심 질문이나 6C를 중심에 둔 프로토콜을 사용하면 모든 구성원들의 의견이 고르게 반영되고 관계가 더욱 깊어지며, 공유된 이해에 한층 집중할 수 있게 된다.

학생들이 글로벌 디지털 세계에서 할 수 있는 일들을 생각하고 대화를 이끌어낸다고 해보자. 그렇다면 책 또는 동영상이나 에듀토피아(Edutopia, 조지 루카스 교육재단에서 운영하는 교육용 웹사이트—옮긴이), EL(Expeditionary Learning) 에듀케이션 또는 유튜브 등에서 볼 수 있는 혁신적인 교실 사례를 제시하는 것이다. 참가자들은 동영상의 어떤 점이 흥미로웠는지, 그리고 그들이 시청한 동영상 속의 학습 유형은 어떤지에 관해 토론하면서 깊은학습의 정의를 공유하고, 실제로 그것이 어떻게 구체화되는지 논의할 수 있다.

학교 또는 교육청에서 이미 이러한 유형의 학습자를 육성하고 있는 방식을 식별하여 그룹화하라. 그리고 새로운 학습 방법과 역량을 상황에 맞게 연계하라. 우리는 교사와 리더들에게 교실과 학교에서 더 깊은 배움이 일어날 수 있도록 그들이 할 수 있는 일을 생각하고 행동에 옮겨 도전할 것을 권한다. 성공을 공유하게 될 미래의 특정한 어느 날, 그들을 초대하는 것도 잊지 말길 바란다.

| 학습 문화 |

깊은학습이 뿌리내리고 확산되려면 모든 사람이 자신을 학습자로 인식해야 한다. 이를 위해 리더는 풍부한 대화의 기회를 만들고, 사람들이 새로운 것을 시도하는 위험을 감수하도록 환경을 조성함으로써 기반을 마련할 수 있다.

여기서 필요한 것은 누구나 참여하고 싶고, 창의성과 다양한 생각이 존중되며, 서로에게서 배우고 함께 성장하는 것이 일상화된 문화이다. 리더 스스로 학습자가 되어 학습하는 문화를 형성하고, 구성원들의 관계와 학습 문화를 모니터링하는 가운데 성장과 변화를 측정하며 성공을 축하할 수 있어야 한다.

전 세계적으로 교사 리더십의 중요성이 부각되고 있다. 깊은학습 교사들은 자신이 진정 중요하고 의미 있는 것을 가르치고 있다는 느낌을 이렇게 표현한다.

"이것이 바로 내가 교단에 선 이유입니다."

"저는 탐구가 6학년 교육과정에 적합하지 않다고 생각했습니다. 하지만 이제 탐구가 실제로 교육과정을 더 잘 드러낼 수 있게 해준다고 생각합니다."

이러한 학습 문화를 구체화한 교실의 모습을 사례로 살펴보자.

■ 캐나다 토론토에 있는 한 다양성 교실에는 '모두가 다 잘해야 진짜로 잘하는 것이다'라는 문구가 붙어 있다. 각각의 6C 제목이 교실 게시판에 흩어져 있다. 학년 초에 학생들은 올해 달성하는 역량의

정도를 기록할 수 있도록 '궁금해요' 스티커 메모를 만들어 그 옆에 배치했다. 예를 들어, '제이슨이 과연 예술가가 될지 궁금해요. 우리 학교에서 그림을 제일 잘 그리거든요.'(해설자는 제이슨이 최근 프로젝트를 위해 액션 만화 도표를 그렸다고 설명한다) 같은 것들이다.

학생들은 매일 학교에서 일과를 끝낸 뒤 6C의 실천 활동을 되새기고, 성취를 기록한 스티커 메모를 벽에 추가한다. 그렇게 해서 교실 벽은 학생의 성장과 변화를 보여주는 공간으로 진화해 간다.

이는 다음 두 가지 변화를 촉진한다는 점에서 꽤 강력한 전략이다. 첫째, 각 역량이 실제로 어떤 모습인지, 어떤 말과 행동으로 드러나는지를 학생들이 이해하게 된다. 협업 역량을 예로 들면, 단순히 함께하는 수준을 벗어나 각자가 과제에 기여하는 스킬과 강점을 이해하고 존중하는 수준으로까지 발전할 수 있다. 둘째, 학생 스스로 주도하는 성찰과 존중의 문화가 형성된다. 학생들은 어떤 행동이 역량의 증거가 되는지를 살피는 눈을 키우고, 자기조절 능력을 기르며, 성장을 추구하고 축하하는 태도를 키워갈 수 있다.

학습 진전도를 도입하는 것도 의미 있는 전략이다. 학생들은 학습 진전도를 사용하여 현재 자신의 위치를 점검하고 깊은학습 도전을 위한 개별 목표를 설정한다. 수업이 지속되면 학생들은 피드백을 주고받는 스킬을 키워나가고, 학습 진전도는 서로의 성장을 이야기할 수 있는 공통의 언어이자 기준점이 된다. 학생들은 이를 바탕으로 자신의 변화 과정을 기록하고 구체적인 성장 증거를 모아간다.

교사의 접근 방식은 조금씩 다르다. 어떤 교사는 하나의 역량부터 시작해 점차 확장해 나가고, 또 어떤 교사는 두세 가지 역량을 동시에 통합해 적용하기도 한다. 특히 협업 및 의사소통 역량을 중심으로 학생들이 또래 피드백을 주고받으며 어떻게 성장하는지를 알고 싶다면 홈페이지에서 제공하는 동영상을 참고하기 바란다.

동영상 https://deep-learning.global. <Writing Conference: Peer Feedback>

위와 같이 6C에 대한 깊은 이해가 생생한 학습 문화로 나타나는 현상은 세계 곳곳의 교실에서 목격할 수 있다. 이제 학생들은 또래 집단과 세상과의 상호작용에서 더 큰 윤리의식과 공감을 가지고 행동하기 시작했다. 여기서 멈추지 않고 학습 과정 전반에 의도성과 깊이를 갖춰야 한다. 교사는 학습 진전도를 기준으로 학생과 함께 수업을 설계해야 하며, 학생은 학습을 자신의 발전과 타인의 성장 모두를 위한 것으로 바라보아야 할 것이다.

| 크게 바라보며 작게 시작하기 |

깊은학습으로의 여정은 여행과도 같다. 한 가지 길만 있는 것이 아니다. 이 변화에 영향을 미치려면, 리더 자신이 먼저 스스로 모범을 보이고, 변화를 모니터링하고, 그 효과를 측정해 나가야 한다.

모범을 보이기 위한 구체적인 작업은 다음과 같다. 먼저 깊은학습을 가치 있는 목표로 인식하라. 이해를 넓히기 위해 노력하고 6C에 대한 집단적 이해를 구축할 방안을 마련하라. 깊은학습을 실제로 구체화한 동영상을 선정하여 공유하는 것도 좋은 방법이다. 그러고 나서 학생들이 어떻게 6C를 키워가는지 관찰하고 기록하도록 하라. 이러한 역량의 습득을 촉진하는 학습 과정에 관해 토론하라. 교사들에게는 도전 과제를 제안하라. 앞으로 2주 동안 가르칠 수업 내용이나 단원을 검토하면서 역량 중 하나를 의도적으로 사용하도록 도전하게 하라. 역사 단원을 가르치는 교사에게는 학생들이 보다 깊이 있는 비판적 사고를 하도록 어떻게 질문해야 할지 생각해보도록 한다. 글쓰기를 가르치는 교사에게는 동료 피드백을 사용하여 협업 역량을 강화할 수 있는 수업을 계획하게 하라. 이러한 실천을 통해 교사와 리더들은 무엇이 중요한지 관찰하며 변화 과정을 모니터링할 수 있을 것이다. 협의회, 전문학습 모임, 수업 참관을 통해 초기에 나타난 성공적 사례를 함께 나누고 격려하라. 학교문화와 학생들의 결과에 미치는 영향을 측정하고, 학생들의 성장을 축하하며, 이 과정에서 어떤 것이 효과가 있었는지 선별하고 유지하고 발전시킨다. 이렇게 해서 혁신과 지속적 개선이 학교문화에 점차 녹아들게 된다.

마무리하며

우리가 제안하려는 것은 지금까지 일부 학생이나 몇몇 학교에서만 주변적으로 이루어지던 깊은학습을 모든 학습의 기반으로 전환하자는 것이다. 다시 말해, 몇몇 곳에서 반짝이는 혁신 사례에 머무르지 않고, 그 흥미와 성취감을 전 세계의 모든 학습자에게 확산시키는 일이다.

이러한 변화의 핵심 과제는 사고와 실천의 전환을 어떻게 이끌어 낼 것인가에 있다. 단순한 확산이 아닌, 잠재력의 폭발적 발현, 즉 모든 학습자에게 가장 높은 기대치와 약속이 실현되는 전면적 전환이 필요하다. 우리는 이 흐름을 새로운 사회 운동의 출현으로 보고 있다. 왜냐하면 이 변화는 깊은학습에 참여하는 교사, 리더, 학부모, 학생들의 열정과 헌신 속에서 자생적으로 확산되고 있기 때문이다.

깊은학습을 향한 첫 번째 단계는 핵심역량에 대한 명확한 이해와 공유일 것이다. 앞에서 제시한 표를 다시 떠올려보면(도표 4.2 참고), 우리는 6대 글로벌 역량(6C)을 제시했고 다른 곳은 모두 10개의 역량을 제시했다. 정답은 없다. 그러나 단순함 속에 복잡성을 담아내는 것이 최선이라는 관점에서 보면, 성공을 위해 꼭 필요하면서도 중복되지 않는 최소 핵심 요소들을 뽑아내는 것이 중요하다. 게다가 포괄적이면서도 기억하기 쉬워야 한다.

핵심역량을 명확히 하는 것은 출발점일 뿐이다. 진정으로 중요한 것은 이러한 역량을 실제로 길러낼 깊은학습 경험을 어떻게 설계하고 쌓아갈 것인가이다. 이를 위해서는 핵심적인 구성 요소에 집중할 프레임워크가 필요하다. 5장과 6장에서는 깊은학습을 설계하는데 필요한 4개 요소를 살펴본다.

생각은 보편적 원리를 따르지만
현실의 삶은 상황에 따라 달라진다.
We think in generalities, but we live in detail.

•

앨프리드 노스 화이트헤드 Alfred North Whitehead

제5장

깊은학습 설계 1
학습 파트너십

새로운 교육

학습의 방식을 근본적으로 바꿔야 한다는 것은 이제 더 이상 논쟁거리가 아니다. 교육자, 학부모, 정책 입안자는 물론 사회 전반적으로, 학생들이 현재와 미래에 더 나은 삶을 영위하기 위해서는 새로운 역량이 필요하다는 공감대가 이루어져 있다.

깊은학습은 이러한 역량을 기르고 습득하는 과정이다. 학습의 변화가 필요하다는 인식은 빠른 속도로 확산되고 있지만, 어떻게 이러한 역량을 육성할 것인가, 모든 학생이 복잡한 시스템 속에서 이것을 어떻게 성취할 수 있을 것인가는 여전히 커다란 과제다. 이러한 변화는 보다 포괄적인 학습 설계를 요구하며, 그에 따라 학생, 학부모, 교사와 학교 리더의 역할 또한 새롭게 정의될 필요가 있다.

학생, 학부모, 교사와 학교 리더 사이에 핵심역량에 대한 명확한 이해와 공유된 용어를 구축하는 것은 모든 학생의 성장을 돕기 위한 의지와 실천을 촉진할 출발점이다. 학습목표, 즉 글로벌 핵심역량에 대한 합의가 이루어지면 이제 새로운 문제의식으로 이어진다. 이러한 역량의 습득을 촉진하는 학습 환경과 경험을 어떻게 설계할 수 있는지, 어떻게 수많은 교사와 학생을 이 새로운 학습 과정에 참여하게 할 것인지에 대한 것이다. 그 해결 방안인 학습 설계의 네 가지 요소는 <도표 5.1>에 나와 있다.

　4장에서 보았듯이 학습목표를 설정하는 과정에서는 학생의 강점과 필요가 무엇인지 명확하게 초점을 맞추고, 6대 글로벌 역량(6C)을 렌즈로 활용하여 교육 내용을 검토하게 된다. 이 과정에서 중요한 것은 소소한 사실이나 단편적인 활동보다는 학생이 탐구하고 발전시켜야 할 핵심 개념과 빅 아이디어(big idea)에 중점을 두는 것이다. 깊은학습 경험을 쌓고 새로운 교육을 수용하려는 교사들은 오거나이저(organizer)를 적절

도표 5.1 학습 설계의 네 가지 요소

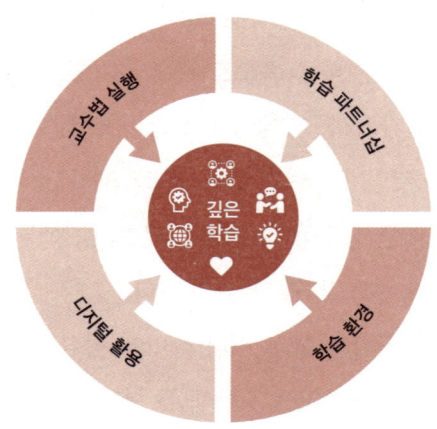

히 사용하면 학습의 복잡한 여러 측면을 고려하는 데 도움을 받을 수 있다. 실제 수업 현장에서는 새로운 학습 설계의 네 가지 요소가 서로 통합되어 상호 보완적으로 작용한다. 도표에서는 각 요소를 의도적으로 분리하여 제시했지만 이는 각각을 자체적으로 검토하고 상호 관계의 정밀성 및 학습 설계의 의도성을 높이기 위한 방편이다.

새로운 교육의 특성을 요약하면 다음과 같다.

- 이미 존재하는 지식을 전달하는 데 그치지 않고, 현실 세계에서 새로운 지식을 창출하고 활용하는 데 중점을 둔다.
- 의도적으로 학생과 교사 간, 그리고 학생 사이에 새로운 학습 파트너십을 구축한다. 이는 학습 과정이 지식의 발견, 창조 및 활용에 초점을 두기 때문이다.
- 전통적인 교실의 벽을 넘어서 교실 안팎의 시간, 공간, 인적 자원을 활용, 새로운 지식을 구축하고 학습 환경을 확장한다. 이는 역동적인 학습 문화를 만드는 촉매 역할을 한다.
- 디지털 기술을 널리 활용하여 학습을 가속하고 심화한다. 다만 디지털 기술 자체가 학습의 목적이 되는 것도, 단순히 부차적 도구로만 사용되는 것은 아니다.

새로운 교육은 정해진 내용의 숙달, 교사 중심의 학습 설계, 정보 전달이 주가 되는 수업, 디지털 기술의 단순한 사용이 주가 되는 기존 교육과 다르다. 새로운 교육은 학습 파트너십, 학습 환경, 디지털의 적극적 활용, 교수 실천이라는 네 가지 핵심 요소를 중심으로 깊은학습을 설계한다. 이들 중 학습 파트너십은 5장에서, 학습 환경, 디지털 활용, 교수법 실행은 6장에서 자세히 살펴보겠다. 교수법 실행을 마지막으로 남겨둔 이유는 앞의 세 가지 요소를 전체적인 학습 설계의 더 크고 중요한 부분으로 인식할 수 있도록 하기 위해서이다.

학습 파트너십

학생, 교사, 학부모 및 외부 세계 사이에서 학습의 관계가 새롭고도 극적으로 나타나고 있다. 의견 제시, 주도권 및 관계에서의 이러한 흐름은 깊은학습의 특징이다. 교사들은 이제 학생과의 관계가 가르치고 배우는 사이가 아닌, 함께 배우는 학습 파트너십으로 변화하고 있다는 점에서 큰 흥미와 감동을 느낀다고 말한다. 이제 학습은 더 이상 교실 안에만 머무르지 않고, 학생의 자발성, 관계성, 표현의 확장 속에서 살아 있는 경험으로 변화하고 있다. 이러한 변화는 학생들의 다음과 같은 말 속에 잘 드러난다.

"선생님보다 또래 친구들로부터 배우기가 훨씬 쉬워요."

"우리 마을을 넘어 외부 사람들과 연결되니까 세상을 더 넓게 볼 수 있어 좋아요."

"나는 이 자랑스러운 학습 활동을 공개하여 여러분의 의견을 듣고 싶습니다."

학습 파트너십은 새로운 교수법을 구성하는 네 가지 핵심 설계 요소 중 하나이다(도표 5.2 참고). 이 새로운 파트너십은 학습을 근본적으로 재구성할 수 있는 상당한 잠재력을 가지고 있다. 학습자를 지역, 국가, 세계로 연결하여 진정한 학습 기회를 열어주기 때문이다. 학습은 점점 더 학생들의 삶과 관련되고 명확해지고 있다. 학생의 필요와 관심사를 기반으로 한 학습은 교실 벽을 넘어 더 유기적으로 이루어질 수 있다.

관계에 대한 새로운 초점은 학습을 가속하는 강력한 촉진제가 될 수 있지만 우연히 발생하는 것은 아니다. 학습 과정에서 학생, 교사, 학부모 및 지역사회의 새로운 역할 설정, 그리고 새로운 학습 관계를 조성하기 위한 의도적인 노력이 필요하다.

도표 5.2 학습 파트너십

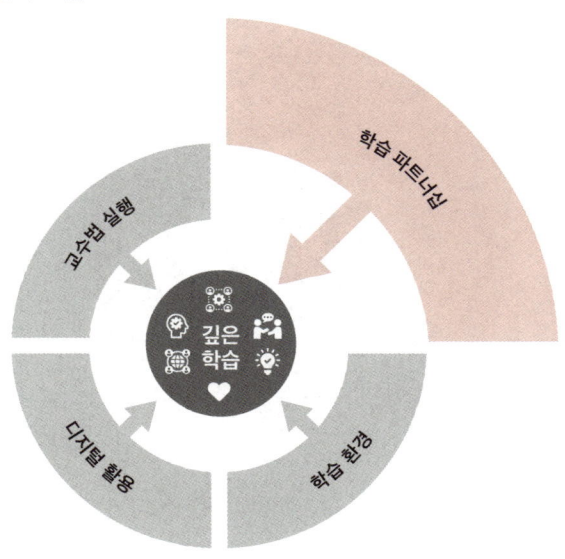

| 학생의 새로운 역할 |

학생에게 요구되는 새로운 역할은 단순한 의견 제시(student voice)나 학습자 주도성(student agency)을 뛰어넘어, 내면의 성장과 외부 세상과의 연결을 아우른다. 지금 우리가 목격하고 있는 것은 학습의 공동 설계자이자 공동 학습자로서 학습에 몰입하는 학생들이다. 교사가 학생 학습 모형(도표 5.3)의 세 가지 구성 요소를 기반으로 수업을 설계하게 되면 학생과의 의미 있는 학습 파트너십은 한층 가속될 것이다. 학생은 단지 수업을 따라가는 존재가 아니라 삶 전체를 위한 배움을 준비하는 주체적이고 몰입된 학습자로 성장하고 학습은 곧 삶으로 전환된다.

도표 5.3 학생 학습 모형

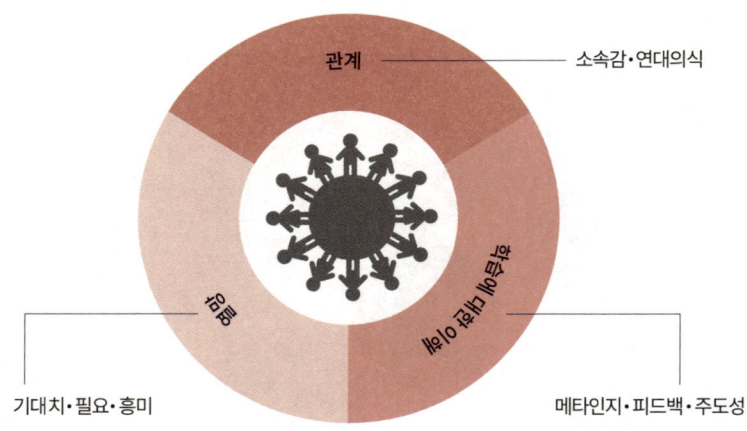

출처: Adapted from Fullan, M., & Quinn, J. (2016).
Coherence: The Right Drivers in Action for Schools, Districts, and Systems (p. 94). Thousand Oaks, CA: Corwin.

▶▶ **학습에 대한 이해**

효과적인 학습을 위해서는 학생이 자신의 학습에 대해 책임감을 느끼고 학습의 과정을 이해해야 한다. 이를 위해 학생들은 메타인지, 피드백, 학습자 주도성 실현 등의 스킬을 개발해야 한다.

- 학습에 대해 이해한다는 것은 학생 스스로 학습에 대한 메타인지를 구축하고 학습 과정에 숙달한다는 뜻이다. 학생들은 자신의 학습목표와 성취기준을 정의하고, 자신의 학습을 모니터링하며, 자신의 과제를 비판적으로 검토한다. 또한 또래 친구와 교사 등의 피드백을 통합하여 학습 과정에서 자신이 어떤 역할을 하고 있는지에 대한 인식을 심화한다.
- 피드백은 학습 성취를 향상하는 데 필수적이다. 학생들이 학습 과정 숙달을 위해 점차 성장해감에 따라 교사의 역할도 점차 달라지게 된다. 처음에는 학습 과제를 명시적으로 구조화하는 피드백을 제공하는 역할이지만, 점차 피드백을 통해 다음 학습 과제를 개발하고, 학습 환경을 지속적으로 발전시키는 방향으로 전환된다.
- 학습자 주도성과 자율성은 학습 과제의 개발과 결과 평가에 학생이 더 적극적으로 참여할 때 나타날 수 있다. 이는 단순히 참여하는 것을 넘어서 학생들이 실제 의사결정에 관여하고 함께 배우려는 태도를 갖는 것을 뜻한다.

▶▶ 관계

관계라는 두 번째 요소는 모든 인간에게 결정적으로 중요한 토대다. 인간은 본래 사회적인 존재로서 목적, 의미, 그리고 타인과의 연결을 갈망하기 때문이다(Ryan & Deci, 2017; Tough, 2016). 특히 '돌봄'과 '연대감'은 소속감과 협업 역량을 키우는 핵심적 요소다.

- 돌봄의 환경은 학생들의 삶을 더욱 풍요롭게 하고 존중받는 느낌을 주며, 인간의 기본적 욕구인 소속감을 충족시켜 준다. 소속감은 학생들이 지역 및 모든 세계 시민을 도우려고 할 때 강력한 동기 부여 요인으로 부각되고 있다.
- 의미 있는 관계를 통한 연대는 진정한 학습에 필수적이다. 대인관계를 형성하고 자기성찰을 해나감으로써 학생들은 개인으로서나 팀으로서나 더 복잡한 과제로 나아갈 수 있다. 협력관계를 관리하고 자기 행동을 점검하는 스킬은 평생에 걸쳐 필요한 삶의 능력이기도 하다.

▶▶ 열망

학습의 성과는 자기 스스로 갖는 기대치와 타인이 자신에 대해 갖는 인식에 따라 극적으로 달라질 수도 있다(Quaglia & Corso, 2014; Robinson, 2015, 2017; Ryan & Deci, 2017; Tough, 2016).

- 기대치는 성공을 결정하는 주요 요인이다(Hattie, 2012). 학생들은

자신이 성취할 수 있다고, 또 다른 사람들도 그렇게 믿는다고 느껴야 한다. 성취기준을 함께 결정하고 자신의 성장 과정을 스스로 점검하며 측정하는 일에도 참여할 수 있어야 한다. 학부모, 학생, 교사 모두가 참여하여, 학생 성과의 기대치를 더 높게 형성하는 방법을 찾아보자. 때로는 단순히 현재의 이상적인 기대치와 그 기대치를 달성할 수 있도록 하는 요소에 대해 서로 대화하는 것만으로도 기대치를 더 높이 키울 수 있다.

- 필요와 관심은 동기 부여와 참여를 촉진하는 강력한 요소이다. 학생들의 자연스러운 호기심과 관심을 활용하는 교사들은 이를 발판 삼아 학생들이 삶에 관련되고 진정성 있는 과제에 깊이 몰입하도록 하고, 개념과 문제를 깊이 검토하게 만든다.

학습과 학생의 기대치를 연결하고, 강력한 피드백을 제공하며, 학생의 호기심과 관심을 쌓음으로써 학습 파트너십을 더욱 탄탄하게 구축할 수 있다. 교사는 공동의 학습 파트너십을 통해 개별 학생을 더욱 깊이 이해할 수 있으며, 학생의 진척 상황을 분석하여 어떤 교육과 교수학습 전략이 학습을 가장 잘 활성화하는지 파악할 수 있다. 학습 파트너인 교사와 학생은 조직성과 개별성 사이에서 적절한 균형을 찾아야 하며, 그 균형은 각 학습 상황에 따른 고유의 특성을 담고 있다.

학생들이 교실 안팎에서 서로의 학습에 더 큰 책임감을 갖고 자신의 학습을 능동적으로 연계해 나가는 이와 같은 전환에 대해 깊은학습에 참여한 교사는 다음과 같이 설명한다.

■ 우리는 진정한 변화를 목격했습니다. 학생들은 심도 있는 탐구를 이끌어내는 질문을 스스로 만들어 내는 능력을 갖고 있었습니다. 그러한 질문 목록을 작성하고 발전시킴으로써 학생들은 진정한 개인적 울림을 경험할 수 있습니다(Lisa Cuthbertson-Novak, 개인 커뮤니케이션, 2016년).

학습자 주도성은 학생에게 더 주도적인 역할을 부여함으로써 학습 참여도를 높이고, 지역을 넘어서 전 세계에서 더욱 의미 있는 학습을 이끌어낼 수 있다. 과거와 달리 학생들은 디지털로 연결된 방대한 양의 정보를 마주하고 있으며, 정보의 수동적 수용자가 아니라 능동적인 주체로 학습에 참여하길 원하기 때문에 의사결정에서도 새로운 균형이 필요해졌다. 학교 리더 중 하나인 사이먼 트렘바스(Simon Trembath)는 다음과 같이 말했다.

■ 요즘 학생들은 자신을 학습의 주도자이자 적극적인 참여자로 인식하고 있어요. 자신들의 학습 여정이 어디로 가야 하는지, 학습에서 무엇을 누구와 어떻게 공유할지 등을 그들 스스로 결정하고 있죠. 교사는 협력자이자 파트너입니다(개인 커뮤니케이션, 2016년)."

다음은 6C가 교사와 학생 간, 그리고 학생 상호 간의 관계에 어떤 영향을 미치는지, 또 협력적 실천이 어떤 변화를 만들어내는지를 보여주는 뉴질랜드 학교의 사례다.

| **사례 5.1** | 새로운 파트너십을 발전시킨 학생들 (뉴질랜드, 크라이스트처치, 초등학교)

처음 깊은학습을 시작했을 때 우리 학교에서 교사와 학생 간의 협력은 아마도 최하위 수준이었을 것이다. 하지만 지금은 완전히 달라졌다. 일상적인 수업에 학생의 의견을 포함시키면서 학생들은 자신이 지금 어떤 위치에 있는지, 앞으로 어떤 학습 경로를 밟아 나가야 할지 분명히 알게 되었다. 또한 협업에 대해 배운 것을 모둠 활동, 상담, 회의, 쓰기, 읽기 등 학교에서 이루어지는 모든 학습에 적극적으로 활용하고 있다. 그 결과 학습 과제의 완성도와 수준이 높아지고 한층 깊은 사고를 할 수 있게 되었다.

학생들의 관심이 자신을 넘어서 주변 사람과 환경으로까지 한층 확대된 것도 주목할 만하다. 우리가 채택한 마오리족의 전통적 학습 방법인 투아카나 테이나(Tuakana Teina, 나이든 사람(투아카나)이 나이 어린 사람(테이나)의 멘토가 되어 경험과 지식을 공유하는 방식—옮긴이)는 상급생과 하급생 사이에 새로운 학습 파트너십을 만들고 있다. 교사들은 상급생들이 하급생들을 상대로 교사의 역할을 경험해 봄으로써 더 깊은 이해와 관용을 배우는 것을 목격하고 있다.

달라진 학습 방식에 대하여 학생들은 긍정적으로 평가한다. "이미 알고 있는 것을 다시 들을 필요가 없어서 훨씬 좋아요." "지금 방식이 더 좋아요. 문해력이 더 좋아진 것 같아요." 또한 학생들은 자신의 학습 진행 상황뿐만 아니라 더 나아지기 위해 앞으로 무엇을 해야 하는지에 대해서도 한층 명확하게 설명할 수 있다.

동영상 https://deep-learning.global. <Learning Partners:Collaboration>

네덜란드 클러스터의 다음 이야기는 교사들이 전문성과 학생 간의 관계에서 어떤 변화를 느꼈는지 잘 보여주고 있다.

| 사례 5. 2 | 달라진 학습 파트너십이 교사에게 가져온 변화 (네덜란드)

지금 우리는 학교가 달라지고 있음을 느낀다. 교사들은 학생들과 함께 무언가를 창조해내고, 학생들에게 동기를 부여하는 교육과정을 새롭게 재구성하고 있다. 이런 방식은 교단에서 학생들을 가르치는 기존의 수업 방식보다 오히려 더 수월하다. 기존의 전통적 교수법만으로는 학습의 목표를 달성할 수 없다는 인식이 높아지고 있다. 더 많은 교사들이 의식적으로 수업을 설계하고, '탐구의 순환'을 핵심적인 전략으로 사용한다. 최선의 목표를 세우고 올바른 질문을 던지는 스킬을 익히며, 성공의 기준은 학생과 함께 결정한다. 이처럼 교사와 학생이 학습 내용을 함께 탐구하고 수업을 설계하는 것은 의미 있는 학습경험을 만들어낸다.

협력적 학습을 통해 우리는 교사로서의 전문성이 다시 돌아오고 있음을 실감하고 있다. 많은 교사들에게 사고관점의 전환이 일어났다는 점은 정말 고무적이다. 변화는 쉽지 않지만 더이상 선택의 여지가 없고 되돌릴 수도 없다. 학생의 학습동기, 몰입, 참여, 그리고 학습의 즐거움은 눈에 띄게 높아지고 있다. 학생들의 감사와 만족도가 이 모든 노력을 가치 있게 만든다.

(옐러 마르샹, 아너마리 에스, 교사)

실제로 교사와 학생의 새로운 역할과 파트너십을 수용하는 학교나 교육청에서는 학생의 수업 참여와 성공적 사례가 눈에 띄게 늘어나고 있다. 앞에서 학생과 교사가 학습을 공동 설계한 우루과이의 사례를 떠올려보자(사례 4.2). 학생들의 호기심은 로봇공학이라는 새로운 방향을 설정하는 데 핵심적인 역할을 했고, 이후 새로운 방식의 접근을 다른 반 친구들에게 가르치고 학습의 진전을 측정하고 평가하는 등 더욱 깊어진 학습으로 나아갔다. 캐나다 오타와의 글래이샨 학교의 경우(사례 4.4) 학생들이 학교 내 깊은학습 설계팀에 참여하여 학교문화를 바꾸는 데 주도적으로 참여하고, 6C 역량을 키우기 위해 스웨덴 학생교류 프로그램을 운영했다. 다음은 여기서 한발 더 나아가 미래의 문제 해결을 위한 전시회를 학생 주도로 이끌어낸 호주 초등학생들의 사례다.

| 사례 5.3 | 문제 해결을 위한 지역 전시회를 주도한 학생들 (호주, 빅토리아주, 초등학교)

2016년 9월 9일 캔터베리 초등학교에서 YMF(Young Minds of the Future, 미래의 젊은 마음) 전시회가 학생 주도로 개최되었다. 빅토리아주 내 링우드·캔터베리·채텀 3개 초등학교 학생과 교사 모두가 함께한, 진정한 협력적 학습의 결실이었다. 이 경험을 통해 학생과 교사는 '미래'라는 개념을 탐색하고, 과거가 어떻게 오늘날의 세상을 형성했으며, 앞으로의 세상에 어떤 영향을 줄 것인지에 대해 함께 고민할 수 있었다.

학생들은 건강, 스포츠, 교육, 게임, 음식, 교통 등 다양한 관심 분야에 대한 브레인스토밍을 한 후 질문 목록을 작성했다. 이 목록을 바탕으로 교사들은 아이튠즈 유(iTunes U, 애플에서 제공하는 교육용 동영상 앱 서비스–옮긴이)를 사용하여 소규모 튜토리얼을 기획했다. 학생들은 각자 관심 있는 튜토리얼에 등록하여 증강현실과 가상현실, 어린이를 위한 앱 개발, 스포츠의 기술적 진보, 다양한 교통수단과 환경에 미치는 영향, 지속 가능한 패션 트렌드 등에 대해 배웠다. 그런 다음, 참여했던 튜토리얼 결과와 개별 연구를 바탕으로 자신이 선택한 분야의 미래가 어떨지 예측하는 과제를 팀 단위로 진행했다. 그 내용은 YMF 전시회에서 발표될 예정이었다. 학생들은 키노트(Keynote, 문서 작성용 앱의 하나–옮긴이)를 통해 학습 과정을 기록하고 정리했으며, 배정된 교사와 정기적으로 만나 점검하면서 과제를 해결해나갔다. 이들의 과제는 YMF 전시회에서 어떤 주제에 초점을 맞출지, 왜 이 아이디어가 중요했는지, 주장을 뒷받침하는 연구는 무엇인지, 전시 부스는 어떤 모습으로 만들 것인지, 관객들과 어떻게 소통할 것인지 등등이었다. 학생들은 주제를 설정하고, 근거를 탐색하며, 구체적인 발표 방식까지 계획해가는 전 과정을 스스로 주도했다.

동영상 https://deep-learning.global. <Young Minds of the Future>

이제 학생들은 학습의 동등한 파트너이자 공동 설계자로 학교와 지역사회에 영향을 미치는 존재가 되었다. 이는 학생의 참여도를 높이고, 교사의 역할을 활성자, 문화 조성자, 협력자 등으로 바꾸어나갈 것을 요구하고 있다.

| 교사의 새로운 역할 |

학습은 복합적이고 학생들은 다차원적이다. 깊은학습에서 교사는 자신의 식견과 전문성을 활용하여 기존과 다른 방식으로 학생의 학습을 이끌고 지원한다. 이 과정에서 교사와 학생 사이에 새로운 관계와 상호작용 방식이 형성된다.

학생이 학습 과정에 숙달할수록 교사의 역할은 명확한 과제 구조를 제공하는 데서 점차 벗어나, 다음 학습 과제를 유도하는 명시적인 피드백 제공으로 옮겨간다. 모든 상황에 똑같이 적용할 만한 정답은 없지만, 학습을 유도하고 촉진하는 데 있어 교사의 역할을 어떤 관점에서 바라볼 수 있을지, 다음 세 가지 접근을 살펴보겠다(도표 5.4).

도표 5.4 교사의 새로운 역할

활성자	문화 조성자	협력자
도전적인 학습목표, 성취기준 및 지식을 생성하고 활용할 수 있는 깊은학습 과제를 설정	혁신과 창의성을 촉진하고 신뢰와 위험을 감내할 수 있는 규범 수립	학생, 가정 및 지역사회와 의미 있는 연결
다양한 요구와 상황에 대처하는 효과적인 교수법 활용	학생의 관심과 요구에 근거, 학습의 공동 설계자로서 학생의 의견 제시와 자발성 유인	협력적 탐구를 통해 동료와 함께 깊은학습 프로세스를 설계하고 평가
효과적인 피드백으로 다음 수준 학습을 활성화	학생들이 인내하고 자제하며 소속감을 느낄 수 있도록 지원하는 학습 환경 조성	새로운 교수법과 학습에 영향을 미치는 방식에 대한 지식을 구축하고 공유

▶▶ **활성자로서의 교사**

'활성자'라는 용어는 존 해티(John Hattie, 2012)가 학생의 학습에 영향을 미치는 다양한 교육 및 학습 전략에 관한 전 세계 1,000개 이상의 연구를 분석한 결과에서 나왔다. 그는 분석 결과를 기반으로 교수 전략을 두 가지로 구분했는데, 하나는 '조력자(facilitator)' 전략이고 또 다른 하나는 '활성자(activator)' 전략이다.

조력자 전략은 '무대 위의 현자(sage on the stage)', 즉 전통적인 강의식 수업보다는 효과적이지만, 활성자의 경우 조력자보다도 3배 이상 효과크기(effect size)가 크게 나타났다. 교사가 단순히 '옆에 선 안내자(guide on the side)'가 되는 것은 너무 수동적이라는 얘기다.

활성자 전략에는 교사-학생 관계, 메타인지, 교사의 명확성, 상호 교수 및 피드백이 포함된다. 우리는 여기에 촉매와 코치의 역할도 추가하고자 한다. 활성자로서의 교사는 의미 있는 학습목표를 학생과 함께 설정하고, 성취기준을 함께 정하며, '학습하는 법'을 배우도록 돕는 동적이고 상호작용적인 역할을 하기 때문이다. 또한 사고 도구와 명시적 질문을 사용, 학생이나 과제에 대한 학습을 발판으로 삼아 다음 수준의 학습을 충족하고 점점 더 복잡한 역량을 개발한다.

활성자 역할을 강화하고 뒷받침해주는 수업 프레임워크도 있다. 예를 들어 SOLO(Structure of the Observed Learning Outcome, 학습 수준과 복잡성을 5단계로 평가하여 기존 지식과 새로운 개념을 어떻게 통합하고 발전시킬지 제시하는 교육 모형 – 옮긴이) 모형 같은 것들이다(Biggs & Collis, 1982).

활성자로서의 교사는 학생과의 협력 속에서 학생의 사고와 학습에 대한 질문이 더 잘 드러나도록 돕는다. 효과적인 피드백 절차를 활용하며, 자기 피드백과 동료 피드백 역량을 기를 수 있도록 지도함으로써, 학생이 잠재력을 발휘할 수 있도록 이끈다.

▶▶ **문화 조성자로서의 교사**

교사라면 누구나 '학습동기(motivation)'라는 블랙박스의 안을 들여다보길 원할 것이다. 폴 터프(Paul Tough)는 저서 『Helping Students Succeed: What Works and Why(학업 성공을 위한 지원: 효과적인 것과 그 이유)』(2016)에서 여러 학문 분야의 연구를 살피고, 태도와 학습 환경이 특히 취약한 환경에 놓인 아동의 학업 성공을 예측하는 유의미한 요소라고 제시했다. 그는 학습동기에 관한 여러 연구를 인용하며 '소속감, 가능성, 역량에 대한 메시지가 동기를 형성한다'고 주장한다. 그리고 이러한 메시지는 학생들이 열심히 공부하고 해보려는 의지에 큰 영향을 미친다고 주장한다.

높은 교육 수준의 부모와 좋은 환경 아래서 자라 학습 준비도가 높은 상태로 학교에 오는 학생들이 있다. 이런 아이들의 부모는 자녀에게 학교에서 요구되는 태도와 어려움 속에서도 버텨내는 스킬을 가르친다. 그리고 지루하거나 흥미를 느끼지 못하는 수업이라도 성실히 참여하고 반응하도록 지도한다. 이런 요소들은 학생에게 사회적 자본의 이점을 제공한다.

반면 학교 성적이 좋지 못한 학생의 경우, 부모들은 자녀를 사랑하지만 그들을 도울 방법을 모르거나, 혹은 직업, 실업, 스트레스 등의 여러 이유로 자녀를 도와줄 수 있는 시간, 방법 또는 자원이 부족하다. 이러한 상황에 놓인 학생들에게 전통적인 교육 방식은 독이 될 수 있다. 지루할 뿐만 아니라 학생의 삶과는 무관한 내용일 경우가 많고 학생 자신이 얼마나 뒤처져 있는지를 끊임없이 상기시키기 때문이다. 이러한 학생들이 성공하려면 학생 스스로 자신에 대한 기대치를 높게 설정하고, 스스로 학습을 관리하는 방법을 배우며, 실제 문제 해결에 참여하여 학습경험을 자기 세계 및 문화와 연결할 수 있도록 교사와 학교가 돕는 것이 매우 중요하다. 학습 경험은 학생의 삶과 문화에 연결되어 있어야 하며, 그들이 유능한 학습자임을 체감할 수 있게 해주어야 한다.

폴 터프는 끈기, 자기조절, 미래의 기회를 극대화하는 역량은 학교에서 전통적인 방식으로 가르치는 스킬이 아니라 환경의 산물이라고 말한다(Tough, 2016). 그러면 그러한 환경은 어떻게 조성할 것인가? 터프는 학생의 내재적 동기를 자극해야 한다고 말한다. 그리고 그 내재적 동기의 핵심은 소속감, 유능감, 자율성이라고 제시한다.

학생의 내적 동기를 자극하는 환경 조성에서 교사는 핵심적인 역할을 수행하는 존재다. 학생의 흥미를 존중하고 이를 토대로 학습 문화를 만들어가며, 학생들에게 소속감과 연대감을 느끼게 하는 문화 조성자이기 때문이다. 일부 교사는 아침 학급 시간을 활용하여 공동체 의식을 형성하고, 규범을 정립하며, 교실 문화를 형성해나간다. 글래이샨 학교에서 보았듯이 어떤 학교는 깊은학습을 구현하기 위한 핵심 전략으로 학생 리더십을 육성했다. 학생들은 의사 결정자이자 실천가로서의 역할을 수행했고, 그 결과 학교 전체의 학습을 전환하는 실제 과정에 학생의 목소리와 주도성이 발휘되었다.

깊은학습 과제 자체가 학생들에게 내재적 동기를 불러일으킬 수 있다는 점 또한 중요하다. 학생들은 자신에게 의미 있고 현실과 연관되며 학문적 깊이를 지닌 주제에 몰입한다. 그리고 이러한 경험은 학습을 지속하고 성취하고자 하는 의지를 불러일으킨다.

소속감, 유능감, 자율성, 그리고 의미 있는 과제의 조합은 모든 학생의 역량을 키울 수 있다. 동시에 종전에는 불리한 학습 조건에 놓였거나 학습에 참여하지 못했던 학생들을 변화시키는 결정적 계기가 되고 있다.

▶▶ 협력자로서의 교사

교사는 학부모, 지역사회와 학생과의 학습 파트너십을 맺는 데 중요한 역할을 한다. 최근 연구 결과에 따르면, 교사와 학생이 함께 학습을 공동 설계할 때, 즉 학생의 필요와 흥미를 바탕으로 실질적인 학습 과제가 주어질 때 학습 참여도가 크게 향상된다는 사실이 밝혀지고 있다. 다만 주의할 점은 공동 설계 자체가 목적이 되면 안 된다는 것이다. 공동 설계는 학생과 교사 간의 관계를 깊게 하는 수단일 뿐, 학생의 필요와 강점, 열망에 대한 깊은 이해와 존중이 있어야 한다.

다학제적이고 현실적인 문제를 다룬다고 해서 반드시 깊은학습으로 이어지는 것은 아니다. 세계 문화에 대한 이해나 형평성을 내세웠지만 결국 특정지역 음식이나 의상을 소개하는 수준에 그치는 수업, 공룡이나 재활용을 주제로 학생의 관심을 끌었지만 깊이는 없는 수업들도 흔히 볼 수 있다. 겉보기에 흥미롭고 관심을 끈다고 해서 반드시 깊은 학습이 이루어지는 것은 아니다. 깊은학습 여부를 판별하는 결정적 요소는 새로운 역량을 얼마나 깊이 있게 습득하느냐에 있다. 의미 있는 공동 설계를 판단하는 핵심 기준은 학생들이 자신의 미래에 대해 스스로 목표를 설정하고 점점 더 높은 수준의 역량을 갖추어 갈 수 있느냐에 있다. 테레사 스톤 교장은 이를 두고 "교사가 틀을 잡고 학생이 이끌어가는 것"이라고 말한다(개인 커뮤니케이션, 2017.5). 학생들이 6대 글로벌 역량(6C)을 습득해가는 이 성장의 흐름이야말로 학습 설계를 이끄는 중심축이 되어야 한다.

협력자로서의 교사가 지닌 두 번째 측면은 동료 교사들과의 긴밀하고 전문적인 협력이다. 교사들은 협업을 통해 학습의 출발점을 진단하고, 학습 경험을 공동으로 설계하고, 학생의 향상을 평가한다. 그러한 과정은 더욱 투명한 공유, 실천에 대한 공통 언어와 지식 구축을 요구하며, 변화를 강력히 촉진한다. 그리고 학년 및 부서, 교과를 넘어, 학교 전체뿐만 아니라 지역사회, 그리고 전 세계적으로 새로운 관계를 형성하는 통로가 된다.

교사들은 스스로 또 서로에게서 배우고 성장할 수 있지만 학교 리더는 이를 더욱 강력히 촉진할 수 있다. 보다 집중적이고 목적 있는 협업이 가능하도록 학교 리더는 적극적으로 협업 문화를 조성하고 교사들을 지원해야 한다.

| 리더의 새로운 역할 |

깊은학습이 성공적으로 이루어지는 학교의 리더는 구성원들이 목표 의식을 가지고 함께 학습하고 배우는 문화를 형성하고 그 과정을 뒷받침하는 데 중요한 역할을 한다(Fullan, 2014; Fullan & Quinn, 2016). 이때 리더의 역할은 '선도적 학습자(lead learner)'라는 데 있다. 리더로서 직접 가르치는 방식으로 결과를 통제하려 하기보다는, 교사, 학생, 동료, 학부모의 협력적 실천을 조율함으로써 깊은학습을 향해 공동으로 나아가도록 이끄는 것이다.

선도적 학습자는 세 가지 방식으로 이를 수행한다. 스스로 학습하는 모습을 보여주고, 학습하는 문화를 형성하며, 깊은학습에 초점을 맞춘 실행을 극대화함으로써 그러한 리더십을 실현한다.

▶▶ 학습자 모델

학교 리더는 새로운 접근 방식을 함께 시도하고 실천에 직접 참여함으로써, 스스로 '학습하는 사람'이 되는 모습을 보여준다. 교사들을 연수에 보내는 데 그치지 않고 직접 참여하여 함께 배운다. 이러한 공동 학습은 신뢰와 관계를 형성하는 데에도 긍정적으로 작용하며, 리더는 변화를 만드는 데 필요한 것들을 더 잘 이해할 수 있다.

선도적 학습자는 효과적인 역량 구축의 속성을 알고 적절한 자원 배분과 지원을 통해 개선의 우선순위를 정한다. 나아가 교사 리더와 다른 구성원들이 이러한 실천을 더욱 확장해 나갈 수 있도록 의도적으로 성장의 기회를 마련하는 데 주의를 기울인다.

▶▶ **학습하는 문화 형성**

선도적 학습자는 실수나 실패에 대해 비난하지 않고 서로를 신뢰하며 자유롭게 협력할 수 있는 안전한 문화를 조성함으로써 깊이 있는 협력적 실천을 이끈다. 이들은 학습자로서 참여할 뿐만 아니라, 실패로부터 배울 수 있다는 긍정적 문화를 통해 도전을 이끌어낸다.

이들은 학교 내외부에서 수직적, 수평적 관계를 조성하기 위해 협력적 학습 구조를 마련한다. 이를 통해 학생들의 과제 산출물을 공동으로 검토하고 학습 설계의 질을 평가한다. 아울러 혁신적 실천으로부터 지속적으로 배우고 그로부터 다음 단계를 조정하는 체계를 마련한다. 이러한 실천 속에서 학교 리더들은 투명성, 혁신성, 실천의 구체성, 지속적인 개선이라는 풍토를 만들어낸다.

▶▶ **깊은학습 실천의 확대**

리더는 깊은학습을 촉진하기 위해 몇몇 핵심 목표에 집중하며, 성공의 기준을 명확히 설정한다. 교육 실천의 정밀도를 높이기 위해 영향력 있는 핵심 교수 전략을 개발하고, 그 전략이 모든 교사에게 잘 이해되며 학습의 설계와 평가 과정에서 일관되게 활용되도록 한다. 이를 위해 관리자들과 행정지원 인력의 역할을 유기적으로 조율하여 깊은학습의 효과를 극대화하고자 한다. 학생 결과물 분석을 위한 프로토콜이나 협력적 탐구 등 깊이 있는 실천을 위해 적절한 자원을 배분하고 지속적으로 활용한다. 깊은학습 리더는 혁신을 장려하고 지원할 뿐만 아니라 학생의 참여를 위한 효과적인 방법을 찾는 데에도 많은 도움을 준다.

| 가족의 새로운 역할 |

가족은 학생의 성공에 중요한 역할을 한다. 특히 빈곤하고 불리한 환경에 처한 학생에게는 더욱 중요하다는 사실은 익히 잘 알려져 있다.

■ 가족은 유능하고 잠재력을 지닌 개인들로 구성되어 있으며, 호기심이 많고 풍부한 삶의 경험을 지니고 있다. 가족은 자녀를 위해 최선을 다한다. 가족은 자녀에 대한 전문가이자, 자녀의 학습, 발달, 건강 및 웰빙에 있어서 가장 먼저, 가장 강력한 영향을 미친다. 가족은 사회적, 문화적, 언어적 다양성을 가지고 있다. 가족 구성원은 모두 자녀의 학습에 소중한 기여자이며, 소속감을 가지고, 의미 있는 방식으로 학습에 함께할 자격을 갖는다고 느껴야 한다(Ontario Ministry of Education, 2014c).

그렇다면 학교와 교사는 어떻게 가족과 의미 있는 방식으로 연결될 수 있는가? 견고한 파트너십의 구축이 관건이다. 교사와 학교가 가족과 협력하기 위해서는 단순한 소통이나 학부모 상담, 학교 행사 수준을 넘어 다양한 방식으로 가족의 참여를 이끌어낼 필요가 있다.

조이스 앱스타인(Joyce Epstein) 등 여러 연구자들은 학교와 가족과의 다양한 연결 방법을 제시하고 있다(Epstein, 2010; Epstein et al., 2009; Hutchins et al., 2012). 이는 특히 빈곤층 아이들에게 매우 중요하다. 폴 터프(Tough, 2016)를 비롯한 최근 연구들은 학생이 겪은 극심한 스트레스와 어린 시절의 역경이 학업 성공을 방해한다고 지적하며, 이를 보완하려면 자녀가 시간을 보내는 환경을 주의 깊게 살펴야 한다고 말한다. 교사와 학교가 일정 역할을 할 수는 있지만, 가족과 함께 힘을 합쳐야 진정한 발전을 기대할 수 있다.

가장 중요한 환경적 요인은 특히 스트레스를 받을 때 그들이 경험하는 관계, 즉 성인들이 그들과 상호 작용하는 방식과 관련이 있다. 어린 시절의 상호 작용은 세상이 어떤 것인지에 대한 단서를 제공하고, 인지, 감정, 언어 및 기억을 제어하는 두뇌 기능 사이의 신경 연결을 강화한다. 아이들이 스트레스를 받는 상황을 잘 다루도록 돕는 데 있어서 어른들은 아이의 지속적 감정 관리 능력에 긍정적 영향을 미친다.

이와 같은 복잡한 문제를 해결하려면 학교와 가정 사이에 상호 신뢰와 투명성을 바탕으로 한 진정한 동반자 관계가 필요하다. 이는 공동의 노력과 의사 결정, 디지털 기술을 이용한 실시간 커뮤니케이션, 그리고 참여 의지로의 전환을 의미한다.

깊은학습 의제에 대해 학부모와 파트너 관계를 맺기 시작하면서 두 가지 주목할 만한 일이 벌어지고 있다. 첫째, 학부모들은 자녀들의 학습에 대한 참여도와 깊이가 향상되어 기뻐한다. 둘째, 자녀들의 학습 경험에 이바지하고자 하는 학부모들의 열의가 높아진다. 가능성이 높은 초기 전략은 학생들이 무엇을, 어떻게, 얼마나 잘 배우고 있는지 학부모에게 명확히 보여줄 수 있도록 블로그, 트위터, 인스타그램 및 기타 디지털 도구를 사용하여 학생 주도 회의, 학습 전시회, 그리고 학생 조사와 연구를 학부모들과 공유하는 것이다.

| 지역사회의 새로운 역할 |

교실과 세상의 경계가 모호해지고 있다. 점점 더 많은 교사와 학생들이 전문가들과 접촉하고, 근거리 또는 전 세계의 학교나 자원들과 연결되는 것을 볼 수 있다.

이를 위해서는 교사들이 더 넓은 네트워크를 구축하고, 필요하지만 아직 연결되지 못한 사람들과 관계를 구축하는 기술을 개발하며, 가치 있는 일을 비판적으로 구별하고, 혁신의 과정을 신뢰할 수 있어야 한다. 동시에 학생들 또한 이러한 기술을 개발할 필요가 있다. 캐나다 온타리오주 해밀턴의 담당교사가 최근 진행한 '적시(Just-in-time) 학습'을 통해 이러한 사례를 볼 수 있다.

| 사례 5. 4 | 실제 학습을 통해 필요한 역량을 알게 된 학생들 (캐나다, 온타리오주, 중학교)

이 수업은 학교 운동장을 새롭게 창의적으로 설계하고 실제로 만들어 보기까지 진행하는, 정말로 실질적인 과제였다. 학생들은 부서를 구성하고 매주 회의를 열어 공사를 설계하고 점검했다. 입찰에 필요한 사양을 개발하기 위해 현지 전문가들과 접촉하는 것도 과제에 포함되었다.

학생들은 업무를 분담하여 여러 업체와 전문가에게 이메일을 보냈는데, 며칠이 지났음에도 단 한 건의 답변도 오지 않았다. 담당교사는 학생들이 평소에 디지털 기기를 자주 다루고 이용하기 때문에 그런 형태의 의사소통에 능숙할 것이라고 생각했지만, 그 생각이 선입견이었다는 것을 깨달았다. 학생들에겐 설득력을 갖춘 글쓰기와 메시지 작성 역량이 필요했던 것이다.

기본적인 의사소통과 파트너십을 위한 기본 스킬을 익힌 뒤 프로젝트는 다시 탄력을 받고 잘 진행될 수 있었다. 처음에는 이메일에 답장하지 않았던 지역사회 관련 전문가들도 점차 이 작업에 깊이 참여하게 되었다.

지역사회와 글로벌 커뮤니티에는 학습과 연결할 수 있는 풍부한 자원이 존재한다. 학생과 교사는 그들과 관계를 연결하고 구축할 수 있는 확실한 스킬을 개발해야 한다. 호주 태즈메이니아주에 있는 한 시골학교의 다음 사례는 지역사회와의 학습 파트너십에 초점을 맞출 때 나타나는 학생과 지역사회 모두의 변화가 잘 드러나 있다.

| 사례 5. 5 | 지역사회와의 파트너십이 학교에 가져온 변화 (호주, 태즈메이니아주, 고등학교) |

미래 사회에서 학생들이 성공하고 사회에 공헌할 수 있는 역량을 개발하기 위해서는 학교와 기업, 지역사회와의 네트워킹이 중요하다.

2013년, 태즈먼 공립학교는 국제 건설 회사인 렌드리즈와 파트너십을 맺고, 지역 커뮤니티와의 유대 관계를 강화할 수 있는 특별한 기회를 가졌다. 렌드리즈의 글로벌 커뮤니티 및 개발 프로그램인 스프링보드에서는 태즈메이니아 호바트에서 1시간 30분 거리에 있는 태즈먼 반도를 지역 커뮤니티와 연계하기 위한 지역으로 확정했다. 학교와 지역사회는 관광, 지역사회 리더십, 자원봉사, 비즈니스 클래스, 학교 인프라 등 전반에 걸쳐 서로 다른 필요성과 잠재력 파악을 위한 목적을 갖고 협의에 참여했다.

학생들은 지역사회 구성원들, 스프링보드 대표들과 함께 관심 그룹을 선택했다. 커뮤니티 회원들과 글로벌 대표들은 각자의 스킬에 맞는 관심 분야를 선택했다. 일부 학생들은 학생, 교직원, 스프링보드 대표단이 참여하는 기업가 그룹인 비즈니스 클래스에 참여했는데, 이 그룹은 지속 가능성, 서비스, 기업의 세 가지 분야에 초점을 맞췄다.

프로그램의 성과는 놀라웠다. 학교 공부에 관심이 없던 학생들이 지역사회를 위한 프로젝트 아이디어를 개발하는 데 앞장섰고, 낯선 사람들과 소통하지 않던 학생들이 CEO와 교육부 방문단을 포함한 수백 명의 사람 앞에서 당당하게 발표했으며, 과거에 갈등을 겪었던 학생들이 프로젝트를 완료하고 자금을 모으기 위해 함께했다. 교육과정의 실질적인 연계와 이해도를 가시적으로 보여줄 수 있었던 것이 큰 성과였고, 이제는 학생들이 학교와 산업체 간의 연계를 만들어가고 있다. 어떤 학생들은 어른들이 그들에게 관심을 가지도록 하고, 미래에 하고 싶은 일을 찾으면서 그들이 교육에 몰두하는 데 필요한 자신감을 형성했다.

학생들은 진정한 협업이 무엇인지, 그리고 그들의 아이디어가 진지하게 받아들여질 수 있다는 것을 알게 되었다. 그라피티(벽이나 공공장소에 스프레이나 마커 등으로 그림이나 글씨를 그리는 거리 예술-옮긴이)를 연습할 수 있는 벽을 원했던 한 소년 그룹을 예로 들겠다.

방문단의 도움으로 제안서를 작성하고 발표한 결과 커뮤니티 회원과 학생, 렌드리즈 방문단이 함께 비용을 모아 그라피티를 할 수 있는 벽을 갖게 되었다. 학생들은 건축가와 엔지니어로부터 축척도를 그리는 법, 지반 측정 및 평가, 프로젝트 재료에 드는 비용, 주문, 벽 건설 방법을 일련의 세션에 걸쳐 배웠다. 이런 종류의 기회는 기업과 산업이 학교와 합류할 때만 가능하다.

또 다른 예는 아이들을 위한 태즈메이니아 반도 활동 안내 책자 개발이다. 이 책은 학교 학생들과 지역사회 구성원들이 대표단의 의견도 함께 참조하여 개발했다. 환경, 관광, 비즈니스 분야의 다양한 그룹과 연계하여 지원과 후원을 받아 진행한 프로젝트였다. 수강생과 커뮤니티 회원들이 수업을 진행하였고, 책자 전반에 걸쳐 활동 페이지를 개발한 후 완성된 제품을 발표하여 다양한 이해관계자들에게 그들의 성과를 보여주었다.

이러한 예는 커뮤니티, 기업 및 학교 간의 진정한 협력 파트너십이 얼마나 중요한지를 보여준다. 파트너십은 낯선 상황에서 창의적이고 협력할 수 있는 기회를 만들어 내고, 도전적인 상황에서 비판적으로 생각하고, 아이디어를 전달할 수 있는 기회를 만들었으며, 학생들의 인성과 세계 시민으로서의 그들의 위치를 발전시켰다. 무엇보다 더 중요한 것은 태즈메이니아의 전망을 전 세계로까지 확대해 보여준 것이다.

마무리하며

이상에서 설명한 새로운 학습 파트너십은 깊은학습의 뚜렷한 특징 중 하나다. 학생, 교사, 리더, 가족, 지역사회 모두에게 새로운 역할이 주어지고 있다. 역할의 전환은 관리, 의사 결정, 참여, 책임의 변화를 요구하며, 전통적인 학교문화에 대한 급진적인 변화를 보여준다.

이러한 변화에는 학습 설계의 나머지 세 가지 요소, 즉 깊은학습을 가장 잘 발전시키는 학습 환경, 디지털 활용, 교수법 실행이 포함된다. 이 네 가지 학습 설계 요소는 통합적으로 작용하여 6대 핵심역량이 살아 숨 쉬는 교육 조건을 만들어낸다.

교육은 삶을 준비하는 것이 아니라,
삶 그 자체다.
Education is not preparation for life;
education is life itself.

•

존 듀이 John Dewey

| 제6장 | 깊은학습 설계 2
학습 환경, 디지털 활용, 교수법 실행

학습의 설계

5장에서 학습 설계의 네 가지 요소(도표 5.1)를 제시한 바 있다. 이들은 실제 현장에서 통합되고 서로를 강화시키는 효과가 있으며, 교실 수업을 통해 6C를 더욱 빠르게 구현할 수 있도록 한다.

　5장에서 설명한 학습 파트너십은 학습 설계의 네 가지 요소 중 하나로, 학생, 교사, 리더, 가족과 커뮤니티가 깊은학습에 최대한 빠르게, 대대적으로 참여할 수 있도록 변화시킨다. 6장에서는 나머지 세 가지 요소인 학습 환경, 디지털 활용, 교수법 실행을 살펴보고, 이 요소들이 학습 파트너십과 어떻게 통합되어 깊은학습 경험을 촉진하는지 알아본다. 이는 학습자에게 적합하고 이상적인 학습 환경을 제공한다면 깊은학습이 활성화될 것이라는 인식에서 출발한다.

학습 환경

학습 설계의 두 번째 요소는 학습 환경이다(도표 6.1). 학습 환경은 '물리적 환경과 가상 공간 모두를 포함하지만 더 중요하게는 문화, 그리고 관계의 공간까지도 포함하는 현대적 의미의 학습 공간'(Miller, 2017)이므로, 이러한 환경을 만들기 위한 주요 사항들도 함께 고려해야 한다.

아동 발달, 심리학, 인지과학, 학교 건축, 디자인 등 다양한 분야의 연구자와 실무자들은 학습 환경이 '제3의 교사'로서 학생들의 잠재력을 최적화하여 미래의 도전에 창의적이고 의미 있게 대응하도록 돕거나,

도표 6.1 학습 환경

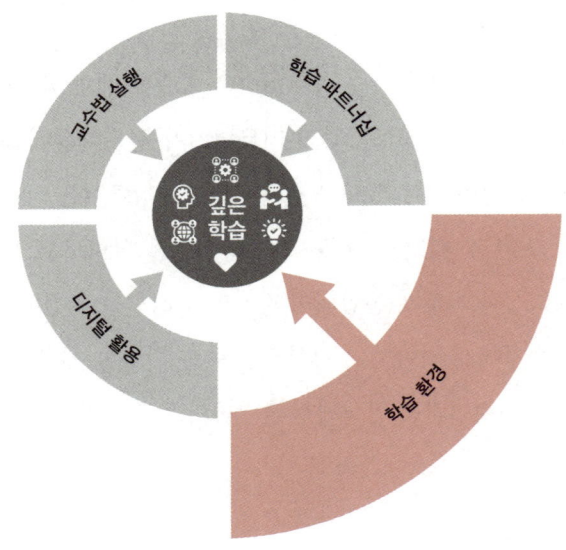

혹은 저해할 수 있다고 주장한다(Fraser, 2012; Helm, Beneke, & Steinheimer, 2007; Ontario Ministry of Education, 2014b; OWP/P Cannon Design Inc., VS Furniture, & Bruce Mau Design, 2010). 학습 환경의 핵심적인 요인은 다음 두 가지로, 상호 연관되어 있다. 하나는 성인과 학생 모두의 잠재력을 최대한 발휘할 수 있는 학습 문화의 배양이고, 또 다른 하나는 역량 습득을 최적화하는 물리적 공간 및 가상 공간의 설계를 다룬다.

| 학습 문화 배양 |

어떻게 하면 전통적인 교실을 에너지, 창의성, 호기심, 상상력, 혁신을 배양하는 학습 문화 공간으로 탈바꿈시킬 수 있을까? 앞서 우리는 학생들의 소속감, 유능감, 자율성 등 기본적인 심리적 욕구를 충족할 때 학습동기가 크게 높아진다는 연구 결과(Ryan & Deci, 2017)를 살펴보았다. 교사가 학생의 정서를 고려한 환경을 조성하면 학생에게 훨씬 더 높은 수준의 학습동기 부여가 가능할 것이다.

이를 위해 교사는 학생 모두가 이 교실의 중요한 일원이라고 느끼고, 자신의 생각과 목소리가 존중받는다고 느낄 수 있도록 소속감을 형성하는 규범을 조성해야 한다. 공감의 태도를 몸소 보여주며, 학생들의 요구와 관심사를 깊이 있게 경청하고, 학생이 학습자로서 유능감을 느낄 수 있도록 과제를 구조화할 필요가 있다. 자율성은 학생들에게 학습 선택권이 있을 때 길러지고, 유능감은 현재의 능력을 조금 더 뛰어넘어야 할 도전이 있을 때 발전한다(Tough, 2016).

라이언과 데시(Ryan and Deci, 2017)는 소속감, 유능감, 자율성이 함양되면 내재적 동기가 활성화될 수 있다고 말한다. 내재적 동기는 모든 학생에게 중요하지만 특히 열악한 환경의 학생에게 훨씬 더 큰 역할을 할 수 있다. 정해진 공식은 없지만, 깊은학습을 향해 나아가는 교실에서는 다음과 같은 몇 가지 공통적인 특징을 발견할 수 있다.

- 학생이 질문을 주도한다. 학생들은 탐구하는 스킬과 언어를 갖추고, 교사의 답변을 수동적으로 받아들이지 않는다.
- 정답보다 질문이 더 중시된다. 배우고, 발견하고, 표현하는 과정은 결과 못지않게 중시된다.
- 다양한 학습 방식이 활용된다. 학습 접근 방식은 학생의 필요와 흥미에 맞게 선택되며, 수업은 학생들이 다음 도전을 성취할 수 있도록 지원한다.
- 실제 현실과의 연결이 명확히 이루어진다. 학습 설계는 우연에 맡기는 것이 아니라 관련성과 의미를 바탕으로 구조화되고 촘촘히 설계된다.
- 협업이 원활히 이루어진다. 학생들은 교실 안팎에서 협력할 수 있는 스킬을 보유하고 있다.
- 평가는 학습에 내재되며 투명하고 실질적이다. 학생들은 개인별 목표를 설정하고, 성취기준에 비추어 자신의 진행을 점검하고, 동료 및 타인으로부터 피드백을 주고받는다(Fullan & Quinn, 2016, p. 97).

설계 단계에서 고려해야 할 사항은 상호 존중, 협업, 공동체의 신뢰, 실패 위험을 감수해도 좋다는 생각, 호기심과 창의성을 위한 시간, 학생의 목소리와 주도성의 규율을 어떻게 개발해 나갈 것인가이다.

| 물리적 공간과 가상의 공간 |

학생들이 호기심 많고 연대할 줄 아는 협력자로 성장하길 바란다면 크고 작은 그룹 내 협력이 가능한 다목적 공간, 성찰과 사고를 할 수 있는 조용한 공간, 조사·탐구·의사소통·문서 작업을 위한 활동적인 공간 등, 누구나 이용할 수 있는 풍부한 공간 자원을 제공해야 한다.

혁신적인 학습 환경이 세계 곳곳에서 등장하고 있다. 미국 코첼라 밸리 통합지역교육청은 와이파이가 장착된 버스를 빈곤 지역에 배치하여 디지털 사용 접근성과 활용성을 향상시켰다. 호주 데리무트 공립학교는 학습 공간을 사고하는 공간(동굴), 정보 공유의 공간(옹달샘), 배움의 공간(모닥불)이라는 세 개의 유형으로 구분해 배치했다. 전통적인 학습 공간이지만 창의성과 비전을 곁들여 혁신적이고 치밀한 학습이 이루어지게 한 경우도 있다. 물론 교수법을 고려한 접근 방식은 결여된 채 값비싼 디지털 장비들만 갖춘 학교도 있지만 말이다.

수많은 혁신 사례를 살펴보면 학습 공간의 핵심은 물리적 구조 그 자체가 아닌, 학습을 의도적으로 어떻게 뒷받침하느냐에 달렸음을 알 것이다. 교실의 벽을 없앤다는 것은 단순히 공간을 재설계하는 것이 아니라 교실 안팎을 연결할 수 있는 다양한 방법을 마련한다는 것이다. 학생들이 지역사회와 더 넓은 세계의 전문가들을 찾아가 다양한 분야의 지식을 쌓기 바란다면 그에 걸맞은 기술의 연결 방식 및 다양한 세상에서 관계를 구축하는 방법을 고민해야 한다. 학생이 진정으로 몰입하게 되면 학교 안팎에서 연결이 일어나고 학습이 하루 24시간, 일주일 내내 쉼 없이 일어날 수 있다. 학습은 공간이 아니라 연결을 통해 살아난다.

오늘날 학습 환경은 빠르게 변화하고 있다. 새로운 파트너십의 등장에 따라, 또 학습의 벽이 투명해짐에 따라 물리적으로나 문화적으로나 변화를 거듭하는 것이다. 이 장의 끝 부분에 나오는 사례는 학습이 전통적인 교실 안팎의 세계와 전국 또는 전 세계에 있는 전문가와 연결되는 다양하고도 풍부한 방법을 보여준다. 이러한 새로운 연결을 만들고 무한한 가능성을 여는 가장 강력한 방법 중 하나는 학습 설계의 세 번째 요소인 디지털 활용이다.

디지털 활용

디지털 세계는 삶의 모든 분야에 영향을 미치고 있으며 학교도 예외는 아니다. 수십 년 동안 교육용 기기들이 학교에 존재해 왔지만 안타깝게도 학생들이 가진 기기 활용에 대한 잠재력을 결코 극대화하지는 못했다. 여기서는 <도표 6.2>에 묘사된 것과 같이 디지털을 학습 파트너십, 학습 환경, 교수법 실행이라는 나머지 세 요소와 유기적으로 결합하여 학습을 가속하고, 촉진하며, 심화시킬 수 있도록 활용하기 위한 주요 결정 지점들을 살펴보기로 하자.

깊은학습 설계를 위해서는 다음 두 가지 질문에 답해야 한다.

- 학생이 주도하는 학습에서 디지털은 어떻게 학습을 촉진하고 확장하며 가속하는 데 활용되는가?
- 디지털이 제공하는 혁신적 학습 기회 중, 전통적 접근 방식으로는 충족할 수 없는 것은 무엇인가?

우리가 '기술(technology)' 대신 '디지털 활용(leverage digital)'이라는 표현을 쓰는 것은 단순히 최신 기기나 소프트웨어, 앱에 대해 논의하려

도표 6.2 디지털 활용

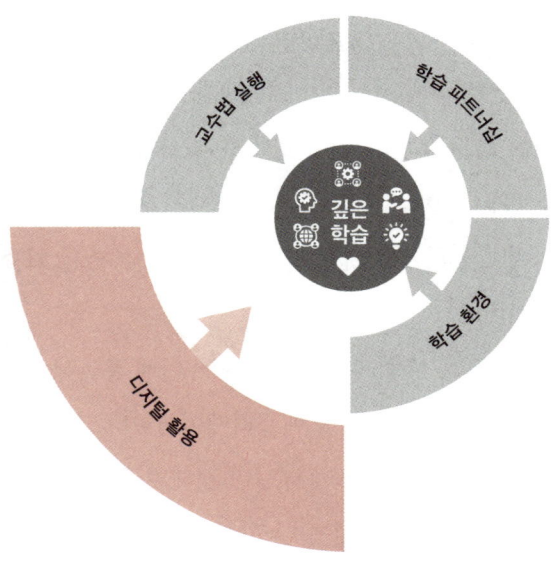

는 것이 아니라, 디지털과의 상호 작용이 학습을 개선하는 데 기여할 수 있는 역할에 초점을 맞추기 위함이다. 디지털을 효과적으로 활용하면 지리적 한계를 뛰어넘어 학생, 가족, 커뮤니티 구성원 및 전문가와의 깊은학습 파트너십을 촉진하고 학생들이 교실 안팎에서 자신의 학습을 제어할 수 있는 역량을 키울 수 있도록 지원할 수 있다. 디지털 활용은 깊은학습을 가속하는 수단이지만 깊은학습의 성과를 이끄는 진짜 동력은 새로운 교수법의 네 가지 요소이다. NPDL에서 우리가 강조한 것은 디지털 도구 자체의 복잡성이 아니라, 그것이 어떻게 깊은학습의 성장과 확대에 활용될 수 있을지에 있다.

지식에 대한 접근 방식은 더 이상 서적이나 교사에 국한되지 않고 계속 다양하게 진화하고 있다. 최근 중고 서점에 갔을 때 동료 중 한 명이 80년대에 출판된 브리태니커 백과사전을 발견했다. 이 백과사전은 우리가 학생들에게 연구 방법을 가르치던 무렵 도서관에 가서 백과사전처럼 상대적으로 신뢰할 만한 자료들을 선택하게 했다는 사실을 상기시켜 주었다. 오늘날과 비교해 보면, 교사의 역할 중 하나는 학생들이 온라인에서 이용할 수 있는 거의 무한한 자원(정보)을 사용하여 새로운 지식을 식별하고, 비판적으로 평가하고, 발견하고, 창조할 수 있는 기술과 역량을 갖추게 하는 것이다.

깊은학습은 디지털을 수업의 일부로 자연스럽게 통합해 일상적으로 활용하는 것에 초점을 둘 뿐 특정 애플리케이션이나 소프트웨어에 주목하지 않는다. 과거에는 주로 이미 해답이 정해져 있는 문제를 학생들에게 풀어보라고 제시했지만 지금은 다르다. 학생들에게 지식의 소비자가 되라고 요구하는 것에서 벗어나 실제 문제를 해결해 보도록 하는 방식으로 전환했다. 디지털 세계는 학교의 경계를 넘어 학교 밖의 세계와 연결하고, 전 세계적으로 이를 수행할 수 있는 방안을 제공한다.

디지털과 미디어를 학습의 핵심 요소로 통합할 수 있는 무수한 선택지가 존재하기에 교사는 이를 어떻게 사려 깊게 활용할지에 대한 중대한 판단을 내려야 한다. 선택지의 범위는 매일 늘어나고 있으므로 이 책에서는 일일이 다룰 생각이 없다. 다만 학습 설계 과정에서 교사가 광범위한 선택지 중 가장 적합한 형태의 디지털을 선택한다는 것, 그리고 학생들이 디지털을 단순히 사용하기만 하는 것이 아니라 새로운 학습을 만들고 공유하기 위해 그것을 사용하는 방법까지 분별할 수 있는 능력을 갖추게 해야 한다는 것을 알고 있다. 우리는 디지털 활용의 주도적 역할이란 학생들이 학습을 강화하기 위해 디지털의 용도를 파악하고 선택하는 일이라고 보고 있다.

빈곤한 지역이나 국가, 혹은 특수한 장애를 가진 학생들의 경우, 디지털 기술은 비용 대비 효과가 높고 빠르게 확산 가능한 수단이 될 수 있다. 이러한 기술은 널리 흩어져 있는 지역 사회에서 살아가는 수만 명의 학생들에게 학습 기회를 제공하는 데 중요한 역할을 할 수 있다. 이와 관련, 우루과이 클러스터는 좋은 사례 중 하나로 꼽을 수 있다. 이 나라는 지난 10년간 디지털을 전략적으로 활용함으로써 교육 시스템 전반에 걸쳐 큰 성과를 이루어냈다.

깊은학습 설계의 마지막 요소는 교수법 실행이다. 그동안 교수법은 일반적으로 효과적인 수업 방법을 묻는 질문 속에 고립된 방식으로 논의되어 왔다. 하지만 깊은학습 모델에서 교수법 실행은 학습 설계를 구성하는 네 가지 요소 중 하나이며, 전체를 구성하는 나머지 요소들과 긴밀히 통합되어야 한다.

교수법 실행

학습목표와 성취기준을 달성하는 데 있어 어떤 교수법이 가장 효과적인지를 결정하려면, 교사는 네 가지 요소 간의 상호 작용을 고려하고 그것이 교수법 선택에 어떻게 영향을 미치는지 살펴야 한다(도표 6.3).

  3장에서 소개한 깊은학습 교실 사례를 떠올려보자. 우루과이, 핀란드, 캐나다 학생들이 교실 벽을 넘어 서로 협력하며 열정을 불태우는 학습 경험을 보여주었던 바로 그 내용이다. 이처럼 새로운 학습 과정을 촉진하려면 교사 자신과 교수학습 과정의 모든 측면이 변화되어야 함을 교사들은 인식하고 있다. 다시 말해 "나는 학생들이 이 매력적인 방식으로 배우기를 바란다."와 같은 영감이나 도덕적 의도만으로는 충분하지 않다는 뜻이다. 그것은 전략이 아니기 때문이다.

  교사들은 기존의 전통적 수업과 진도표에서 어떻게 전환을 시작할 수 있을지, 그리고 그 과정에서 학생들의 성취를 해치지 않는 방법이 무엇인지에 대한 실질적인 해답이 필요하다.

  처음 우리가 NPDL에 대해 이야기하기 시작했을 때 교사들의 첫 번째 질문은 이랬다.

도표 6.3 교수법 실행

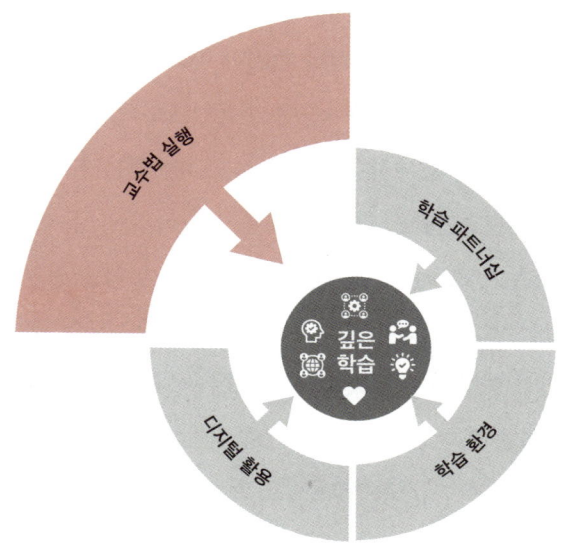

"그렇다면 내가 지금까지 해왔던 것이 모두 틀렸다는 건가요?"

이에 대한 대답은 단호히 '아니요'다. 깊은학습은 우리가 지금까지 해왔던 수업을 버려야 한다는 것이 아니다. 다만 기존에 효과적이라 생각했던 교육 방법에 대해 새로운 렌즈를 제시하고 시대에 뒤떨어지거나 비효율적인 관행을 제거하고자 하는 노력이다. 결핍에 초점을 둔 사고방식, 즉 빈곤 가정의 학생은 다른 학생들보다 낮은 점수를 받을 거라 속단하는 것처럼 한계를 예견하는 선입견과 편견으로 시작하는 것은 결코 생산적이지 않다. 그보다는 앞으로 나아가야 할 효과적인 실제를 선택하고, 혁신적인 접근을 배울 수 있는 지원이 필요하다. 교사가 디지털을 활용하여 학습을 가속하고 그 영향력을 극대화하려면 교육 및 평가 실제에 대한 깊이 있는 전문가적 지식을 갖춰야 한다.

앞선 사례에서 보았듯 깊은학습을 수용한 교사들은 이제 하루 단위 수업이 아닌, 역량을 충분히 기를 수 있는 깊이 있는 학습 경험과 더 풍부한 단원 구성을 고민하기 시작한다. 탐구 중심 수업, 문제기반학습, 프로젝트기반학습, 범교과학습 같은 다양한 교수 모형을 활용, 학습을 더 풍부하게 만들기 위해 노력하고 있다. 이러한 교수 모형에서는 교사가 지식 전달자가 아니라 활성자로서의 역할을 수행해야 하며 학생은 선택권을 갖고 학습에 대한 책임을 스스로 지는 주체로 참여하게 된다. 이와 같은 장기간의 학습 경험은 대체로 학생들이 실제적이고 의미 있는 문제나 시뮬레이션 상황에 참여하면서 학습을 실제로 적용하도록 만든다. 선택권, 의미 있는 과제, 그리고 학생 책무성이 결합될 때 학생의 수업 참여는 현저히 높아진다.

그렇다면 교사들은 어디서부터 시작해야 할까?

처음부터 모든 것을 새로 만들 필요는 없다. 깊은학습에 기반한 여러 접근 방식은 이미 풍부한 역사와 전통을 갖고 있으므로 그 속에서 적절한 모델을 선택해 활용해도 좋다. 구성주의, 학생의 선택, 실질적 학습 같은 것은 새로운 개념이 아니다. 사실, 이미 많은 교육자들이 학생을 중심에 놓고, 도전적인 성장 기회를 제공하는 의미 있는 접근법을 주장해 왔다. 수십 년 전 피아제(Piaget, 1966)는 인지 발달의 4단계 이론을 제시하고 학습자 스스로 이해를 구성해 나간다는 개념을 소개했다. 시모어

페퍼트(Seymour Pappert)는 이러한 구성주의 개념을 확장, 컴퓨터를 문제 기반학습에 자연스럽게 통합할 수 있는 도구로 보았다(1994). 몬테소리(Montessori, 2013)와 레지오 에밀리아(Reggio Emilia)의 접근 방식은 조기 교육의 중요성을 강조하며, 아이를 강인하고 유능하며 회복탄력성이 있는 존재로 바라보는 철학에 기초하고 있다. 즉 아이들은 강할 뿐만 아니라 충분한 능력과 회복력이 있고, 깊은 호기심과 경이로움이 있으며, 자신들을 둘러싼 세상 속에서의 위치를 이해하고 관심을 갖도록 이끄는 잠재력이 풍부하다는 뜻이다.

교사는 학생들을 평생 학습자로 준비시키기 위해 다양한 학습 모형을 활용하는 역량을 길러야 한다. 학습은 일회성이 아닌 지속적인 과정이며 이제는 커뮤니티 활동, 개인 네트워크 및 업무 관련 과업을 수행하는 과정 등 다양한 방식으로 일어나고 있다. 기술의 사용은 우리의 두뇌를 변화시키거나 신경망을 효율화하고 있으며, 이전에 학습 이론(특히 인지 정보 처리)으로 간주되었던 많은 프로세스가 이제 기술로 구현되거나, 기술의 도움을 받을 수 있게 되었다. 학습의 방식은 끊임없이 진화하고 있으며, 교사는 이에 대응할 수 있도록 폭넓고 탄탄한 실천 레퍼토리를 갖추어야 한다.

<도표 6.4>는 교사가 학습 경험을 설계할 때 필요한 다양한 선택지의 예시를 보여준다. 우리가 설명하고자 하는 새로운 교수법은 가장 효과적인 기존 교수법과 새롭게 등장한 혁신적 실천이 융합된 형태로, 실제 삶 속에서 새로운 아이디어와 지식을 창조하고 적용할 수 있도록 학습을 촉진한다.

도표 6.4 기존 교수법과 새롭게 등장한 혁신적 교수법의 융합

기존 교수법(효과가 검증된 것)

수업 모델
- 탐구 중심
- 문제 기반
- 경험 중심
- 시뮬레이션
- 통합적 사고

수업 설계 역량
- 보편적 수업설계
- 비계
- 점진적 책임 이양

교수전략
- 협동 학습
- 시각 조직도
- 상호 교수법
- 사고 스킬

평가
- 형성평가
- 총괄평가
- 동료 및 자기평가

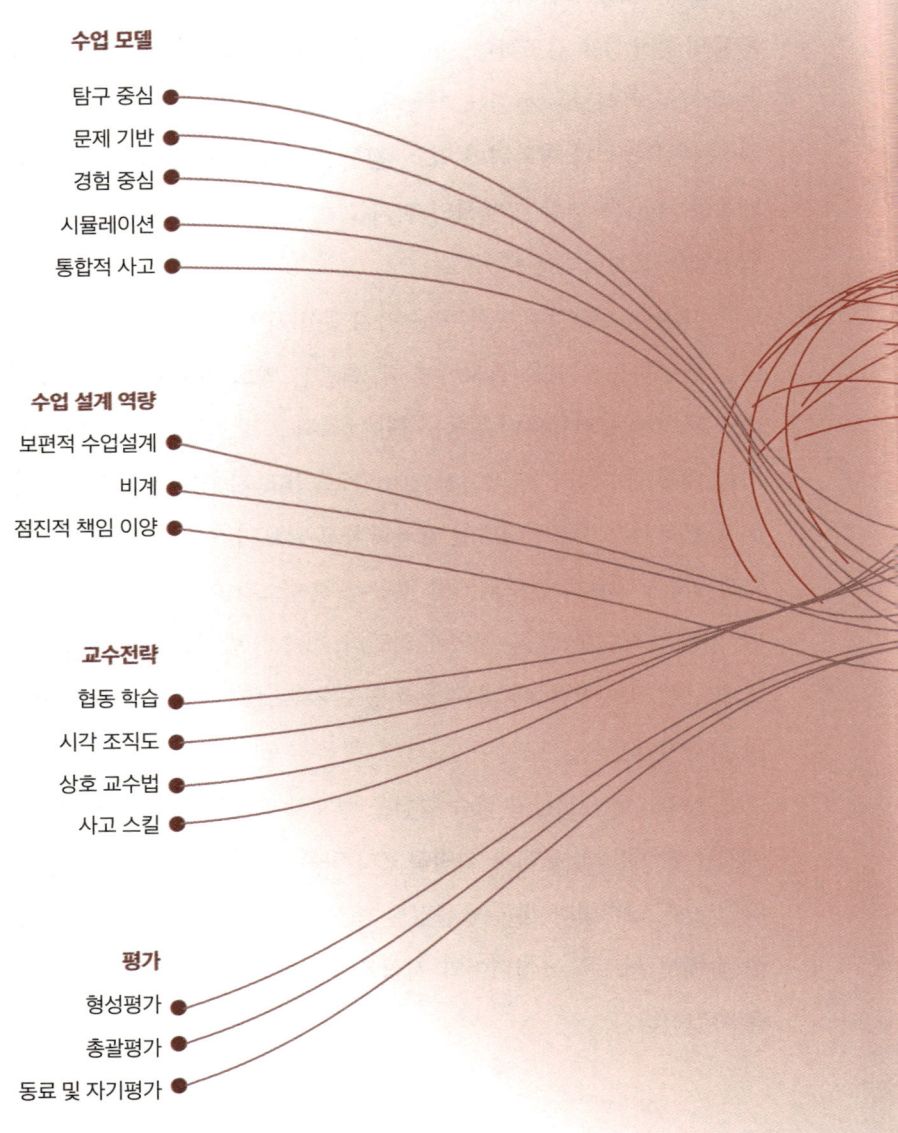

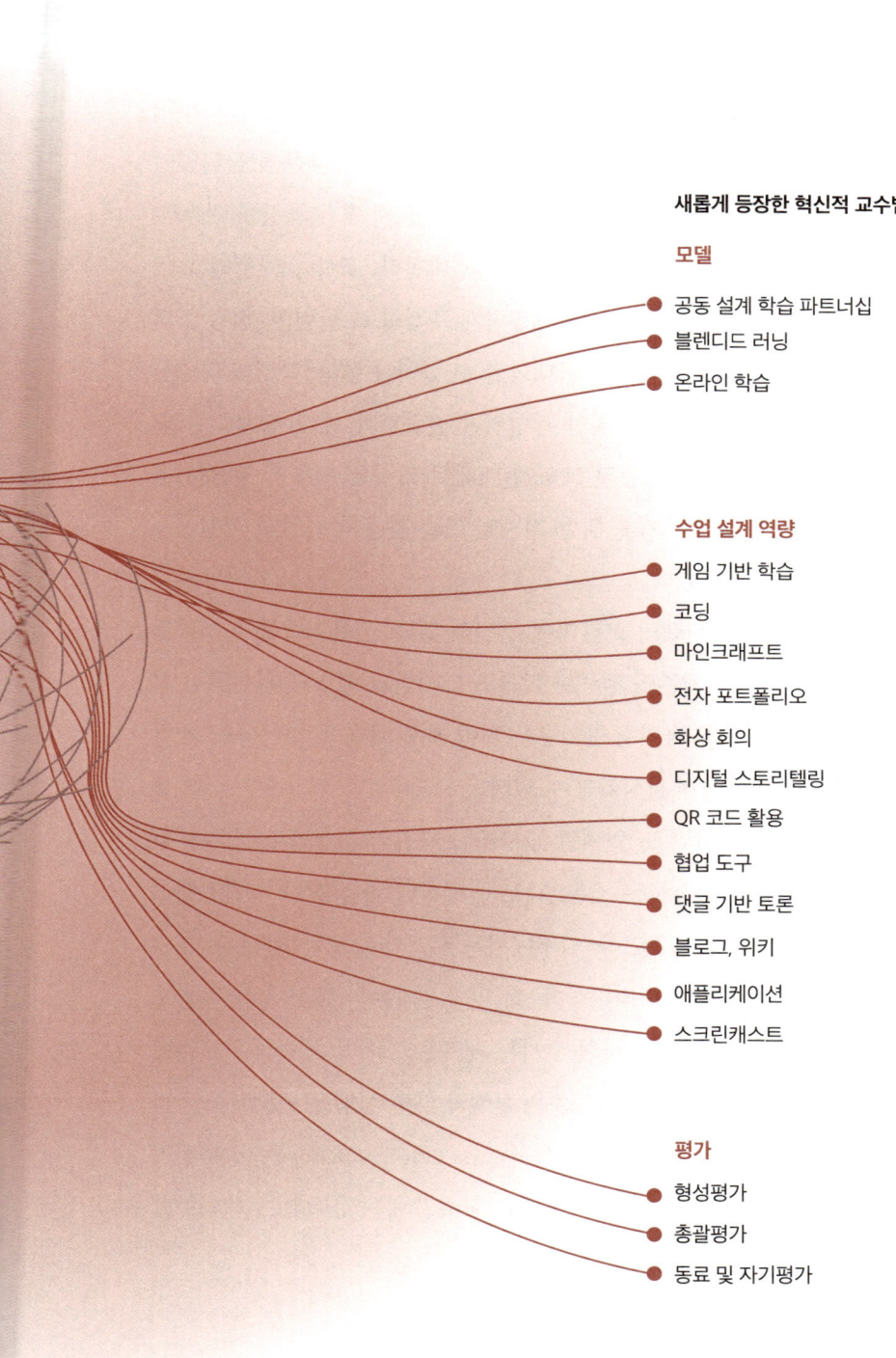

새롭게 등장한 혁신적 교수법

모델
- 공동 설계 학습 파트너십
- 블렌디드 러닝
- 온라인 학습

수업 설계 역량
- 게임 기반 학습
- 코딩
- 마인크래프트
- 전자 포트폴리오
- 화상 회의
- 디지털 스토리텔링
- QR 코드 활용
- 협업 도구
- 댓글 기반 토론
- 블로그, 위키
- 애플리케이션
- 스크린캐스트

평가
- 형성평가
- 총괄평가
- 동료 및 자기평가

글로벌 파트너십은 살아 숨 쉬는 실험실의 형태로 운영되고 있다. 새로운 실행이 모여 협력을 통해 개선되고 공유되기 때문에 끊임없이 진화하고 있는 것이다. 실제로 이는 교사가 학습 및 평가 과정에 대한 깊은 전문성을 지속적으로 연마하게 됨을 의미한다. 교사는 학생의 요구와 관심사에 맞게 학습의 실제를 세밀하게 조정하고, 관련성, 진정성 그리고 실제 연결을 통해 학습을 극대화할 수 있어야 한다. 학생의 다양한 요구와 관심을 충족시키기 위한 광범위한 전략들과 함께, 탐구학습 및 문제기반학습과 같은 검증된 모형에 대해서도 깊은 이해가 필요하다. 이에 더하여 학습과 평가를 위한 디지털 기술 활용과 혁신적 실천에도 전문성을 개발하고 있다.

지금 교사는 선택의 쓰나미에 직면해 있다. 깊은학습을 설계하는 데 정답은 없지만, 기존의 검증된 학습모형 기반의 실천과 혁신적인 실천 모두에 대한 지식과 역량을 키우는 일이 첫 단계가 될 것이다. 그래야만 학습을 자연스럽게 활성화할 수 있다.

버겁게 느껴질 수도 있지만 교사들이 자신의 지식과 노하우를 투명하고 명확하게 공유하는 것은, 새로운 방식의 학습을 더 자연스럽고 폭발적으로 증가시키고 있다. 일부에서는 우리가 오로지 '새로운' 교수법만을 강조하고 있다며 비판한다. 하지만 우리는 이를 진지한 비판으로 받아들이고 싶진 않다. 사실 우리는 새로운 교수법과 오래된 교수법 모두를 인정하며, 두 범주 모두 좋은 실행과 나쁜 실행을 포괄한다는 것 또한 인정하기 때문이다(Fullan & Hargreaves, 2016). <도표 6.5>는 이를 정리한 네 가지 범주, 즉 오래되었지만 좋은 교수법(예: 구성주의), 오래되었고

도표 6.5 새롭거나 오래된, 좋거나 나쁜 교수법

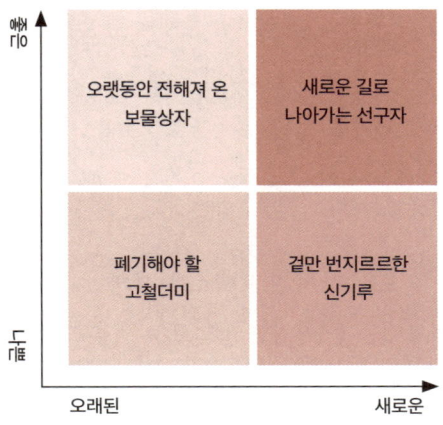

나쁜 교수법(예: 교사의 일방적 훈시), 새롭지만 나쁜 교수법(예: 목적 없는 디지털 사용), 새롭고 좋은 교수법(예: 학습 파트너십)이 있다. 깊은학습은 과거의 보물 같은 교수법이든 학습의 최전선에서 막 등장한 혁신적 교수법이든 관계없이 가장 강력한 것을 찾고 개발하는 것이다.

교수법 실행에서 정밀성은 깊은학습의 중요한 기반이다. 오늘날 탐구학습, 문제기반학습, 프로젝트기반학습, 통합적 사고, 지식 구축 및 디지털 혁신의 긍정적인 측면은 전 세계적으로 여러 학교와 국가에서 사례를 찾을 수 있다. 이들 중 탐구학습을 기반으로 한 호주의 그로브데일 웨스트 초등학교의 사례를 소개한다.

| 사례 6.1 | 작은도서관 설립 프로젝트를 주도한 학생들 (호주, 빅토리아주, 초등학교) |

그로브데일 웨스트 초등학교는 수년간 문해력 향상을 목표로 탐구학습을 진행해왔다. 이 학교의 1~2학년 학생들은 말레이시아의 한 지역사회에 작은도서관을 설립하는 프로젝트를 시작했다. 그 지역에는 책을 볼 수 있는 곳이 많지 않았고 책값도 매우 비쌌기 때문이다.

교사들은 학생들을 도와 장기 프로젝트를 설계했다. 학생들은 출판사에 편지를 써보내는 등 다양한 방법으로 책을 모았다. 자신들이 만든 이야기를 디자인해 책을 만들기도 했다. 이렇게 해서 600여 권의 책을 모은 뒤 말레이시아 쿠알라룸푸르로 책을 운송할 계획이었다. 학생들은 필요한 비용을 마련하기 위해 모금 행사를 기획했다.

이렇게 해서 <나의 작은도서관>이 성공적으로 세워졌다. 학생들은 이 책들을 도시 외곽의 아이들에게 대출할 수 있는 이동 도서관을 만들기로 하고, 말레이시아 교육부 담당자와 협의를 진행하기까지 했다.

프로젝트의 파급력은 여기서 끝나지 않았다. 그로브데일 웨스트 초등학교는 작은도서관 설립 프로젝트로 오스트레일리아 훈장 협회 시민상 최종 후보에 올랐다.

동영상 https://deep-learning.global. <Mini Library in Malaysia: Grovedale West Primary School>

이 학습 경험은 학교 전체가 협력하여 공동으로 설계한 것이다. 교사들은 탐구학습 모형을 바탕으로 여기에 구체적인 문해력 전략을 접목했다. 모든 학생이 학습에 참여할 수 있도록 비계를 마련했고, 협업 능력을 기르기 위해 고도화된 협동학습 기법도 활용했다. 말레이시아의 교육당국 전문가, 기업 파트너 및 지방자치단체 리더들과 연결하는 데에는 디지털 기술이 사용되었다. 처음부터 모든 교수 전략을 미리 결정할 수는 없었지만, 학습목표가 점점 더 분명해짐에 따라 교수법 실행의 공유된 레퍼토리 중에서 의도적으로 적절한 전략들을 선택해 학습 경험을 조율해나갔다. 이 모든 학습 경험은 한 학생의 관심과 요구에서 시작되었지만 여러 학생들이 과제에 함께 참여하기를 원했기 때문에 한층 힘을 얻을 수 있었다.

깊은학습 설계의 한 요소인 교수법 실행은 학생의 역량 구축 경로를 파악하는 데 중요한 역할을 한다. 그로브데일 웨스트 초등학교 사례(사례 6.1)에서 보았듯이, 새로운 교수법은 학생이 자신의 학습을 주도하게 되면서 새로운 관계와 상호작용 방식을 만들어내고 있다. 이 과정을 통해 학습 설계의 두 번째 요소인 학습 파트너십 또한 진화하고 있다. 교사들이 자신의 전문 지식과 역량을 바탕으로 학생, 가족, 지역사회와 새로운 방식으로 관계를 맺게 되기 때문이다.

네 가지 핵심 요소의 통합

깊은학습을 실현하는 데 있어 정해진 틀이나 방식은 없다. 하지만 6C와 결합된 네 가지 요소는 수천 명의 교사들이 방향을 잃지 않고, 학습을 더 깊게 확장하기 위해 무엇을 어떻게 설계해야 하는지를 스스로 묻고, 의도적으로 수업을 구성할 수 있도록 도와준다. <도표 6.6>은 호주 클러스터에서 수업 설계를 위한 시각적 조직 도구로 활용하기 위해 제작한 템플릿이다. 네 가지 핵심 요소를 모두 고려하여 시각적으로 통합한 이 템플릿은 교사들이 사고를 정리하고 설계 방향을 잡을 수 있는 틀을 필요로 한다는 것을 보여준다.

도표 6.6 깊은학습 설계를 위한 호주 클러스터의 템플릿

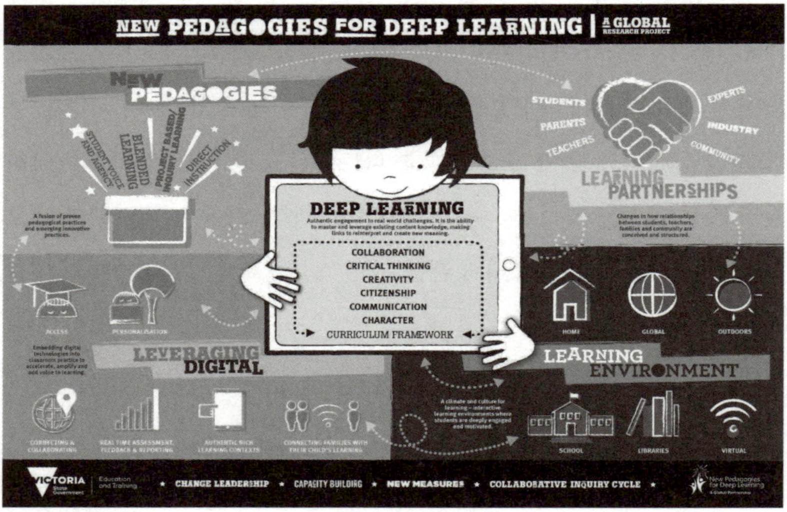

네 가지 요소에 초점을 맞춘 틀은 설계 작업에 기반을 마련해 주었고, 협업 계획과 개별 계획 모두에 출발점이 되고 있다. 한 클러스터 리더가 한 말이다.

■ 학습의 깊이에 대해 이야기하며 그 결과를 확인하고, 1년 동안 우리가 어떻게 성장했는지 살펴보고, 새로운 교육 프레임워크의 사분면에 걸쳐 우리가 어디에 있는지 말할 수 있다는 것이 강점이다. 그곳이 바로 우리가 힘을 키우는 지점이다.

공통의 언어, 이해 및 강력한 교수법과 결합된 명확한 6C는 교사가 실행 중인 새로운 교수법을 식별하는 데 도움이 된다. 또 결과와 학습 과정의 정확성이 높아짐에 따라 깊은학습이 대규모로 도약할 수 있는 여건이 조성되고 있다.

마무리하며

학습 설계에서 6C와 네 가지 핵심 요소를 함께 활용하면 학습의 강력한 기반이 마련될 수 있다. 5장에서 설명한 학습 파트너십 또한 깊은학습을 촉진하는 핵심 동력 중 하나다.

물론 혼자 학습하는 것은 여전히 효과적인 학습 방식의 하나이며, 누구나 독립적으로 학습할 수 있는 역량을 갖출 필요도 있다. 하지만 학습의 진정한 본령에 도달하자면 자율성 못지않게 협력과의 결합이 필요하다. 학습은 본질적으로 사회적 현상이며, 디지털로 연결된 오늘날에는 점점 더 그러한 특성이 강해지고 있기 때문이다.

나머지 세 요소인 학습 환경, 디지털, 교수법 실행은 함께 맞물려 움직인다. 이 세 요소는 모두 끊임없이 혁신을 반복하고 있다. 이는 깊은학습 자체도 정적인 것이 아니라 끊임없이 변화한다는 뜻이고, 역동적이어야 한다는 의미다. 우리가 제시한 깊은학습 프레임워크는 이러한 변화를 만들어내고 수용할 수 있는, 즉 변화에 유연하게 적응할 수 있는 탄탄한 구조를 지니고 있다.

이러한 구조의 출발점이자 중심에는 바로 학생들, 즉 실제 학습자들이 있다. 그들은 변화의 대상이 아니라 변화를 이끌어낼 미래의 동력이자 혁신의 주체이다. 끊임없이 변화하고 도전하는 학습자들이 주도하는 깊은학습의 틀은 유연해야 한다.

학습자들은 지금 이 순간에도 깊이 있는 혁신을 만들어내기 위해 또 다른 변화를 시작하고 있다. 이어지는 여섯 가지 사례는 이를 실제로 보여주는 것들로, 깊은학습의 네 가지 핵심 요소와 6C를 어떻게 통합하고 있는지 보여준다. 공통적으로 볼 수 있는 것은 학습을 실제로 움직이게 하는 것이 협력 프로세스라는 점이다. 협력은 교사와 학생의 역량을 키우고 미래 지향적 실천으로의 전환을 가속한다.

| 사례 6.2 | 지역사회 기여를 통해 성장하는 학생들 (캐나다, 온타리오주, 초등학교) |

"문제가 생겼을 때 우린 걱정만 하고 있지 않아요. 바로 행동에 옮기니까요."

8세 초등학생의 힘 있는 말이다. 이 아이와 학급 친구들은 1년 동안 진행된 야외 융합 탐구 프로그램에 참여했다. 처음에는 짧은 하천 생태 조사 프로젝트로 시작했던 것이 곧 1년 내내 이어진 실천적 행동의 여정으로 발전한 것이다.

어떻게 이런 일이 벌어졌을까?

학생들은 하천 생태 조사를 진행하던 중 산책로에 쓰레기가 널려 있는 걸 보고 무언가 행동에 나서야 할 문제라고 느꼈다. 처음에는 1학년 학생들 일부가 힘을 합쳐 쓰레기를 치웠다. 그런 다음 수거한 플라스틱 병으로 조각품을 만들어 전시하면서 자신들이 느낀 문제의식을 발표했다.

여기서 끝난 것이 아니었다. 학생들은 사람들이 왜 산책로에 쓰레기를 내버렸는지 근본적인 의문을 품게 되었다. 그래서 설문지를 만들어 지역 주민들을 만나고 의견을 들었다. 지도교사였던 퀸 엘리자베스 초등학교의 젠 로우 선생님은 학생들에게 관련된 다큐멘터리 영상을 소개하고 구글 행아웃 등으로 세계 각국의 생물학자와 연구자들을 연결해 주었다. 그는 학생들의 활동에 대해 이렇게 말하고 있다.

"학생들은 자신이 모은 쓰레기의 양을 데이터화해서 웹사이트에 입력하는 방법을 공부했어요. 그러고 나서 산책로 이용자들에게 쓰레기 문제를 알리는 안내판을 제작하기로 결정했죠. 학생들은 제작에 소요되는 예산을 지원받기 위해 <지속가능한 미래를 위한 학습(Learning for Sustainable Future)> 프로그램에 기금을 신청하기로 하고 직접 신청서를 작성했어요."

학생들은 이러한 노력과 문제 의식을 지자체 공원관리부서에 전달하기로 하고, 해당 내용을 프리젠테이션 자료로 만들었다. 지자체 시장은 시의회에서 학생들이 발표하게 주선하고 언론 캠페인을 시작하자고 제안했다. 학생들은 지역 내 11학년(고등 2학년) 미디어 수업 학생들과 협력하여 포스터를 디자인했고, 활동은 학년 말까지 지속되었다.

프로젝트에 참여한 학생의 학부모들은 이렇게 말하고 있다.

"아이들에게 지역사회에 기여하는 방법과 변화를 시작하는 방법을 보여주는 좋은 사례입니다. 자신이 그저 '아이들'이 아니라 지역사회를 이루는 일원임을 자각하고 주체적인 목소리를 낼 수 있는 계기가 되었어요."

"자신의 행동이 지역과 환경에 어떤 변화를 가져올 수 있는지 실제로 확인하는 기회였어요. 이러한 기회를 통해 더 주체적이고 건전한 시민으로 성장할 것입니다."

이처럼 깊은학습은 지속적인 과정이며 세상을 실제로 변화시킬 힘을 지니고 있다.

| 사례 6.3 | 실패를 통해 창의력을 키워나가는 학생들 (캐나다, 온타리오주, 고등학교)

스트랫포드 센트럴 고등학교의 앤드류 브래드쇼 선생님에게는 새로운 고민이 생겼다. 그의 공학 수업을 듣는 12학년 학생들은 성적에만 집착했고 창의성이나 깊은 이해에는 별 관심이 없었던 것이다.

"공학 프로세스에서 창의성은 종종 간과되고 있죠. 하지만 걱정스러워요. 공학도가 좋은 성적을 받기 위해 안전하고 검증된 방법만 추구하다가는 창의성을 포기할 위험이 있거든요."

이렇게 생각한 선생님은 학생들에게 창의성, 인성, 비판적 사고에 중점을 둔 도전적인 과제를 제시하기로 했다. 10달러짜리 스모봇(Sumo Bot, 두 사람이 서로를 원 밖으로 밀어내는 '스모'와 비슷하게, 두 대의 로봇이 상대방을 감지하여 원 밖으로 밀어내도록 설계된 '로봇 스모' 경기에 사용되는 로봇-옮긴이)의 성능을 높이기 위해 새로운 솔루션을 개발하는 것으로, 공학에 대한 전문 지식뿐만 아니라 혁신적인 사고력을 총동원해야 하는 과제였다. 학생들은 흥미를 느끼고 과제에 몰입하기 시작했다. 디지털 장비를 이용해 스모봇을 직접 설계하고, 부품을 준비해 조립하고 프로그래밍하는 등 경쟁적으로 프로젝트를 진행해 나갔다.

브래드쇼 선생님은 학생들에게 창의적 사고 이론을 소개하고 학생들과 함께 성취기준을 설정했다. 그 기준에는 위험 감수, 환경 친화적 자원 조달, 설계와 관련된 논리적 근거, 학습에 대한 성찰이 포함되어 있었다. 학생들은 시간 관리를 배우고 직접 시제품을 제작했으며 브래드쇼 선생님은 옆에서 그들을 지원했다. 지역에 기반을 둔 공학 분야 전문가도 몇 차례나 학교를 방문해 학생들의 작업을 도왔다.

"모든 학생들이 예외 없이 이 프로젝트를 좋아했습니다. 쓸모없는 쓰레기처럼 보이던 부품들이 기능하는 구성 요소로 변환되는 과정을 보고 기뻐했죠. 또한 수업 시간에 교사가 제공하는 디자인에 국한되지 않고 마음대로, 자유롭게 설계할 수 있다는 점도 좋아했어요. 저도 이런 점이 마음에 들었고요."

브래드쇼 선생님의 말이다. 이 외에도 학생들은 시간과 자원의 제약 속에서도 창의적으로 대처하여 문제를 해결하는 방법을 배웠다. 이는 실제로 공학자나 엔지니어가 현실에서 마주치는 문제기도 하다. 수업에 참여했던 학생 중 하나인 에리카의 말은 이러한 성찰을 잘 보여준다.

"이 도전은 창의적인 학생들에게는 활동적으로 참여하고 발전할 수 있는 좋은 기회였으나, 창의적이지 않은 학생들에게는 두려운 경험이기도 했습니다."

위험과 실패를 자연스럽게 받아들이는 것은 학습의 핵심이다. 실패는 배움의 시작이다.

| 사례 6.4 | 호기심을 도전적 과제로 풀어낸 학생들 (핀란드, 투르쿠, 중학교) |

핀란드 투르크 지역 모이손 학교의 두 교사는 12세 학생들에게 생물학과 문해력 교육을 위한 새로운 접근법을 시도하기로 했다.

학교 옆에 숲이 있다는 점을 활용, 학생들에게 숲에서 저마다 작은 구역을 하나씩 맡게 하고 일정 기간 동안 숲이 어떻게 변화하는지를 관찰하고 기록하는 과제였다. 학생들은 관찰한 내용을 메모하고 사진을 찍고 수치를 측정하면서 디지털 일지를 작성했다.

이 야외 학습 과제를 수행하는 데에는 기술이 자연스럽게 사용되었다. 학생들은 투인원 노트북 장치(MS사에서 만든 노트북으로, 액정과 입력장치가 둘로 분리되어 큰 화면으로 촬영하고 바로 기록할 수 있다—옮긴이)를 사용하여 수집한 정보를 기록했고 스카이프(Skype, 인터넷상에서 음성과 영상으로 통화할 수 있는 프로그램—옮긴이)를 사용하여 외부 전문가들과 인터뷰했다. 새로운 지식을 생성하고 다양한 학습 결과물을 만들어냈으며, 여러 애플리케이션을 사용하여 학습 내용을 공유했다.

이러한 통찰은 교과서만으로는 결코 얻을 수 없을 것이었다. 학생들은 숲속에 자신만의 작은 공간을 만들고 오랜 시간 동안 연구를 계속하면서, 나무, 곤충, 토양, 동식물, 계절의 변화, 기후 변화의 영향 등 숲 속에 살아 숨 쉬는 작고 경이로운 존재들을 알아차리기 시작했다. 친숙했던 숲을 새로운 눈으로 바라보게 되었고, 그 숲을 터전 삼아 살아가는 작은 생명에 대해 깊은 존중과 감수성을 느끼기 시작했다. 그 경험을 통해 학생들은 인성, 시민자질, 비판적 사고 능력까지 갖추게 되었다.

놀라운 것은 학생들만이 아니었다. 교사들은 권한과 선택권을 줄 때 학생들이 더욱 발전한다는 것을 알게 되었다.

"아이들 스스로 주도적으로, 자신감을 가지고 열정적으로 학습하는 것을 볼 수 있어서 즐거웠습니다."

"교사의 개입 없이 수업이 진행되었습니다. 그저 교사는 조언을 해주고 학생들을 격려했을 뿐이에요."

교사들의 말이다. 호기심은 본능이다. 깊은학습은 이러한 본능을 건드리는, 자연스럽고 본질적인 것이다.

| 사례 6.5 | 생활 주변 문제 해결에 도전한 학생들 (캐나다, 온타리오주, 중학교)

교사의 업무량이 얼마나 많은지는 모두가 알고 있을 것이다. 때로 그 많은 업무가 물리적인 짐으로 바뀔 때가 있다. 교사들은 매일 태블릿과 책, 자료 더미를 들고 교실에서 교실로, 차량에서 건물로 이동하느라 마치 곡예라도 하듯 위태롭게 움직인다. 세이크리드 하트 중학교의 교사들은 이 골치 아픈 문제를 창의적 과제로 풀어 보기로 했다. 즉 교사들을 괴롭히는 엄청난 짐 더미를 해결할 수 있는 '바퀴 달린 발명품' 개발에 도전하도록 한 것이다.

시작에 앞서 교사들은 문제 상황을 소개하고 이 도전 과제에 학생들의 흥미를 끌어내기 위해 유머러스한 동영상 클립을 제작했다. 그런 다음 <내 발명품 가져오기> 행사를 열어 바퀴의 작동 방식에 대해 배우고 체험할 수 있도록 했다. 학생들은 바퀴를 굴러가게 만드는 추진 시스템, 에너지 전달 원리, 고무줄을 이용한 작동 매커니즘 등을 탐구했다. 짐을 안정적으로 운반하는 방법을 배우기 위해 <QR 코드 미션> 탐색 활동에도 참여했다.

다양한 학년과 수준에 따라 여러 그룹으로 프로젝트가 진행되었다. 학생들은 서로의 아이디어와 계획을 분석하며 집중했다. 학부모들도 파트너로 참여하여 오래된 유모차 바퀴 벨트와 같은 재료를 제공하는 등 학생들을 도왔다. 그리고 학생들과 함께 시제품을 만들고 테스트를 거쳤다.

최종 결과물을 선보이는 날, 학생들은 왜 그렇게 설계했는지, 그 과정에서 무엇을 배웠는지를 함께 발표했다. 우리 주변에는 이처럼 실질적인 문제와 관련된 해결 과제가 늘 존재한다. 학생들에게 이러한 문제를 해결할 기회를 주면 학생들은 깊이 공감하고 몰입할 수 있다. 즉 이러한 과제는 학생에게 학습동기를 부여할 뿐만 아니라 교사의 부담도 덜어준다. 학부모와 교사의 말이다.

"교사들이 아이들에게 제시한 도전 과제는 놀라운 경험이었습니다. 제 아들은 집에 와서 정말 많은 것을 우리와 공유했습니다."

"우리는 방식을 거꾸로 했을 뿐이죠. 발명품이 어떻게 기획되고 작동하는지 오히려 학생들이 교사에게 가르쳐줬어요."

| 사례 6.6 | 기부의 의미를 발견하고 실천하는 학생들 (호주, 태즈메이니아주, 초등학교) |

파자마 데이를 싫어하는 사람이 있을까?

와이메아 하이츠 초등학교에서는 학교에서 기부와 공감을 주제로 한 행사가 열릴 때면 파자마 데이를 개최하곤 했다. 그러다 언제부터인지 파자마 데이만 개최하기 시작해 이것이 학교문화의 일부가 되어버렸다. 파자마 데이를 개최했던 원래의 의미나 의도에 대해서는 별로 생각하지 않게 된 것이다.

교사들은 이를 염려하기 시작했다. 학생들이 세상에 대해 어떻게 인식하는지, 그리고 세상이 필요로 하는 것들과 그것을 나누는 일인 기부에 대해 알고 있는지 궁금해했다. 이렇게 해서 가난의 원인 및 빈곤의 대물림과 해결책에 대해 조사해보는 과제가 시작되었다.

학생들은 디지털 기술을 사용하여 다양한 파트너와 연결하면서 소액 대출과 크라우드소싱에 대해 공부했다. 그리고 소액 대출이 어떻게 삶을 변화시켰는지 배웠다. 불과 25달러 정도의 소액이라도 전 세계의 창업자들에게 대출을 제공할 수 있으며, 대출금은 새로운 대출이나 기부로 연결되고, 직접 인출할 수도 있었다. 이러한 구조는 학생들에게 단순한 기부를 넘어 연대와 순환적 실천의 의미를 깨우쳐 주었고, 강력한 참여 동기를 부여했다.

학생들은 25달러를 모금할 계획을 시작했다. 계획은 독창적이면서 독립적이고, 비용의 효율성도 담아야 했다. 어떤 그룹은 집에서 수제 잼을 만들어 판매하기로 했다. 어떤 그룹은 지역 병원에 기부금 모금함을 설치하고 "당신의 변화가 또 다른 변화를 만듭니다"라는 슬로건을 내걸었다. 또 다른 그룹은 해바라기 씨앗을 싹틔워 기른 모종을 판매했다.

모금 프로젝트가 시작되자 학생들은 소액 대출 수요를 조사하고 모은 돈을 어디에 투자할지 정보를 분석하여 결정을 내렸다. 한 학생은 이 배움에 대해 이렇게 회상했다.

"음식과 깨끗한 물을 살 돈이 거의 없는 사람들에게 돈을 빌려주는 것이 어떤 기분인지 알게 되었어요. 결과를 얻기까지 학생들은 스스로 아이디어를 내고, 계획을 세우고, 실행해야 했기 때문에 책임감과 행동하는 힘도 기를 수 있었어요."

이 깊은학습 전략은 모든 사람에게 성찰의 시간을 제공했다. 한 교사는 이렇게 말했다.

"우리는 지금 기부를 어떻게 바라보고 실천해야 할지 다시 생각해보고 있어요."

학생들은 이렇게 말했다.

"이것은 교과서가 아니라 실생활의 문제입니다."

"우리가 매일 누리는 것들을 위해, 누군가가 더 열심히 일해야 한다는 사실을 깨달았습니다."

| 사례 6.7 | 초콜릿을 통해 공정무역의 의미를 발견한 학생들 (호주, 빅토리아주, 초등학교)

리빙스톤 초등학교 학생들은 세계 경제가 항상 '달콤하지만은 않다'는 것을 배웠다. 초콜릿 산업에 종사하는 노동자들에 대해 배우고 난 뒤 얻게 된 깨달음이었다. 학생들은 시뮬레이션, 온라인 조사, 수업 토론, 옥스팜(Oxfam, 가난과 공정, 불평등의 문제 해결을 위해 전 세계적으로 연대하여 활동하는 비영리단체—옮긴이) 초청 연사의 방문 등을 통해 공정무역과 자유무역 관행 및 그것이 미치는 영향에 대해 공부했다. 그리고 그러한 현실에 대면하여 가만히 있지 않고 행동

에 나서기로 결심했다.

학생들은 각자 단체를 선택하여 철저히 조사한 다음 그 단체에 편지를 보내기로 했다. 편지 내용은 거리낌이 없었다.

"귀사와 같이 유명하고 이름난 업체가 공정무역을 실천하지 않고 있다는 사실에 놀랐습니다."

"방글라데시와 아프리카에 사는 사람들에게 얼마나 끔찍한 일이 벌어졌는지에 대해 깨닫고 소름이 돋았습니다. 이건 멈춰야 합니다!"

어떤 학생은 이렇게 비판하기도 했다.

"귀사에서는 공정무역 상품을 단지 11종만 보유하고 있군요. 정말 안타깝습니다."

열두 살짜리 아이들에게서 터져나오는 이토록 강한 분노와 열정을 보라. 이들은 이를 통해 무엇을 배우게 되었을까? 학생들은 이와 같은 현실 기반의 과제가 참여를 높이고 의사소통, 비판적 사고 능력을 향상시켰다고 성찰하고 공유했다.

"GPS 지도 앱을 사용하면 정보가 부족한 부분이 표시되어 도움이 되었어요. 편지를 어떻게 써야 할지 막막했는데, 결국 내가 만족할 만큼 잘 쓰게 되었죠."

또 다른 학생은 이렇게 회상한다.

"제가 어려웠던 건 신뢰할 수 있는 웹사이트를 찾는 일이었어요. 모든 초콜릿 브랜드의 웹사이트들은 실제로 공정무역을 실천하지 않고 있으면서도 겉으로는 좋은 인상을 주기 위해 그런 목표를 갖고 있다고 말하고 있거든요."

그 외에도 여러 학생들이 친구들의 지원을 높이 평가했고, 협력이 학습 과정을 더 풍부하고 효과적으로 만들었다고 인정했다. 초콜릿이 깊은학습 교실에서 시민자질, 인성, 의사소통, 비판적 사고, 창의성, 협력을 촉진할 수 있다는 것을 누가 알았겠는가?

"친구들은 학습의 중요한 파트너였습니다. 친구들 덕분에 우리가 공정무역 편지를 쓸 때 도움이 된 주장에 대해 더 깊이 생각하게 되었습니다."

혼자서는 할 수 있는 일이 많지 않지만,
함께라면 훨씬 더 많은 일을 할 수 있다.
Alone we can do so little; together we can do so much more.

•

헬렌 켈러 Helen Keller

제7장　깊은학습을 촉진하는 힘, 협업

협업의 중요성

깊은학습을 촉진하는 여러 조건 중에서도 가장 핵심적인 것은 협업이다. 협업 그 자체가 목적이 되는 것은 아니다. 사람들 중에는 협업을 핑계로 다른 사람에게 기대어 아무 역할도 하지 않거나, 혹은 바람직하지 않은 일에 협력하려 드는 사람들도 있기 때문이다.

깊은학습은 본질적으로 혁신을 포함하며 고도로 집중된 새로운 실천을 요구한다. 따라서 좋은 아이디어를 개발하고 접근할 수 있는 구조가 반드시 필요하다. 새로운 교수법으로 빠르게 전환하려면, 또 교사들이 효과적인 실행 방안을 찾고 새로운 사고와 혁신의 실행을 촉진할 수 있도록 지원하려면 동료와의 협력, 즉 협업이 꼭 필요하다.

최근 깊은학습을 연구한 잘 메흐타(Jal Mehta, 2016)는 다음과 같이 언급했다.

■ 21세기 스킬과 깊은학습에 대한 이야기가 많아진 지금, 이러한 종류의 교수학습은 이제 예외가 아니라 원칙이 된 시대로 접어들었다고 생각할 수도 있다. 하지만 현실은 그렇지 않다. 언젠가 우리 사회가 더 큰 교육 시스템 차원에서 깊은학습을 장려하고 지원하는 구조로 전환될 수도 있겠지만 아직까지는 세상이 그렇지 않다. 따라서 모든 학생을 위한 깊은학습을 실천하려는 교육 방식 자체가 오늘날 교육 현실에서는 체제를 흔드는 행위이며, 주류 문화를 거스르는 실천인 것이다.

어디에나 항상 존재하는 예외들이 있다. 시스템의 한계를 뛰어넘어 탁월한 우수성을 창출할 수 있는 개척자 같은 교사들은 분명 소수나마 있을 것이다. 하지만 우리의 관심은 보다 많은 교사, 궁극적으로는 모든 교사들이 깊은학습을 촉진하는 새로운 교수법을 실행할 수 있도록 도울 방법을 찾는 데 있다. 개별 교사에게 의존하여 거대한 흐름을 바꿀 수는 없다. 오히려 전체 학교, 지역 교육청 및 교육 시스템을 동원하여 실천을 돌아보고, 그 성찰 결과와 실천을 위한 모델을 제공하는 접근 방식이 필요하다.

깊은학습을 정교하게 실현해가고 있는 학교들은 먼저 교사와 학생 모두를 위한 학습 문화를 조성하는 일부터 시작하고 있다. 깊이 있는 고려가 없다면 학생들에게 그러한 조건을 만들 수 없을 것이다. 발빠르게 새로운 교수법과 학습 문화를 받아들이며 변화를 만들어가는 학교와 교육청에서는 다음과 같은 전략을 공통적으로 사용하고 있다.

- 실천을 투명하게 공유할 수 있도록 돕는 규범 및 네트워크
- 연구 기반 수업 전략을 공통의 언어로 정리하고 실제로 활용할 수 있는 스킬
- 혁신적인 실천을 선별하고 공유하기 위한 체계적이고 의도적인 시스템
- 교사에게 새로운 방식을 사용할 지속적인 기회와 피드백, 지원을 제공

역량 구축

'역량 구축(capacity building)'이라는 용어는 우리가 10여 년 전부터 사용해온 것이다. '연수'나 '전문적 학습'만으로는 교실, 학교, 시스템에 실질적이고 오래 지속되는 변화를 만들어내는 데 부족하다고 생각하기 때문이다. 여기서 말하는 '역량'은 개인과 집단이 가치 있는 무언가를 성취하기 위해 반드시 갖추어야 할 스킬과 전문적 능력(competency)을 의미한다. 교육 시스템 전체의 변화를 이끌어내고 그것을 유지하기 위한 핵심은 결국 다음 두 가지를 포함하는 일이라 할 수 있다.

- 집단적 역량(collective capacity): 교육 시스템의 모든 수준에서 교육자들이 성과를 개선하기 위해 필요한 변화를 이끌어낼 수 있는 집단적인 능력이 향상된 상태
- 역량 구축(capacity building): 개인과 조직이 더 나은 성과를 달성하기 위해 필요한 지식, 스킬, 헌신을 개발해가는 과정

역량 구축이란 용어의 의미는 여전히 모호하게 느껴진다. 그러므로 학교와 교육청에서는 자신들이 어디에서 출발해야 할지 먼저 진단하고, 역량 구축의 구체적 내용을 명확히 규정할 필요가 있다. 다음은 역량 구축을 위한 네 가지 영역이다.

- 변화 리더십: 교사, 학부모, 지역사회 등 다양한 집단이 공통의 방향과 전략, 그리고 변화를 실천하려는 집단적 의지를 함께 형성해가는 일
- 협업: 학습 문화 형성 및 관계 구축, 실천을 통해 서로 배우는 구조를 만들어가는 일
- 교수법: 모든 학습자의 배움에 깊이를 더하기 위해 교수법 실행의 정밀도를 높이는 일
- 평가: 증거를 식별하고 학습의 진행을 점검하며 그 영향력을 측정하는 스킬을 개발하는 일

이때 일관성 프레임워크의 네 가지 구성 요소(도표 3.1 참고)는 지속적 개선과 혁신을 목표로 하는 어떤 조직에서든 꼭 필요한 '일련의 스킬과 지식의 집합'을 식별하는 데 유용한 도구가 될 것이다.

교수학습 과정을 혁신하려면 학습 문화 조성과 동시에 새로운 스킬, 지식, 태도의 습득과 실행을 촉진하는 지속적이고도 다차원적인 역량 구축이 필요하다. 우리가 해온 깊은학습 작업에서는 교실, 학교, 지역 교육청/클러스터 및 전 세계 모든 수준에서 역량 구축의 기회가 다음과

같은 형태로 마련되고 있다.

- 깊은학습을 설계하고 측정하기 위한 도구 및 절차에 대해 공통의 지식과 이해 형성
- '깊은학습 랩(lab)' : 깊은학습의 핵심 요소를 깊이 있게 체험하며 전 세계 실무자와 전문가들이 전문 지식을 공유하고 새로운 지식을 구축
- '깊은학습 허브(Hub)' : 교사들이 직접 설계하고 실행한 깊은학습 수업 사례와 자료들을 공유, 축적하며 이를 통해 소통, 협력하기

이들은 다양한 접근 방법과 지원 범위를 갖추고, 여러 요구들을 충족할 수 있도록 설계되었다. 모든 접근 방식의 주요 특징은 협력 학습을 활용하여 새로운 교수법 실행을 넓히고 가속하는 것이다.

앞에서 우리는 깊은학습의 핵심인 6C 역량 및 이를 촉진하는 네 가지 핵심 요소에 대해 설명한 바 있다. 이 장에서는 특히 '협력적 탐구' 프로세스에 집중해 설명할 것이다. 협력적 탐구는 깊은학습을 위한 역량 구축의 핵심적인 접근법이다. 교사, 학교, 지역교육청은 이를 통해 학습에 대한 현재 모형, 교수법, 학습에 대한 전제 등을 검토하며, 깊은학습이 성공적으로 실행될 여건을 조성하도록 돕는다. 이 프로세스는 NPDL의 모든 수준에서 사용되지만, 이 장에서는 특히 학교와 교실에서 학습 설계와 평가 프로세스를 개선하는 데 있어 협력적 탐구가 어떤 역할을 할 수 있는지를 집중적으로 다룰 것이다(도표 7.1).

도표 7.1 학습 설계를 지원하는 협력적 탐구

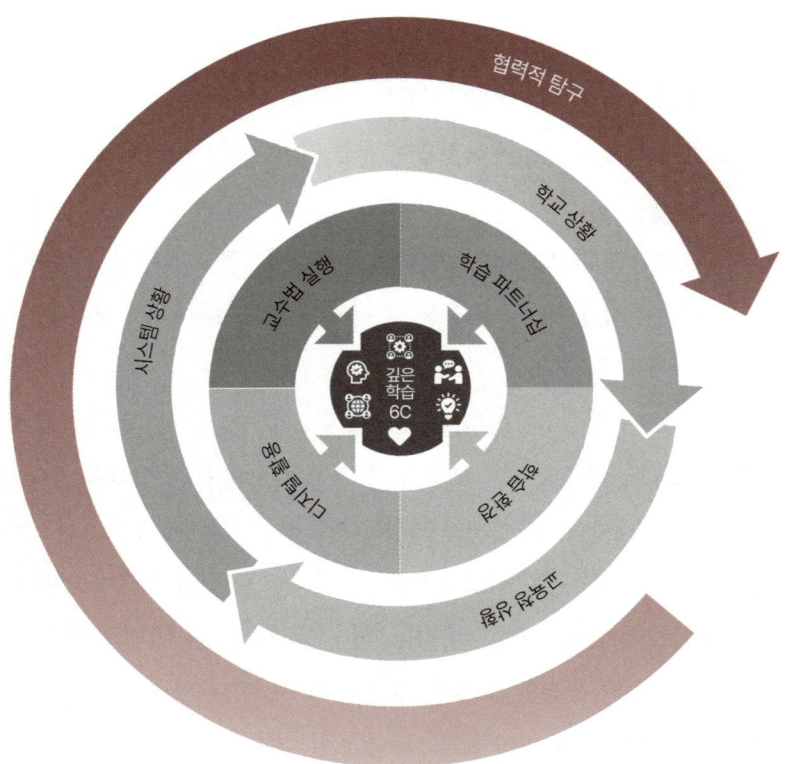

협력적 탐구

협력적 탐구(collaborative inquiry)는 교사가 자신의 실행을 성찰하고 동료와 함께 가설을 검토함으로써 기존의 수업 방식과 전제를 점검해 나가는 과정이다. 이 과정은 교사의 전문성 향상과 학생의 학습 개선에 직접적으로 기여한다는 점에서 강력한 변화 전략으로 주목받고 있다(Comber, 2013; Ontario Ministry of Education, 2014b; Timperley, 2011).

협력적 탐구는 단순한 문제 해결이나 개인별 실행을 개선하는 데 그치지 않는다. 학생의 학습 증거를 바탕으로 협력적인 교사 집단을 구성하고, 현장에서 바로 적용 가능한 공동의 전문 지식을 만들어가는 시스템적 접근 방식이다. 무엇보다 이 과정은 학생과 학생의 결과물을 중심에 두고 이루어진다. 협력적 탐구의 핵심은 학생이 무엇을 왜, 어떻게 더 잘 배울 수 있는지를 함께 질문하고 설계하는 데 있다.

학생들이 깊은학습 파트너로서 중요한 역할을 수행하는 사례가 점점 더 많아지고 있다. 학생들은 탐구 대상을 스스로 찾아 결정하고, 학습의 증거를 포착하고, 학습을 평가하는 데 참여하기 시작하며, 자신의 학습 경험에서 전문가가 되어가고 있다. 협력적 탐구는 학생들과 함께하기를 바라는 깊은학습 모델과 경험을 성인들에게까지 제공해 준다는 면에서 강력하고도 실용적인 형태의 역량 구축이다. 이 과정에 참여하면 새로운 학습에 대한 개방적인 자세가 만들어지고, 교육자들이 함께 협력함으로써 전문적인 학습에 집중할 수 있다.

NPDL은 교사와 학생이 함께 지속적으로 깊은학습 경험을 형성하는 협력 과정을 지원할 뿐만 아니라, 학습 진전도를 평가하고, 이후의 학습 설계를 조율할 방법도 제공한다. <도표 7.2>는 협력적 탐구 과정을 데밍사이클(Deming Cycle, 흔히 PDCA라고 부르는 품질개선 프레임워크로, 계획, 실행, 점검, 개선의 네 단계로 구성됨—옮긴이)을 수정하여 재구성한 것이다. 우리는 다음 두 방식을 통해 수정된 협력적 탐구 과정이 NPDL 파트너십 내에서 실천의 중대한 전환을 어떻게 뒷받침하는지 살펴보려 한다.

- 학습 경험의 협력적 설계
- 학생 성장을 위한 협력적 조정

도표 7.2 협력적 탐구 과정 (4단계로 재구성)

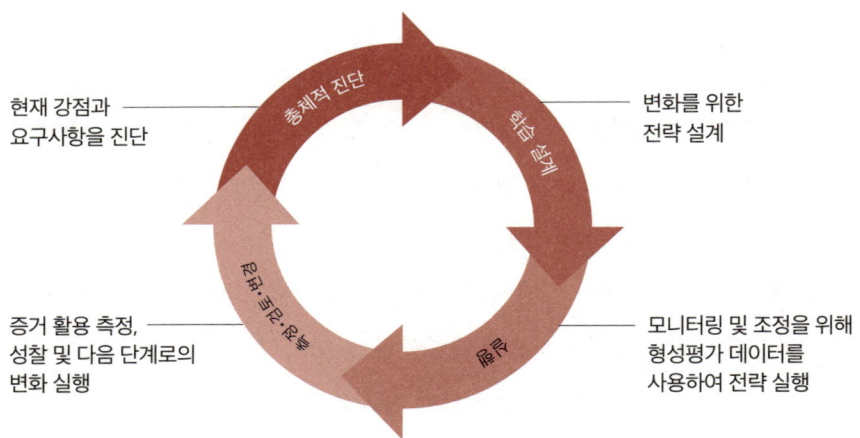

학습 경험의 협력적 설계

깊은학습 설계를 시작하는 과정은 교사들이 학교 안팎에서 협력하고 함께 일할 수 있는 절차, 사례, 협업 프로토콜을 갖출 때 훨씬 더 빠르게 진전된다. 자신과 공통의 목표를 가진 이들과 대면 또는 온라인으로 연결되는 것은 직면한 문제를 함께 해결하고 새로운 실천을 지속하려는 의지를 다지는 데 큰 도움이 된다. 깊은학습에 대해 초점을 맞추고 실천을 공유하는 것은 집단적 인지(collaborative cognition)를 형성하며, 교사들로 하여금 자신이 혼자가 아니라는 것, 즉 학습 공동체의 일부라는 사실을 깨닫게 해준다.

깊은학습 경험을 설계하기 위한 협력적 탐구 과정은 앞서 설명한 네 단계를 기반으로 이루어진다.

| 총체적 진단 |

첫 번째 단계는 학생들이 현재 어떤 수준에 있는지를 평가하는 것에서 시작된다. 교사는 교육과정의 기대치 및 학생의 흥미와 관심사를 바탕으로 학습목표와 성공기준을 설정한다.

학습목표는 6대 글로벌 역량에 대한 숙련도뿐만 아니라 학생의 요구, 강점, 관심사에 대한 평가를 기반으로 설정된다. 성취기준은 학습목표가 성취되었음을 보여줄 수 있는 증거가 무엇인지 구체적으로 서술한 기준이다. 학생의 이해 수준과 기술 발달 정도를 평가하기 위해 양적 자료와 질적 자료를 함께 활용한다.

| 학습 설계 |

두 번째 단계는 학습목표와 성취기준을 충족시키기 위한 역량을 기를 수 있도록 학습 경험을 설계하는 과정이다. 이 단계에서는 가장 효과적인 교수법을 선택하고, 필요한 학습 파트너십을 검토하며, 학습 문화를 조성하는 환경을 마련하고, 학습을 위해 디지털을 활용하는 것 등이 포함된다.

학습 설계에서 이루어지는 이와 같은 협력은 교사들에게 많은 도움을 준다. 교사들은 다른 교사들과 학생의 아이디어에 의해 자극을 받아 더욱 창의적이고 혁신적인 설계를 할 수 있기 때문이다. 설계 프로토콜 또한 교사가 학습 설계에 에너지를 집중하게 해준다. 익숙해지기까지는 시간이 다소 소요되지만 작업 결과를 서로 공유하는 경험을 통해 더 효율적이고 혁신적인 설계가 가능해지고, 업무 부담도 줄어들어 오히려 시간을 절약할 수 있게 된다.

| 실행 |

학습 경험이 진행되는 동안 교사는 학습을 모니터링하고, 필요에 따라 비계(scaffolding)를 제공하고, 다음과 같은 질문을 통해 더 깊은 탐구를 이끈다.

- 학생들이 얼마나 잘 배우고 있는가?
- 학습에 대한 증거는 무엇인가?
- 학생들이 더 깊이 배우기 위해 필요한 것은 무엇인가?

이 단계에서 교사는 서로의 수업을 참관하거나 특정 과제 및 관심 분야에 관한 학생 소그룹을 구성해 공동으로 지도할 수 있다. 학생들은 동료평가와 자기평가 스킬을 키워나가며, 일부에서는 학습을 주도해 나가기 시작한다. 한 교사의 말이다.

"예전에는 학생들이 학습을 주도하는 것을 불편하게 생각했습니다. 그러나 지금은 학생들이 주도권을 가지고 생각을 나누고, 표현하고 창조할 수 있는 새로운 방법을 스스로 만들어갈 수 있기 때문에 협력이 진정한 학습을 만드는 가장 가치 있는 방법 중 하나라고 생각합니다."

| 측정 • 검토 • 변경 |

설계의 마지막 단계에서 교사들은 협력하여 학생의 학습 결과를 문서화한다. 학생의 활동 산출물과 수행 과제를 포함, 다양하고 광범위한 공식적·비공식적 자료들을 검토하여 학습 내용과 역량의 성장 정도를 판단하고 교육적 결정을 내린다. 수집된 학생 데이터는 다음 학습 주기의 출발점이자 다음 학습 설계를 위한 자료로 활용된다.

협력적 탐구에 숙련된 교사들은 이 과정을 기존 업무와 분리하기보다는 교사로서 해야 할 일상적인 실천으로 받아들인다. 학년 단위, 교과 단위, 학교 단위, 나아가 전 세계적으로 학습 설계를 공유하면 교육의 새로운 가능성을 보여주는 강력한 사례가 될 것이다. 교사들은 이들 사례를 단순히 모방하지 않고 자신이 지도하는 학생의 깊은학습을 설계하는 데 자극이 될 촉매로 삼는다.

글로벌 파트너십의 흥미로운 발전 중 하나는 '글로벌 챌린지', 즉 전 세계를 대상으로 한 도전 과제 발굴이었다. 글로벌 챌린지는 다양한 학습자에게 흥미로운 문제나 탐구 과제를 제시하고 여러 국가의 교사와 학교를 초대하여 참여시킨다. 학생들은 이 기간 동안 각자의 산출물과 결과물을 만들어내고, 아이디어를 생성하고 수정해나가는 과정에서 디지털 플랫폼을 적극 활용한다. 서로 다른 국가의 관점과 맥락을 고려하면서 공동의 과제를 해결하는 창의적 과정은 학생들 사이에 의미 있는 대화를 촉발하고, 지식을 심화시키며, 비판적 사고를 함양한다.

최근 수행된 깊은학습 글로벌 과제인 'UN 아동 인권 협약' 관련 학습 설계 사례는 매우 인상적이다(도표 7.3 참고). 전 세계의 학생들과 교사들이 챌린지에 참여했고, 2017년 5월에 열린 '깊은학습 랩'에서는 400명의 교사와 교육 리더들이 모여 다양한 작업물을 트위터에 공유했다. 교사, 리더, 학생들이 디지털로 연결되어 협력하는 모습을 보면 깊은학습이라는 언어가 국경을 넘어 확산되고 있다는 것을 느낄 수 있다. 긍정적인 확산은 마치 불길처럼 빠르게 퍼지며 아이디어의 전파를 가속하고 있다.

위에 소개한 글로벌 과제에서처럼 깊은학습 경험을 설계할 때 교사와 학생들은 '깊은학습 역량'을 기준으로 삼는다. 교사들은 학습 설계안과 학생들의 산출물을 사례로 공유한다. 이들은 공통의 언어와 이해를 바탕으로 학습이 얼마나 풍부하게 확장될 수 있는지를 보여주는 동시에, 더 많은 깊은학습을 촉진한다.

도표 7.3 깊은학습 글로벌 챌린지(UN 아동 인권 협약)

깊은학습 과제: UN 아동 인권
#NPDLchildrights

과제 목적과 설명

여러분은 국가/교육청을 대표하는 리더십 팀으로 5월 1일부터 3일까지 토론토에서 개최되는 깊은학습 과제에 회원으로 참여하게 되었습니다. 이 기간 동안 여러 교사와 학습자들이 작업에 초대되고 참여할 것입니다. 학습자와 회의 참여자는 온라인을 통해 글로벌 관계와 학생을 주제로 한 대화에 참여하여 서로 협력할 수 있는 기회를 얻게 될 것입니다.

빅 아이디어: 우리는 복잡하고, 상호 연결되어 있으며, 지속적으로 변화하는 글로벌 커뮤니티에 살고 있습니다. 우리는 이러한 커뮤니티 속에서 UN에서 주도적으로 추진하고 있는 '아동 인권'이 보장되기를 바라고 있습니다.

학습자와 학생들을 위한 프롬프트

자신의 지식과 경험을 바탕으로 전 세계 청소년의 발전, 성장 그리고 안전에 가장 중요하다고 생각하는 권리를 선택하십시오. 해당 권리에 대한 이해와 귀하의 도시/국가 또는 세계적인 맥락에서 권리가 인정되고 지원되도록 하기 위한 행동 계획을 공유할 준비를 하십시오.

플랫폼

글로벌 NPDL 트위터 채팅은 5월 1일 8:00(EST-Toronto)에 시작하여 참여 국가의 시간 변경에 따라 3일간 지속됩니다. 참가자는 트위터 #NPDLchildrights를 사용하여 글을 게시합니다. 트윗에는 학생들의 영상, 웹사이트, 블로그 게시물, 계획, 인공물, 예술 작품, 토론 등 여러 방식으로 연결되는 링크가 포함될 수 있으며 다른 방법들도 활용할 수 있습니다.

교육자/학습자/학생에 대한 지침

[행사 이전(5월 1일 이전)]
- 교사는 트위터 채팅을 시작하기 전에 학습자와 함께 다음 문서를 미리 검토해야 합니다.
  http://www.unicef.org/rightsite/files/uncrcchildfriendlylanguage.pdf
  http://www.youthforhumanrights.org

그림책/그래픽 링크 http://www.unicef.org/rightsite/files/rightforevery child.pdf
http://www.unicef.org/rightsite/files/Frindererklarfr(1).pdf (Child-friendly French)

- 학습자는 자신에게 가장 접근 가능하고, 관련되며, 적합한 유엔 아동 권리에 대해 충분히 이해하고 이를 위한 행동 계획을 수립해야 합니다.
- 학습자는 #NPDLchildrights를 사용, 깊은학습 랩의 실시간 트위터 채팅에서 공유 가능한 작업 패널을 만들어야 합니다. 트윗에는 웹사이트, 블로그 게시물, 계획, 인공물, 예술 작품, 토론 등으로 연결되는 링크가 포함될 수 있고 그 외에도 제한은 없습니다.

[행사 기간(5월 1일부터 5월 3일)]
- AMDSB NPDL Leads는 #NPDLchildlights를 사용하여 학습자가 아이디어와 실행 계획을 서로 공유하고 토론할 수 있도록 전 세계 클러스터의 NPDL 학습자와의 실시간 트위터 대화를 중재합니다.
- 트위터 라이브채팅 중에 참가자는 #NPDLchildlights에 응답하여 서로의 공헌과 학습에 대해 질문하고, 도전하고, 축하할 수 있습니다.
- 토론토의 깊은학습 랩 참석자들은 #NPDLchildlights를 사용하여 전개되는 실시간 트위터 대화에 참여하기 바랍니다.
- 빅 아이디어 및 주제와 연결된 사안은 깊은학습 랩에서 기획됩니다.
- 참가자는 초기 트윗에 국가, 학교 및 학년을 포함하는 것이 좋습니다.

[행사 이후]
- 대화 후 참가자는 자신의 계획에 대해 적어도 하나의 작업을 완료하고 #NPDL #childrights를 사용하여 전 세계에서 진행 중인 트위터 채팅에서 다른 학습자와 계속 협력할 것을 권장합니다.

NPDL Progression/Dimension Connections

비판적 사고	의사소통	협업	창의성	인성	시민자질
협력적 지식 구축	디지털 활용	사회, 정서, 다문화적 스킬	고유한 아이디어와 해결책 추구 및 사고	학습을 위한 자기 조절과 책임감	모두에게 도움을 주기 위한 문제해결에 적극적 참여

교수법 실행	학습 환경
☐ 과제는 모든 학생들의 흥미와 요구에 기초하여 설계됨 ☐ 학습은 개인 맞춤형으로 이루어짐 ☐ 학생의 선택권이 반영되어 있음 ☐ 협업 기회가 지속적으로 제공됨 ☐ 현실의 실질적 문제를 다루고 있음 ☐ 디지털을 활용 전략이 포함되어 있음 ☐ 학습목표가 명확히 제시되어 있음 ☐ 성취기준을 명확히 제시하고 있음	☐ 학생의 목소리를 반영한 과제 ☐ 의도적이고 목적 있는 학습 파트너십 ☐ 학생의 요구와 흥미를 반영한 과제 ☐ 상호 작용적인 학습 ☐ 실질적이고 현실적인 공간 ☐ 가상의 온라인 공간을 포함한 환경
학습 파트너십	디지털 활용
☐ 의도적으로 학습 파트너십을 필요로 하는 과제 ☐ 공정하고 포용적인 성격의 과제 ☐ 모든 학습자와 참여자를 위한 명확하고 투명한 학습목표 ☐ 모든 학습자와 참여자를 위한 명확하고 투명한 성취기준	☐ 효과적이고 의미 있는 협력을 가능하게 하는 디지털 활용 ☐ 새로운 지식을 공유하는 데 디지털 기술을 활용 ☐ 디지털 사용을 필수적으로 포함

출처 Designed by Avon Maitland School District, Ontario, Canada (April 2017). Thanks to the staff of the Avon Maitland District School Board.

5장과 6장에서 살펴본 학습 설계의 네 가지 요소는 교사가 새로운 파트너십, 교수법 및 디지털 기술을 활용하여 학습을 가속하고 증폭시키는 환경을 조성하도록 안내한다. 그다음 단계는 학습 설계의 결과를 함께 검토하고, 후속 단계를 위한 결정을 내려야 하는 조정(moderation) 과정이다.

학생 성장을 위한 협력적 조정

협력적 탐구 프로세스의 네 번째 단계(측정, 검토, 변경)는 매우 효과적이지만 실제 학교 현장에서는 소홀히 다루어지는 경우가 많다. 협력할 시간은 늘 부족하고, 학습의 질을 고민하기보다는 점수를 매기는 편이 더 간단하며, 의미 있는 전문적 대화를 나누자면 사전에 스킬과 지식을 쌓아야 하기 때문이다.

그러나 학생의 결과물과 수행을 함께 평가하는 협력적 평가, 즉 조정 과정은 정말 중요하다. 이 과정을 통해 학생이 무엇을 배웠는지에 대해 더 깊이 알 수 있고, 학업 성장을 일관되게 판단할 수 있는 전문성의 신뢰도와 타당도가 높아지기 때문이다. 그리고 다음 단계의 학습을 준비하는 데 있어 학습에 대한 전문적인 논의와 효과적인 전략을 공유하는 데에도 도움을 준다. 협력적 논의는 새로운 전문 지식을 창출하고 수업 실천을 이끌어내는 촉매가 된다.

요컨대 협력적 조정은 교육적 실천을 검토하고 개선하는 효과적 전략이다. NPDL에서는 조정 과정을 활용하여 교사, 학교 관리자, 그리고 모든 수준의 리더들이 깊은학습의 설계, 실행, 측정, 성과에 관한 전문적 대화에 참여하게 하고 있다. 교사들은 특정 깊은학습 경험을 설계, 실행, 평가, 성찰한 후 그 과정을 정리하여 공유할 기회를 갖는다. 이 책에 소개된 다양한 깊은학습 예시는 바로 깊은학습이 어떻게 나타나고 발전하는지 구체적으로 보여주고 있으며, 그 목적은 깊은학습에 대한 공동의 언어와 이해를 형성하는 데 있다.

조정은 다음 세 가지 수준에서 이루어진다.

- 학교 수준: 교사가 각자의 깊은학습 사례를 공유하면 참가자들은 이에 대한 전문적인 대화(조정)를 진행한다. 조정의 핵심은 그 사례들이 얼마나 깊은학습을 잘 보여주고 있는지에 있다.
- 지역 네트워크(클러스터) 수준: 각 학교에서는 가장 깊이 있는 사례를 선택하여 클러스터 또는 지역교육청 팀과 공유하고 리더와 학교 관리자, 교사들이 함께 조정 과정을 거친다. 조정의 핵심은 사례들 중 가장 깊은학습 경험이 풍부한 것을 선정하는 일이다. 선별된 사례들은 이후 글로벌 수준의 조정 단계로 제출되고 검토가 이루어진다.
- 글로벌 수준: 글로벌 조정은 여러 국가의 교육 리더, 교사들이 함께 몇 주에 걸쳐 새로운 교수법과 깊은학습에 대해 논의하고 각국에서 제출된 깊은학습 사례를 검토하게 된다. 이 과정을 통해 세계적으로 조정된 사례들이 선정되어 NPDL 전체와 더 넓은 교육 공동체에 공유된다. 글로벌 수준의 조정에 대해서는 9장에서 더 자세히 설명할 것이다.

| 학교 수준의 조정 프로세스 |

조정이 제대로 이루어지려면 신뢰와 투명성의 문화가 필수적이다. 성공적인 조정은 강력한 프로토콜, 교사와 리더 간의 학습 파트너십, 학습 문화 개선 속에 이루어진다.

신뢰와 투명성의 문화를 구축하는 한 가지 방법은 공동의 규범을 확립하는 것이다. 다음은 NPDL 학교들이 협력적 탐구와 조정 과정을 시작하고 유지하며 빠르게 확산시키는 데 기여한 규범들이다.

- 제시된 과제는 교사가 최선의 고민과 합리적 판단을 거쳐 작성된 것이라고 믿자.
- 보고 있는 예시만으로 과제 전체의 모든 세부사항이나 그 배경에 담긴 사고 과정을 완전히 파악할 수는 없다고 생각하자.
- 과제가 진행되기 전 교실에서 일어났던 일이나 이후 어떤 흐름이 이어지게 될지 섣불리 판단하지 말자.
- 우리 모두가 배우고자 하는 태도를 갖춰야 한다.

교사는 동료 교사들과 함께 조정을 진행할 깊은학습 경험 하나를 선택한다. 그리고 해당 수업의 학습목표, 성취기준, 핵심역량, 사용된 새로운 교수법에 대해 간단히 정리한다. 이를 통해 학습 설계를 위한 네 가지 핵심 요소가 어떻게 사용되었는지 설명할 수 있다. 즉 교사가 선택한 교수법 실행, 학습 파트너십의 유형 및 조성 방법, 교실 안팎에서 활용된 학습 환경, 학습을 촉진하거나 증폭하기 위해 디지털 기술을 활용해 학습을 촉진하고 확장한 방식 등을 알 수 있는 것이다.

아울러 학생들의 과제 결과물 예시와 학생 성장을 평가하기 위해 사용한 혼합형 평가 방법도 함께 제출한다. 이러한 조정은 학년별 팀, 고등학교의 교과별 부서, 또는 학년을 넘는 혼합형 전문학습공동체 등 다양한 방식으로 이루어질 수 있다.

행동 규범을 세우기 위한 프로토콜을 활용해도 좋다. 논의를 효과적으로 이끌어내고 시간도 절약할 수 있는 방법이다. 발화를 유도하거나 논의를 여는 프롬프트를 미리 작성해 두면 내용을 공유하고 참여를 촉진하는 데 도움이 된다(도표 7.4). 이는 특히 초기 단계에서 참여자들이 생각을 나누는 데 자신감을 갖도록 이끌어준다.

도표 7.4 협력적 평가와 조정을 위한 프롬프트 예시

긍정적 행동을 유도하는 것	발화를 이끌어내는 것
• 자신의 생각을 드러내고 확장하며, 다른 사람의 생각을 점검하기 위한 질문 던지기 • 응답하기 전에 생각할 시간을 가질 수 있게 기다려 주기 • 자신의 생각, 추론, 관련 사실을 공유하되, 토론 중에도 유연하게 사고를 조정할 수 있음을 인식하기 • 학습에 대한 구체적인 참고 자료를 제공하여 생각을 뒷받침하기 • 주관적 해석과 사실, 데이터 구별하기 • 그룹 구성원과 교사 모두가 과제를 공유함에 있어 긍정적인 의도를 갖고 있다고 가정하기	"~을 뒷받침하는 근거가 이것이군요." "저는 ~라고 느꼈어요. ~처럼 보였거든요." "저는 ~라고 이해했어요." "~에 대해 좀 더 근거를 찾아보고 싶어요." "~에 대해 다른 관점에서 생각해 보면 좋겠어요." "그 문제는 ~라는 생각에서 나온 것 같아요." "그 생각을 좀 더 발전시키면 ~까지 생각할 수 있겠어요." "~를 보고 저는 이런 생각이 떠올랐어요." "~를 보고 저는 이 점이 궁금했어요." "~를 보면서 저는 새로운 생각이 들었어요."

출처 Gardner. M, (2016)에서 인용. NPDL.global/Deep learning hub.

다음은 참가자들이 행동 프롬프트를 사용하여 학생 결과물 검토를 수행하는 4단계 과정이다.

- 1단계: 모든 참여자가 학습 설계안과 학생 결과물을 개별적으로 검토한다. 도구와 루브릭을 사용하여 학생의 향상도와 학습 설계의 질을 평가한다. 이때 핵심은 해당 설계가 6C의 성장을 얼마나 효과적으로 촉진했는지를 판단하는 데 있다.
- 2단계: 참가자들은 학습 설계와 함께 제공된 학생 결과물과 루브릭을 바탕으로 논의에 들어간다. 이 과정을 통해 학습 설계가 네 가지 핵심 요소(학습 파트너십, 학습 환경, 디지털 활용, 교수법 실제) 각각에서 어느 수준에 해당하는지를 집단적으로 평가하고, 학생의 성장 정도도 함께 판단한다.
- 3단계: 교사들은 학생 결과물을 조정하며 학습 성장을 평가하고, 그 데이터를 바탕으로 다음 학습 단계에 대한 방향을 설정한다.
- 4단계: 교사는 학생의 학습 성장을 더 깊이 관찰한다. 그리고 만약 학습 경험이 다르게 설계되었다면 학생들이 더 큰 성장을 이루지 않았을까, 다른 관점에서 생각해본다.

깊이 있는 전문적 대화를 통해 교수법 실행의 정밀성이 높아지면 교사는 더욱 자신감을 얻고, 모든 학생의 실질적 요구에 부응하는 혁신적 실천으로 나아갈 수 있다. 그리고 학생의 깊은학습에 기여하는 핵심 요소들은 성인 학습자에게도 똑같이 중요한 역할을 한다.

| 학습 재설계 |

　협력적으로 학습을 설계하고 학생의 학습 진행 상황을 검토하면서 교사들은 설계 과정에서의 결정이 학습에 어떤 영향을 미치는지 더 깊이 이해하게 되었고, 이러한 통찰은 실제로 수업의 변화를 이끌어냈다. 우리는 이를 바탕으로 협력적 탐구의 마지막 단계인 '측정-검토-변경'을 확장, '학습 재설계' 프로토콜을 개발하게 되었다.

　학습 재설계는 교사의 역량 구축을 위한 강력한 접근 방식이다. 교사들이 자신의 실천을 투명하게 공유할수록 학생들의 성장에 실질적인 영향을 주는 새로운 학습 설계 방식을 발견하기 때문이다. 이러한 효과는 호주 클러스터가 공유한 실제 경험을 통해 잘 드러난다.

　NPDL 여정 초기에 호주 빅토리아주 우란나파크 초등학교는 '이니그마 미션(enigma mission, 학생 스스로 세상에 던지는 질문을 과제로 설정하고, 주도적으로 탐구하여 해결방안을 찾아내는 학습—옮긴이)'이라는 깊은학습 유닛을 만들었다. 이들은 6C를 토대로 10~11세 학생들이 탐구학습 모형을 활용, 각자의 열정 프로젝트를 추진할 수 있도록 도전적인 학습목표와 성취기준을 설정했다. 교사들은 학생들의 학습 과정을 영상으로 기록했고 학생들이 고생물학부터 DNA에 이르기까지 다양한 주제를 탐색하는 모습을 관찰했다. 동영상을 보면 학생들의 높은 참여도, 자율성과 선택권, 명확한 목표 설정, 그리고 깊이 있는 탐구 과정을 실감할 수 있을 것이다.

　이 과정의 마지막 단계는 학생의 결과물과 학습 성장의 정도를 협력적으로 평가하는 것이었다. 처음 교사들은 학생들의 열정, 주도성, 자율성, 창의적인 문제 해결에 매우 깊은 인상을 받았다. 하지만 학생들의 결과물을 검토하기 시작하면서 새로운 사실을 발견했다. 미션을 스스로 선택한 학생들은 훌륭한 성과를 냈지만 모든 학생이 같은 수준의 성취를 보인 것은 아니었다.

처음 교사들은 성과가 낮은 학생이 탐구 주제를 충분히 풍부하게 설정하지 못한 것으로 판단했다. 원인을 더 면밀히 살펴보니 삶의 경험이 제한적인 학생들일수록 탐구 주제 설정에 한계가 있었다. 교사들은 모든 학생이 자신들의 탐구 과제를 선택할 수 있도록 풍부한 기반을 제공하는 깊은학습 경험을 제공할 필요가 있다고 판단했고, 이에 따라 이니그마 미션을 깊은학습 경험으로 재설계하게 되었다(도표 7.5).

- 1단계: 기존 교육과정과 연계된 문해력 기반 수업에서 출발한다. 수업은 '상호 의존성'이라는 주제에 초점을 두고 있으며 이는 협업 역량의 일부이기도 하다. 교사는 주제와 관련되며 사고를 자극할 수 있는 여러 텍스트를 제시하고 학생들은 그중 하나를 선택한다. 학생의 사고를 더 깊이 확장하기 위해 교사는 라이브 포럼(live forums, 청중과 전문가가 함께하는 토의—옮긴이), 심포지엄(symposiums, 여러 전문가가 하나의 주제에 대하여 강연을 하고 난 뒤 청중의 질문과 의견이 이어지는 집단토의—옮긴이), 소크라테스 대화(질문과 답변이 계속 이어지며 주제를 깊이 있게 이해하는 대화법—옮긴이) 등 다양한 교수법을 사용할 수 있다.
- 2단계: 모든 텍스트에 대하여 다섯 가지 핵심 주제(인종차별, 빈

곧, 사회 변화를 일으키는 정부 구조, 노예제, 변화를 일으키는 사람들)를 탐구함으로써 학습에 깊이를 더한다. 교사들은 문제제기 활동(provocations), 몰입형 영상(immersion videos), 현장체험, 토론과 같은 다양한 교수법으로 학생의 사고를 한층 자극한다.

- 3단계: 학생들은 서로 다른 다양한 관점을 연결하고 탐구하도록 지원받는다. 이를 통해 자신의 삶과 학습 경험을 사회적 주제와 연결하며 비판적 시각을 확장할 수 있다.
- 4단계: 학생 스스로 자신만의 이니그마 미션과 탐구 질문을 개발하고 실행을 구체화하는 단계다. 이 과정은 사고와 선택의 폭을 확장시켜 주는 다양하고 깊이 있는 학습 경험을 충분히 거쳐 이루어진다. 교사들은 동료평가, 학생 주도 포트폴리오, 학교 차원의 피드백, 외부 패널 앞에서의 발표를 포함한 다양한 교수법을 사용할 수 있다. 이를 통해 학생은 자신의 미션을 정리하고 그 결과를 실제로 표현하고 검증받는 경험을 갖게 된다.
- 5단계: 학생들이 각자의 이니그마 미션 수행 결과를 현실에서 실행할 방법을 찾고 실천하는 단계다. 지역사회 내 무료 급식소에서 자원봉사하는 것부터 아프가니스탄 이민자들을 위한 영어 수업 운영, 난민 문제에 대한 인식을 높이는 영화 제작 등 그 방법은 매우 다양했다. 이처럼 문제 제기와 탐구에 머무르지 않고 자신이 발견한 해결 방법과 다양한 아이디어를 실제 현실에 적용해 변화를 위한 실천으로 확장해나간다.

도표 7.5 깊은학습으로 재설계된 이니그마 미션

1 **기존 교육과정과 연계된 문해력 기반 수업으로 시작함** (주제: '상호의존성')

- 주제와 연계되고 사고 확장이 가능한 텍스트를 선정해 소개함.
  『행복한 난민(The Happiest Refugee)』 『파워 오브 원(The Power of One)』
  『헝거 게임(The Hunger Games)』 『내 이름은 말랄라(I Am Malala)』
  『기억 전달자(The Giver)』 『야생의 숲(a wild wood)』

- 해당 텍스트에 대해 전통적인 문해력 활동, 즉 등장인물, 사건의 순서, 배경, 시점 등을 파악하고 이에 대해 토론하고 글을 쓰는 활동을 진행함.

【사고의 폭을 넓히기 위한 교수법 활용】
- 소크라테스 대화
- 전문가 초청 워크숍
- 라이브 포럼/심포지엄
- 자율적 탐구활동
- 소그룹 탐구
- 혼합형 학급 운영

───(심화)

4 **학생 스스로 자신의 이니그마 미션과 탐구 질문을 개발하고 실행을 구체화함**

- 학생들이 정한 주제의 예시(2015년 이니그마 프로젝트)
  _ 노숙자 문제와 주거 불안정
  _ 이민자 가정 청소년의 영어학습 지원
  _ 여성의 권리 평등
  _ 난민 가정의 주거생활 여건 개선
  _ 암의 조기발견 중요성

【사고의 폭을 넓히기 위한 교수법 활용】
- 동료평가
- 학생 주도 포트폴리오
- 학생 제작 영상
- 전문가 심사단 발표
- 학교 및 지역사회 차원의 피드백

───(심화)

2 제시된 텍스트 전반에 걸쳐 핵심 주제를 통합적으로 탐구하여 학습을 심화함

- 텍스트 전반에 걸쳐 탐구한 핵심 주제 다섯 가지
  인종차별, 빈곤, 사회 변화를 일으키는 정부 구조, 노예제, 변화를 일으키는 사람들
- 해당 텍스트에 대해 전통적인 문해력 활동, 즉 등장인물, 사건의 순서, 배경, 시점 등을 파악하고 이에 대해 토론하고 글을 쓰는 활동을 진행함.

【사고의 폭을 넓히기 위한 교수법 활용】
- 문제제기 활동 • 몰입형 영상 • 현장체험 • 토론

(심화)

3 서로 다른 다양한 관점에서 연결점을 찾고 확장하며 탐구할 기회를 제공함

- 자신의 삶의 경험, 이전의 학습, 그리고 새로운 읽기 자료를 서로 연결하며 다양한 관점을 통합적으로 사고하게 됨.

【사고의 폭을 넓히기 위한 교수법 활용】
- 교사와 학생 간 1:1 지도
- 학생 주도로 전문가 및 지역사회와의 연계 활동

(심화)

5 학생이 스스로 정한 이니그마 미션 주제를 탐구하고, 그 주제가 타인과 지역사회에 어떤 영향을 미치게 될지 고민하며 학습을 심화함

- 학생들은 자신이 주도한 탐구 학습을 다음과 같이 실제 행동으로 옮김으로써 배움이 타인과 사회에 미치는 영향력을 직접 체험함.
  - 지역사회 내 급식 문제 해결을 위한 자원봉사
  - 아프가니스탄 이민자 가정을 위해 영어 수업 진행
  - 북한 여성의 권리를 바꾸기 위한 청원과 모금 활동
  - 난민 가정의 생활 환경 개선을 위한 홍보영상 제작

출처 Wooranna Park Primary School, State of Victoria (Department of Education and Training). Thanks to Jennie Vine, Assistant Principal; Anessa Quirit, Grade 5/6 teacher; Grade 5/6 staff 2015; Ray Trotter, Principal; teaching staff, students, parents, and community partners of Grades 5 and 6 during 2015.

학습 재설계 과정은 협력적 탐구의 마지막 단계인 측정, 검토, 변경의 세 가지 요소가 모두 충실히 작동할 때 실제 수업 실천을 변화시키는 강력한 자극이 된다. 이니그마 미션은 교사가 다양한 성장 척도를 사용하여 학생의 향상도를 협력적으로 측정하고, 교수법이 학생의 향상도에 미친 영향을 반영하고, 미래의 깊은학습 경험을 위해 학습 설계를 변경할 기회를 가질 때 나타나는, 교수법 실행의 정밀성이 얼마나 강력한지를 생생하게 보여주는 예다.

마무리하며

NPDL에서 협력적 탐구 과정은 포괄적인 역량 구축을 위한 접근 방식의 일부로서, 실행으로 전환하는 강력한 역할을 한다. 실행의 투명성 제고와 결합된 깊은 협업은 학습 설계와 학생 향상도에 대한 평가를 변화시키고 있다. 교사들이 협력하여 학습이란 무엇인지, 그리고 무엇이 될 수 있는지 재정의하고, 효과가 있는지 없는지 근거를 찾아내고, 다음 단계에 대한 결정을 내리는 과정에서 수업은 자연스럽게 개선과 혁신으로 이어진다. 교육자들은 새로운 문제와 도전 과제를 해결하는 과정을 통해 어떻게 하면 형평성과 탁월성을 동시에 달성할 수 있는지를 이해하기 시작한다.

8장에서는 조금 더 큰 그림을 살펴보려 한다. 깊은학습을 추진하기 위해 필요한 핵심 역량이 실제로 성장할 수 있도록 지원하는 학교, 지역, 교육 시스템 차원의 학습 조건과 실천 방식을 중점적으로 다루려는 것이다. 이는 깊은학습 프레임워크의 네 번째 구성 요소로, 일부 학교나 교사에 국한된 혁신을 넘어, 교육 시스템 전체의 변화로 나아가기 위해 반드시 필요한 요소다.

문화란 바람과 같다.
내가 가는 방향과 같으면 모든 것이 순탄하지만,
그렇지 않으면 모든 일이 고단해진다.

Culture is like the wind…….
When it is blowing in your direction, it makes for smooth sailing.
When it is blowing against you, everything is more difficult..

·

브라이언 워커 Bryan Walker, 사라 소울 Sarah Soule

| 제8장 | 시스템 전체의 변화

학습 문화의 전환

시스템 전체의 변화를 우리는 '학습 문화의 전환'이라고 정의한다. 시스템 전체의 변화는 한편으로는 의도적인 정책과 전략, 다른 한편으로는 기술적 변화와 같이 예측할 수 없거나 통제할 수 없는 힘 사이의 상호작용으로 일어난다. 현재 시스템 전체의 변화를 위한 조건은 무르익은 듯하다. 기존의 교육 방식은 더 이상 통하지 않고(밀어내는 요인), 환경은 매력적인 기회와 위험으로 가득하다(끌어당기는 요인). 변화는 이제 기정 사실이 되었다. 단지 언제, 그리고 어떤 특정한 것이 어떻게 달라질 것인가가 관건이다.

우리는 NPDL 파트너들과 함께 글로벌 교육 시스템 전체의 변화와 모두를 위한 깊은학습 실현을 위해 노력하고 있다. 이 목표는 일회성 프로그램 개발이나 기존 시스템에 끼워넣는 부차적인 시범 사업이 아니며, 학습이라는 과정을 근본적으로 다시 생각해 보는 일이다.

학습이라는 과정의 근본적 검토, 즉 학습을 어떻게 시작하고 확장해 나갈 것인지는 각자 자율적으로 정해야겠지만 궁극적으로는 '모든(100퍼센트)' 학교가 참여해야 한다. 이러한 접근은 조직 내 모든 의사결정이 학습 방식의 변화와 긴밀히 연관된다는 점에서 교육 시스템 내의 일관성도 더욱 강화시킨다. 더 나아가 협력적 탐구는 이러한 '일관성 만들기'를 지속시킨다. 협업의 참여자들은 스스로 설정한 방향과 협력적 학습 문화 구축을 위한 전략을 연결시키고, 명확한 목표 설정을 통해 학습을 더욱 깊이 있게 만든다. 또한 조직 내부의 역량이 변화에 미치는 영향 및 변화의 진전 상황을 면밀히 측정해나간다. 이렇게 해서 변화는 시스템 일부가 아닌 전면적 개혁으로 진행된다.

이러한 변화 모델은 끊임없이 변화하는 외부 환경과 맞물려 혁신을 생성해낸다는 점에서 '역동적'이다. 글로벌 파트너십은 실천을 촉진하는 촉매 역할뿐만 아니라 깊은학습을 위한 교수법 실행과 시스템 전반의 변화를 위한 지식과 경험을 제공하는 자원 역할을 담당해왔다. 변화를 주도한 것은 각 학교, 교육청, 지역 네트워크, 국가였다. NPDL은 어떤 프로그램이나 도구를 개발하여 현장의 교사나 관련자들을 훈련시키는 방식이 아니라 지역과 현장의 잠재력과 전문성, 헌신을 이끌어내어 실행 역량을 키워준다. 이러한 접근 방식은 시스템 내부의 역량을 강화하면서 변화가 지속 가능할 수 있게 돕는다. 이것이 바로 우리가 생각하는 학교문화의 근본적인 전환이다.

지금까지는 어느 정도 진전이 있었다고 자평한다. 첫째, 앞서 말했듯이 현 교육 시스템은 대부분의 사람들에게 더 이상 효과적이지 않다.

무언가 바뀌어야 하고, 근본적으로 달라져야 한다고 모두가 절실히 느끼고 있다. 둘째, 변화의 진전을 이끌고 지원할 만한 탄탄한 기반이 마련되었다. 강력한 프레임워크, 여러 가지 전략과 도구를 갖춘 학습 파트너십 등이 그러한 예다. 깊은학습 프레임워크에는 행동과 결과를 공동으로 결정하도록 이끄는 우리만의 철학이 담겨 있다. 이 모델은 조직의 위계 관계에서 권한을 아래로 확장해주는 구조로 설계되었다. 즉 교사는 학생에게, 학교장은 교사에게, 교육청은 학교장에게, 교육부는 지역 교육청에게 정책을 결정하고 실천할 권한을 주는 것이다.

깊은학습 모델은 수평적 학습(현장 간 교류)과 수직적 학습(상하 간 피드백)이 양방향으로 이루어지는 구조를 포함한다. 간단히 말하면 위아래를 가리지 않고 모든 방향에서 학습이 일어난다는 것이다. 그리고 이 모든 것은 6C, 학습 설계, 불평등 해소, 교육의 질 향상이라는 명확한 목적 속에서 이루어진다. 깊은학습 모델은 기존 시스템에서 충족되지 못한 기본적인 욕구나 가치를 건드리고, 그에 공감한 사람들이 새로운 아이디어와 실질적인 변화를 향해 자발적으로 모이게 된다는 점에서 마치 하나의 사회 문화적 운동과도 비슷한 특성이 있다.

변화를 위해서는 모든 수준에서 새로운 이해, 지식, 스킬을 육성하는 성장 지향적이고 다차원적인 접근이 필요하다. 이러한 접근은 일회성 교육이 아니라 꾸준한 역량 구축을 요구하므로 직무에 내재된 학습을 통해 시간을 두고 진행하게 된다. 역량 구축이란 '개인과 집단이 변화를 만들어내기 위해 필요한 능력을 키워가는 과정'이라고 정의한 바 있다. 성공적인 조직은 변화를 만들고 협력적 학습 기회를 제공하는 데 필요한 지식, 스킬, 속성을 명확히 규정한다. 여기에는 변화를 이끌어내는 데 필요한 리더십 스킬, 지식, 관계 구축, 정밀성을 갖춘 교수법, 향상도 평가를 위한 데이터 활용 능력 개발이 포함된다. 글로벌 파트너십은 동료들과 함께 이루어지는 지속적인 직무 내 학습을 모델로 삼는다. 파트너 국가의 리더십은 새로운 회원을 영입하는 데 사용된다.

파트너십은 학교 내부, 학교 간, 조직 간 연결과 교류가 일어날 수 있도록 지식 형성의 기회를 제공함으로써, 학교와 조직 내부의 성장을 이끌어내는 구조를 만든다. 이를 위해 다양한 집단 역량 구축 세션, 글로벌 이벤트, 깊은학습 챌린지, 학습 경험과 학생 성과에 대한 지역 및 국제적 활동이 설계되어 있으며, 교육자와 학생들이 시간과 공간에 구애받지 않고 협력할 수 있도록 돕는다. 그 과정에서 공통의 언어가 형성되고, 깊이 있는 지식이 함께 축적된다.

일반적으로 변화 초기에 겪는 혼란을 감안할 때 우리의 시작은 빠른 편이다. 처음에는 많은 의문들이 있겠지만 나중에는 에너지가 폭발하는 것과 같은 새로운 가치를 느끼게 되며, 이를 '빠르게 가기 위한 느린 제안'이라고 말하고 싶다. 대부분의 사회 운동과 마찬가지로 우리가 채택하는 이들 전략은 지역적으로나 전 세계적으로 강력한 확산 요인으로 작용한다.

깊은학습 촉진의 조건

우리가 제시한 깊은학습 모델은 깊은학습이 뿌리내리기 위해 학교, 지역, 시스템 전반에 갖춰야 할 조건과 실천을 포함한다. <도표 8.1>은 깊은학습의 도입과 설계를 위한 네 가지 요소의 동심원을 보여준다.

도표 8.1 깊은학습의 도입과 설계를 위한 네 가지 요소

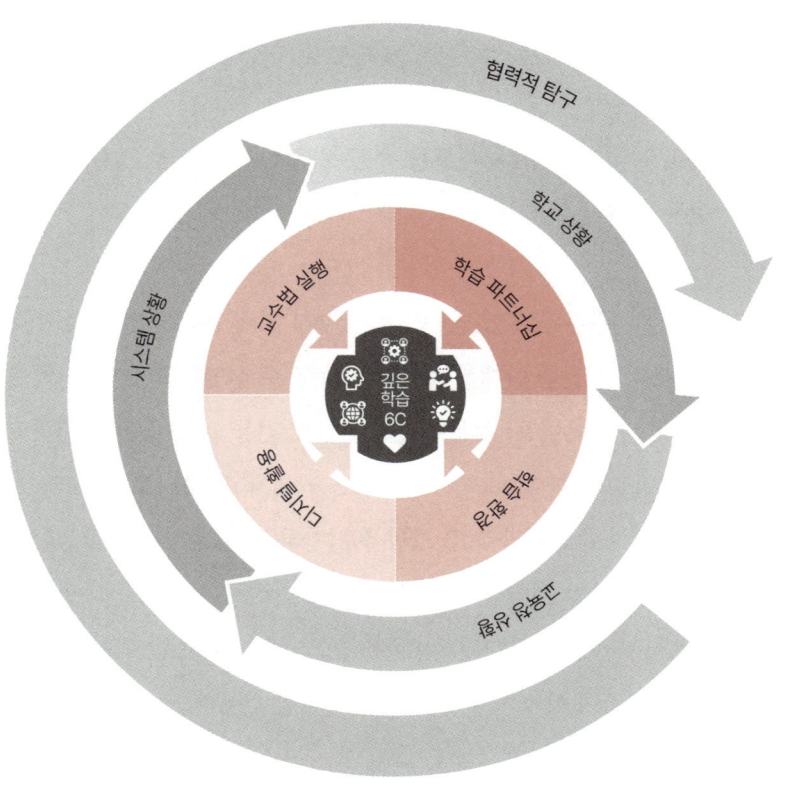

제8장 • 시스템 전체의 변화   217

변화를 주도하는 것은 복잡할 뿐 아니라 지속하기도 쉽지 않다. 아직까지는 시스템 전반에 변화가 일어나는 것을 볼 수 없지만 기대할 만한 진전의 단초들이 곳곳에서 포착되고 있다. 다음은 깊은학습의 확산에 영향을 미치는 조건과 하위 요소들이다.

- 비전과 목표: 목표와 명확한 전략
- 리더십: 리더십 역량, 주도적 학습자의 역할, 리더십 변화
- 협업 문화: 학습 문화, 협업 역량 구축
- 학습의 심화: 글로벌 역량, 새로운 교수법의 정밀성, 실행 전환 프로세스
- 새로운 측정과 평가: 새로운 측정 도구와 측정 방법, 영향을 측정하는 메커니즘

위 조건과 관련된 실행 방안을 설명하기 위해 우리가 만든 '깊은학습 조건 루브릭'은 진행 단계를 네 가지 수준으로 설명하고 있다. 팀에서는 이러한 루브릭을 이용, 깊은학습을 위한 조건을 얼마나 잘 마련하고 있는지 여부를 파악한다. <도표 8.2>는 루브릭 예시 중 하나로, 학교와 지역교육청에서 현재 강점과 요구 사항을 평가하고, 깊은학습을 활성화하기 위해 해결해야 할 영역을 식별하고, 각 조건별로 진전도를 측정하는 데 사용한다. 시스템과 관련된 정책에 대한 이슈는 루브릭 예시에는 포함되지 않았지만 이 장의 뒷부분에서 다루게 될 것이다.

루브릭을 활용해 증거를 분석하면 팀 구성원들의 다양한 관점을 파악할 수 있다. 예를 들어, 지역교육청은 효과적인 역량 구축을 제공하고 있다고 생각하는 반면, 교사는 새로운 아이디어를 수업에 접목하기 위해 코치의 추가 지원이 필요하다고 인식하는 식이다. 이 과정에서 이루어지는 깊은 대화는 혁신을 지지하는 강점과 차이를 명확히 인식하는 데 도움이 된다. 팀에서는 각자 현재 상태에 대한 프로파일을 면밀하게 검토한 뒤, 루브릭을 활용해 다음 단계의 실행 방향을 설계할 수 있다. 학교에서는 매년 학년 초와 말에 루브릭을 사용하여 진행 상황을 평가하고 다음 주기에 대한 계획을 세우곤 한다. 실행, 성찰, 조정을 반복하는 과정에서 변화를 바라보는 방식이 달라지고, 그 진행 상황을 확인하기 위해 명확한 근거를 찾게 된다.

새로운 동력

깊은학습으로 나아가고 있는 학교와 시스템에 새로운 동력이 나타나고 있다. '계획대로 출시'라는 사고관점에서 벗어나 보다 유기적인 공동 학습·공동 개발 프로세스로의 전환이 자리 잡아가는 것이다. 학습은 전통적인 위계 중심적 구조로 이루어지는 것보다 학교, 지역, 시스템 내부 및 전체 안에서 수평적으로 일어나는 것이 더 중요하다. 우리는 깊은학습을 시작하는 학교, 지역, 국가를 살펴보면서 세 단계의 변화를 관찰할 수 있었다(<도표 8.3> 참조).

도표 8.2 깊은학습 조건 루브릭 예시

영역	도입 Limited	전개 Emerging
비전과 목표	깊은학습을 실현하기 위한 전략, 목표, 실행 지원이 전혀 마련되어 있지 않으며, 의사결정과 자원 배분은 기존 방식에서 벗어나지 않음.	깊은학습 전략과 목표가 문서로 작성되어 있고, 일부 자원 배분, 운영 절차, 예산 결정에서 깊은학습을 향한 변화가 반영되기 시작함.
리더십	리더들은 여전히 형식적인 역할과 구조에 의존하며, 깊은학습을 기존 과정을 통합하거나 촉진하는 핵심 요소가 아닌 '부가적인 활동'으로 간주함. 모든 수준에서 리더를 체계적으로 성장시키려는 전략이 없고, 깊은학습 참여는 일부 초기 실천자에만 제한되어 있음.	학교 전반에 '선도적 학습자(lead learners)'들이 나타나기 시작하며, 이들은 깊은학습을 촉진하기 위한 리더십, 구조, 절차, 형식·비형식적 기회를 개발하는 데 자신의 역할을 인식하고 있음. 학생, 교사, 학부모, 지역사회의 깊은학습 참여도 점차 생겨나고 있음.
협력적 문화	리더, 교사, 학습자 간의 협력은 형식적 구조 안에서만 이루어지며, 기존 방식에 도전하지 않음. 탐구 기반 실천이 일관되지 않으며, 낮은 신뢰 수준은 실천과 아이디어 공유를 꺼리는 태도로 드러남. 역량 개발 지원은 개별적 필요에 초점을 맞추는 경우가 많고, 깊은학습과 명확하게 연결되어 있지 않음.	깊은학습과 집단 역량 강화를 중심으로 한 협력 문화가 새롭게 형성되고 있음. 리더와 교사들은 기존 실천을 되돌아보기 위해 협력적 탐구를 활용하고 있으며, 학교 및 교육청 내 수직·수평적 관계와 학습을 위한 일부 구조와 절차가 마련되고 있음. 협력을 지원하기 위한 자원 배분도 나타나고 있으나, 깊은학습을 효과적으로 촉진하기에는 아직 집중력이나 일관성이 부족함.
학습의 심화	학교 커리큘럼과 깊은학습 역량 간의 관계는 구체적이지 않음. 깊은학습을 위한 프레임워크가 개발되기 시작했지만 모두가 이해하지 못하거나, 학습을 안내하기 위해 지속적으로 사용되지 않음. 개별 교사와 리더는 개별적으로 혁신하고 있음. 깊은학습을 지원하는 데 전념하는 코치와 직원은 거의 없음. 협력적 탐구 및 조정과 같은 협업 관행은 잘 받아들여지지 않고 드물게 사용됨.	깊은학습과 지역 커리큘럼의 관계가 구체화되기 시작하고 있음. 교수법의 정밀성을 향상시키기 위한 몇 가지 목표가 확인되었지만 개선 전략이 불분명하거나 일관되지 않게 구현될 수 있음. 협력적 탐구나 학생 활동을 검토하기 위한 규약과 같은 깊은협력의 실제는 일부 교사나 일부 학교에 의해 사용될 수 있지만 실행이나 지원의 일관성이 없음.
새로운 측정과 평가	학생의 성공과 성취에 대한 평가는 성공을 측정하고 추적하기 위해 좁은 범위의 지표(예: 시험 및 소수의 작업 산출물)에 의존함. 교사와 학교 지도자는 깊은학습에 대한 공유 언어 및 이해를 개발하기 위해 새로운 측정 방법을 사용할 수 있지만 깊은학습 조건, 설계 및 결과는 아직 측정되거나 평가되지 않음.	진행과 성공을 측정하고 추적하기 위해 더 광범위하고 다양한 증거 출처가 사용됨에 따라 다양한 평가 실제가 개발되기 시작하고 있음. 새로운 조치를 사용하고 의미 있는 평가를 설계하기 위한 역량 강화 지원이 개발되기 시작하고 있음. 일부 교사들과 지도자들은 깊은학습 경험을 설계하고, 학생들의 결과를 측정하고, 깊은학습을 위한 조건을 측정하기 위해 새로운 조치들을 사용하기 시작하고 있음.

출처 Quinn, J., & McEachen, J. Copyright © 2017 by New Pedagogies for Deep Learning™ (NPDL).

가속 Accelerating	발전 Advanced
깊은학습목표와 실행 방안을 담은 전략이 명확히 문서화되어 있고, 학교 구성원들이 그 내용을 이해하고 있음. 대부분의 의사결정이 깊은학습 중심으로 이루어짐.	간결하고 명확한 깊은학습 전략이 수립되어 있으며, 실행 지원이 뒷받침되고 있음. 이 전략은 학교 공동체 모든 구성원이 공유하고 있으며, 실제 의사결정의 중심이 되고 있음.
선도적 학습자들이 실천의 변화를 이끄는 구조와 절차를 만들어내고 있으며, 모든 수준에서 리더를 의도적으로 개발하고 있음. 학교 전체와 일부 학생, 학부모, 지역사회가 깊은학습 경험의 창출에 능동적으로 참여하고 있음.	모든 수준에서 선도적 학습자 역량이 존재하고, 이들의 리더십을 개발하고 확산하며 분산시키기 위한 명확한 전략이 마련되어 있음. 학생, 학부모, 교사, 리더, 지역사회 구성원 모두가 깊은학습에 대한 정보를 공유하고, 적극적으로 참여하며, 모든 학생의 깊은학습을 실현하는 데 실질적인 영향력을 발휘함.
대부분의 교사와 리더들이 자신의 교수 및 리더십 실천을 반성하고 점검하며 조정하는 학습 및 협력적 탐구 문화가 존재함. 역량 개발은 교사와 학생의 요구에 기반하여 설계되며, 깊은학습을 활성화하고 지속하는 데 필요한 지식과 기술에 명확히 초점이 맞춰져 있음. 학교 안팎에 수직·수평적 관계를 통해 협력과 신뢰가 확산되고, 실천도 점점 투명해지고 있음. 학교 차원의 탐구와 학습에는 모든 수준의 리더와 교사가 참여하고 있으며, 일부 교사들은 학교 간 협력도 수행함.	협력적 깊은학습 문화가 학교와 교육청 전반에 강력하게 뿌리내리고 있음. 협력적 탐구가 일상의 표준이 되었으며, 집단 역량 강화를 위한 구조와 절차가 체계적으로 마련되어 있음. 이 문화는 집단이 집단을 변화시키는 구조를 지향하며, 혁신과 도전을 뒷받침하는 강한 수직·수평 관계를 촉진함. 역량 개발은 정밀한 교수 역량 향상에 일관되고 체계적으로 초점을 맞추며, 학교 내외를 아우르는 학습순환 사이클을 포함하고 있음.
학습 및 교육적 목표가 명확히 제시되고, 깊은학습 역량과 핵심 커리큘럼 표준 간의 연관성이 가시화됨. 깊은학습을 위한 포괄적인 프레임워크는 깊은학습 경험을 설계하고 평가하기 위해 널리 사용됨. 협업 학습 구조를 만들기 위한 자원과 전문성은 학교/지역 전체에서 더욱 일관성이 있으며, 협력적 탐구와 학생 활동을 검토하기 위한 규약과 같은 심층적인 협업 실제도 일관되게 존재함.	깊은학습 역량에 대한 학습의 목표, 교수법의 정밀성 향상을 위한 목표, 핵심 커리큘럼 표준의 요구 사항이 눈에 보이는 영향과 일관되고 명확하게 표현되고 통합됨. 깊은학습을 위한 포괄적인 프레임워크는 모든 사람들이 이해하고 있으며 효과적인 깊은학습 경험을 설계하고 평가하기 위해 학교와 지역 전체에서 일관되게 사용됨. 협력적 탐구는 모든 수준에서 학습에 영향을 미치는 진행 상황을 모니터링하기 위해 사용되며, 학생 활동 결과를 검토하기 위한 규약은 학교와 지역 전체에서 일관되게 사용됨.
교사와 리더는 다음과 같은 평가, 개발 및 측정 능력을 입증함. - 깊은학습 진보를 위한 학생들의 성장 - 깊은학습을 가능하게 하는 조건 - 깊은학습 결과를 촉진하는 깊은학습 설계의 효과 지역 및 국가 우선순위와 커리큘럼은 구조화된 과정을 통해 조정되는 깊은학습 경험에 의해 연결되고 가속됨. 교사들은 깊은학습이 발생할 때 깊은학습을 더욱 명확하게 보여주는 깊은학습에 대한 새로운 평가를 설계하기 시작하고 있음	깊은학습의 개발 및 측정은 학교와 지역 전체에 널리 퍼져 있으며, 역량 구축 노력에 초점을 맞추는 데 사용됨. 측정값을 연도별 그리고 기간에 걸쳐 비교하고 일관된 성장을 보여줌. 깊은학습 경험은 커리큘럼과 깊은학습목표 사이의 명확한 정렬을 보여주며, 신뢰성을 확립하기 위해 학교 내 및 학교 간에서 공식적으로 조정됨. 피드백은 공유되고 활용되어 학습 설계를 심화시킴. 평가 실제는 학생들의 흥미와 필요성에 대한 깊은 지식을 반영하고, 다음 단계로의 진행과 학습을 결정하기 위해 광범위한 증거를 사용함.

도표 8.3 새로운 변화 동력

명확성
- 공통의 이해와 언어 구축
- 도구 및 프로세스로 역량 구축
- 협력적 탐구 학습 설계 과정에 참여

깊이
- 정밀한 교수법 구축
- 협력적 탐구 조정 및 재설계에 대한 참여 증진
- 리더십 및 역량 구축 전략의 명료화

지속성
- 학교/시스템 전체에 학습 설계 주기 포함
- 교수법의 정밀성 가속화
- 공동 리더십 및 참여 확대

| 명확성 |

깊은학습 실행의 첫 단계는 집중할 방향에 대한 명확성, 공통의 이해, 전문성 구축을 수반한다. 여기서 명확성은 상태인 동시에 과정이다. 현장의 교사나 리더들이 새로운 방식의 실천을 기꺼이 수용하려는 열정은 '풀뿌리 노력'으로 나타나, 서로 다른 출발점에서 다양한 실천이 빠르게 이루어진다. 이러한 과정은 교실 안에서 깊은학습이 어떻게 보이고 들려야 하는지에 대한 명확하고 공유된 비전이 형성되는 데 기여할 수 있다.

교사와 리더가 새로운 접근 방식을 적용하고 결과를 공유하기 시작하면 신뢰와 투명성을 구축하는 일이 중요해진다. 교사가 자신의 실천을 공유할 때, 결정에 대한 두려움 없이 더욱 투명하게 자신의 성공과 도전을 공유할 수 있어야 한다. 이처럼 나누고 공유하는 문화가 발전함에 따라 학교는 교사의 협력적 탐구를 위한 시간과 공간을 만들기 위해 기존 구조를 개편해야 할 필요성을 느끼게 된다. 교사들은 학생들이 얼마나 잘 배우고 있는지, 개선이 잘 이루어지는지, 학습이 심화되고 있는지에 대해 심도 깊은 대화를 나누기 시작한다.

학교는 학부모를 학습의 파트너로 인식하며 학부모의 목소리에 귀 기울이고, 그들의 우려에 응답하면서 새로운 학습 실천에 함께할 수 있는 방식을 모색한다. 학생들의 변화가 감지되는 순간이야말로 이러한 노력이 큰 힘을 받을 때다. 깊은학습이라는 접근에서 교사들은 학생들의 참여도와 성취가 크게 향상되는 순간을 관찰하게 될 것이다. 깊은학습을 장려하고자 하는 리더들은 다음과 같은 실천을 통해 교사들을 지원해야 한다.

- 교사들이 학생의 변화를 눈앞에서 직접 목격할 수 있도록, 위험 부담 없이 시도해볼 기회를 제공한다.
- 교실에서 깊은학습의 힘을 경험한 교사들이 자신의 이야기를 공유할 수 있는 시간을 갖는다.
- 이 새로운 접근법이 뿌리내리고 있는 다른 교실과 학교를 직접 방문할 수 있도록 장려한다.
- 깊은학습 여정에서 몇 달 앞서 있는 다른 학교나 실천가들과 온라인으로 연결될 수 있도록 지원한다.

| 깊이 |

두 번째 단계인 '깊이'는 일반적으로 교사와 리더가 역량에 대한 공동의 실무적 비전을 개발하고, 깊은학습 경험을 설계하기 위해 네 가지 요소를 사용하는 기본 스킬을 개발할 때 발전한다. 과제 수행 과정에서 집중적으로 배우고, 실행 과정에서 협력적 검토를 통해 정밀성을 얻고, 교수법의 정확성을 높이기 위한 메커니즘이 필요하다.

이 단계에서 교사와 리더는 적어도 한 번 이상 협력적 탐구에 참여하게 되며, 이를 통해 교수 방법 선택과 학습 경험 설계에서 더 높은 수준의 정밀도를 추구하려는 동기를 갖게 된다. 학생들이 역량을 더 깊이 습득하도록 수업을 정교하게 구조화하려는 노력이 강화된다.

종합적으로, 교사와 리더는 새로운 학습 경험을 설계하고 학생들의 진척도를 조정하기 위해 더욱 빈번하게 협력적 탐구의 순환에 참여하게 된다. 교사들이 학교 안팎에서 학습할 기회를 찾게 되면서 교사 리더십은 더욱 강화된다. 교사와 리더들의 역량 구축을 위해서는 필요한 경우 외부 지원이 직무에 통합되어 이루어져야 한다. 이렇게 하여 학생과 성인의 학습 경험 모두에서 정밀성과 의도성이 증가하게 된다.

| 지속성 |

전문성이 확보되면 실천을 더욱 심화하고 확산하는 방향으로 초점이 옮겨진다. 학교, 지역교육청 및 시스템은 일관성이 구축되도록 전략을 통합하는 방법을 고려한다. 우리가 전 세계 현장에서 관찰한 바로는, 교사가 깊은학습을 설계하고, 평가하며, 협력적 탐구 과정에서 효과적

으로 업무를 하는 등 자신감과 전문성을 기르고 나면, 다른 사람들의 변화를 돕는 쪽으로 초점을 옮기게 된다. 이것은 두 가지 방식으로 일어난다. 첫째, 초점은 더 깊은 곳으로 이동하는데, 이는 학습 설계와 학생 성장을 조정하는 주기에서 더 높은 정밀도를 추구하는 것을 의미한다. 둘째, 협력적 실천을 보다 많은 학교에 확산하고, 궁극적으로는 교육 시스템 전체에 정착시키려는 움직임이 일어난다. 교사와 학교의 강력한 리더십은 다음 단계를 이끌 수 있도록 발전해 나간다. 그들은 6가지 역량을 개발하고 측정하는 최선의 방법을 계속 모색할 뿐만 아니라, 학교나 시스템 차원에서 내부 목표도 설정한다. 결과적으로 이러한 변화는 모두 지속적 전문성 개발이라는 이름 아래 통합된다. 그리고 이는 단발성 연수가 아니라, 학교 문화 속에 내재화된 방식으로 이루어진다.

호주 빅토리아주에 있는 NPDL 클러스터는 깊은학습 참여 이후 첫 3년 동안 견고한 기반을 마련했다. 그리고 이 단계에서 나타나는 특징적인 핵심 이슈를 중심으로 다음과 같이 작업을 진행하고 있다.

- 평가 관행 개선: 신속하고 현대적인 평가 방식을 채택할 수 있도록 교사의 자신감과 역량을 강화한다. 학생 성장에 대한 자료와 증거를 지속적으로 수집, 분석, 해석하는 과정의 일환으로 교사와 학습자의 평가 전략 레퍼토리를 확대해 나간다.
- 교육과정 프레임워크: 교사들이 교육과정이라는 틀을 벗어나 사고하게 하고, 교육과정을 재구성하고 창의적으로 접근할 수 있도록 돕는다. 시스템 차원의 교육과정 프레임워크는 종종 협상

의 여지가 없는 구조물로 인식되어 혁신을 제약하는 것으로 여겨지곤 한다. 많은 교사들이 생각보다 유연하게 교육과정을 계획할 수 있는 자유가 실제로 있음에도, 한 가지 방법밖에 할 수 없다는 인식을 갖고 있다. 빅토리아주의 교육과정 프레임워크는 '가르쳐야 할 것'만을 규정하고 어떻게 가르쳐야 할지는 제시하지 않는다. 교육과정 당국은 학생이 반드시 배워야 할 내용만 제시할 뿐, 그 외의 방법은 전적으로 교사에게 달려 있다고 설명한다. 즉 교사들이 어떻게 교실에서 그것을 시행하고, 교수법은 어떻게 선택할 것인지 등의 문제에 대한 결정은 전적으로 학교와 교사의 몫이다. 다만 지역의 맥락, 지역의 요구, 지역의 전문성에 기반해 구성하되 그것이 '무엇을 가르칠 것인가'라는 핵심 기준을 벗어나서는 안 된다. 깊은학습을 학교 내외로 정착, 유지, 확산시키기 위해서는, 교사들이 새로운 혹은 검증된 교수법을 탐색·도입·실험할 수 있는 자신감과 실행 역량을 지속적으로 강화할 수 있도록 지원하는 일이 필수적이다.

- 학생을 과소평가하지 않음: 학생에 대한 선입견은 오히려 교사가 활용할 수 있는 기회의 폭을 제한할 수 있다. 그러나 교사가 학습을 잘 구조화해 주면서도 열린 과제를 제시할 경우, 학생들이 보여주는 학습 과정과 결과물은 늘 우리의 기대를 뛰어넘는다.

(개인 커뮤니케이션, 2017년 5월)

이 단계에서는 지역 수준의 리더십이 전략의 주체가 되어, 깊이 있는 실천을 주도하고, 그 실천을 보다 널리 확산시킨다. 이들은 '외부로 나아가 내부를 성장시키는' 태도로, 학교 간, 교육청 간, 나아가 전 세계와 연결하며 학습한다. 이들은 모든 수준에서 리더를 성장시키는 일을 의도적으로 추진하며, 특히 교사 리더십의 발굴과 육성에 중점을 둔다. 가장 중요한 점은 실천을 통해 어떤 변화가 일어나는지를 끊임없이 관찰하고 거기서 배우려는 태도를 유지한다는 것이다.

실천 사례들

사회적 운동은 보통 하나의 아이디어로부터 출발하며 변화에 열정적인 초기 혁신가들로부터 시작되곤 한다. 이제 학교, 지역 교육청 및 시스템에서 깊은학습의 조건과 실천이 어떻게 마련되고 전개되는지에 대해 구체적 사례 속에서 살펴보기로 한다.

| 학교 수준의 실천 사례 |

다음은 호주 퀸즐랜드주에 있는 6개 고등학교 중 하나에서 시작된 것이다. 이 학교들은 깊은학습 실천에 참여하기를 원했고 서로 배우고 공유할 수 있는 학교 클러스터를 구성했다.

| 사례 8.1 | 학교의 변화를 주도한 교사들 (호주, 퀸즐랜드주, 고등학교) |

파인리버 고등학교는 처음 소규모 교사 그룹으로 깊은학습에 참여했다. 그러나 곧 깊은학습을 학교의 전반적인 전략과 신속하게 연결시켜 변화를 시도했다. 이들은 학교의 계획 문서들을 NPDL의 도구와 공통의 언어에 맞추었고 작업 초기부터 깊은학습에 대해 공유된 이해를 형성했다. 특히 협력적 탐구 과정을 채택하고 실행의 초점을 한층 '예리하고 좁게' 개발함으로써 교직원들의 참여를 유도했다.

교사들은 '외부로 나아가 내부를 성장시킨다'는 의도 아래서 지역 내 다른 6개 고등학교와 정기적으로 만남을 갖고 실천과 통찰을 공유했다. 파인리버 고등학교의 존 슈너 교장은 약 8개월간 진행된 변화 과정을 기록하며, 이러한 변화가 학교에 미친 영향에 대해 설명하고 있다.

■ NPDL은 우리 교직원들에게 매우 큰 영향을 끼쳤다. 2017년 우리 학교의 명시적인 개선 의제가 '깊은학습 과정'이 되었을 정도였다. 우리는 깊은학습에 필요한 세 가지 조건, 즉 깊은학습목표, 디지털을 통해 가속된 명시적 수업, 교직원 역량 강화를 반영한 개선계획을 수립했다. 이를 통해 학교의 전략적 비전이 NPDL 여정에 어떻게 부합하는지 알 수 있었다. 또한 ASOT(수업을 위한 명시적 전략체계)와 '교사에 대한 국가표준(National Standards for teachers)'과의 통합을 위해 우리 학교의 계획을 조정했다(도표 8.4).

우리는 7, 8학년 대상으로 STEM(수학, 과학, 기술, 공학의 융합—옮긴이) 및 HASS(인문, 사회, 과학, 예술의 융합—옮긴이) 기반의 프로젝트 학습을 통해 교육과정 속에서 새로운 기회를 학생들에게 제공하는 것부터 시작했다. 이에 더하여 학생들이 각자의 필요에 따라 신청할 수 있는 심화 프로그램(IGNITE)을 운영함으로써 학습의 깊이를 더할 기회를 제공하고 있다.

가장 흥미진진한 것은 현재 7학년부터 12학년까지 전 학년에 걸쳐 설계하고 있는 '삶을 위한 학습' 프로그램이다. 이 프로그램은 다양한 자기계발 과정을 설계하고 학생들이 직접 선택하게 함으로써 6C 역량을 효과적으로 기를 수 있도록 구성할 예정이다. 교사들은 매일 6C와 관련된 스킬을 명시적으로 가르칠 수 있는 시간을 확보하기 위해 수업 시간표 재구성을 주제로 투표했고, 찬성으로 의견이 모아졌다. 지금은 연말이고 학사 일정이 마무리되어 가는 시기지만, 깊은학습 관련 팀들은 여전히 이 프로그램에 대해 활발히 논의하고 있다.

나는 오늘 '창의적 사고 그룹' 교사들이 루브릭 문서를 중심으로 모여 앉아 문서에 제시된 조건들을 두고 열띤 토론을 벌이는 장면을 목격했다. NPDL 후발주자인 한 교사는 방학 동안에도 쉬지 말고 더 깊이 파고들자고 제안하기도 했다.

나는 올해 NPDL 클러스터와 함께한 이 작업이 지난 32년간의 교직 활동 중에서 가장 의미 있고 탁월한 경험이었다고 말하고 싶다(개인 커뮤니케이션, 2016년 12월).

도표 8.4 파인리버 고등학교의 연간 발전계획 (2017년)

무엇을

깊은학습은 학습자가 습득한 지식, 이해, 통찰, 사고 스킬을 사용하여 다양한 문제를 해결할 때 발생한다. 학생들은 독립적으로 또는 협력적으로 활동하며, 종종 디지털을 활용하여 혁신적인 솔루션을 만들고 비판적 질문을 제기한다. 성공적인 학습자는 자기 성찰과 탐구를 실행하며 자신감과 끈기로 새로운 도전에 마주한다.

왜

파인리버 고등학교는 다음과 같은 과제를 해결하기 위해 깊은학습 여정을 시작한다.

1. 지역사회의 참여를 강화하여 학생들의 출석률을 높이고 외부 기관 및 교직원, 학부모, 학생과의 학습 파트너십을 강화하며 학교에 대한 만족도를 높인다.
2. 7학년과 9학년 NAPLAN(호주에서 실시하는 국가 차원의 문해력과 수리력 평가―옮긴이) 읽기, 쓰기, 수학 교과의 상위 2개 영역에 도달하는 학생의 비율을 증가시킨다. 이것은 궁극적으로 학교의 NAPLAN 평균 점수를 올리는 것이다.
3. QCS(호주 퀸즐랜드주 대학 입학을 위한 자격 및 등급시험―옮긴이)에서 학생들의 성적을 향상시켜 과목 성취도와 개인 성취도 사이의 상관관계를 높인다. 이것은 궁극적으로 우리 학교의 OP(퀸즐랜드주 대학입시 등급체계―옮긴이) 상위 구간에서의 성과를 향상시킬 것이다.
4. 향후 시행될 외부 고등학교 졸업평가에 대비해, 학생과 교사 모두에게 필요한 역량을 기른다.

어떻게

풀란과 퀸(Fullan and Quinn)은 저서 『Coherence(일관성)』에서 다음과 같이 말하고 있다.

시스템은 다음 세 가지 요소를 사용하여 학습자의 참여를 획기적으로 개선할 수 있다.
1. 깊은학습목표의 명확성을 확립한다.
2. 디지털을 활용해 교수의 정밀도를 높인다.
3. 교직원과 학생의 역량 강화를 통해 실천을 전환한다.

로버트 마자노(Robert Marzano)는 저서 『The Art and Science of Teaching(교수학습의 과학과 기술)』에서 품질 프레임워크의 10가지 핵심 요소를 제시했다. 이 중 깊은학습에 관한 것은 다음과 같다.

[피드백] · DQ1 명확한 학습목표 제공 및 전달 · DQ2 평가
[콘텐츠] · DQ4 연습 및 심화 수업 · DQ5 지식 적용 수업

7개의 AITSL(호주 교사들을 위한 표준 교수법 기준―옮긴이) 중 다음은 깊은학습에 대해 명시적으로 다룬다.

1. 당신의 학생들과, 그들이 어떻게 배우는지 파악한다.
2. 내용과 교육 방법을 숙지한다.
3. 효과적인 교육 및 학습을 계획하고 시행한다.
5. 학생 학습에 대한 평가, 피드백 제공 및 보고서를 작성한다.
6. 전문적인 학습에 참여한다.

따라서 학교 전체의 깊은학습 프로세스를 달성하기 위한 우리의 전략은 다음에 기초한다.

1. 무엇을 배워야 하는지, 그리고 그것이 성취되었을 때 어떤 모습인지를 명확히 아는 것
2. 학생들이 이미 알고 있는 것을 파악하여, 더 깊이 있는 학생 중심 학습 기회를 제공할 준비가 된 학생들을 구분할 수 있도록 하는 것
3. 형성평가 전략을 활용, 학습 진전도를 모니터링하고, 단원 내에서 내용과 교수 방법을 식별하고 적용하는 것
4. 모든 학생이 학습 프로그램에 접근할 수 있도록, 읽기·쓰기 문해력과 디지털 문해력에 대한 명시적인 전략을 마련하고, 디지털을 활용해 학습을 가속하는 것
5. 모든 학습자가 자기 성찰적이고 자기 주도적인 태도를 기를 수 있도록 역량을 개발하는 것

깊은학습 프로세스는 다음 탐구 과정을 따른다.

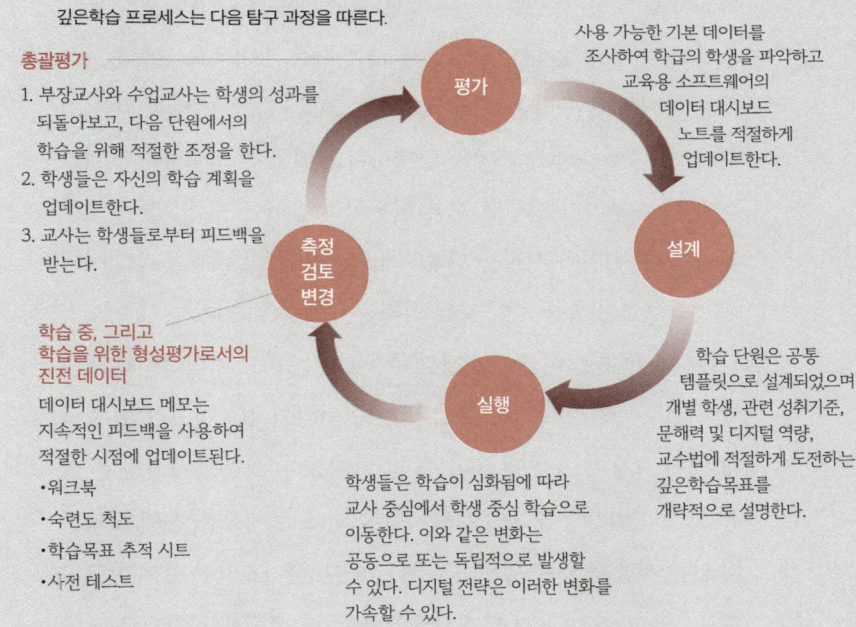

총괄평가
1. 부장교사와 수업교사는 학생의 성과를 되돌아보고, 다음 단원에서의 학습을 위해 적절한 조정을 한다.
2. 학생들은 자신의 학습 계획을 업데이트한다.
3. 교사는 학생들로부터 피드백을 받는다.

학습 중, 그리고 학습을 위한 형성평가로서의 진전 데이터
데이터 대시보드 메모는 지속적인 피드백을 사용하여 적절한 시점에 업데이트된다.
- 워크북
- 숙련도 척도
- 학습목표 추적 시트
- 사전 테스트

우리 학교의 구체적인 목표는 다음과 같다.

- NMS 읽기 95% 이상
- NMS 쓰기 95% 이상
- NMS 수리력 (NMS Numeracy) 95% 이상
- U2B 읽기 20% 이상
- U2B 쓰기 20% 이상
- U2B 수리력 20% 이상
- 출석률 90% 이상
- QCE 취득률 100%
- OP 1~15 범위 내 성취도 80% 이상
- 징계 결석 건수 연간 175건 이하
- BYOD 참여율 90% 이상

6개월 후, 퀸즐랜드 주립학교 시스템에서 파인리버 고등학교에 대한 첫 번째 평가가 진행되었다. 깊은학습을 명시적 개선 의제로 삼은 학교에 대한 첫 번째 검토였다. 다음은 이에 대하여 슈너 교장이 보내온 두 번째 글의 내용이다.

■ 평가자들은 지금까지 문해력과 수리력을 중점적으로 평가하도록 훈련받은 사람들이었다. 그들은 처음에 우리 학교를 어떻게 평가해야 할지 난감해했다. 하루 종일 온갖 질문을 주고받은 끝에 비로소 우리가 그들의 기준에 맞지 않는 다른 방식으로 운영했다는 것을 이해했다. 우리는 6C를 국가수준 교육과정의 기반이 되는 21세기스킬(21st Century Skills)과 연계시키는 데 많은 노력을 기울여왔는데 이는 우리가 진행한 교육 실천이 타당하다는 사실을 뒷받침해 주었다. 평가가 시작된 지 4일째, 평가자들 모두가 우리의 실천에 공감했고 최종적으로 '탁월'하다는 평가를 내렸다.

이러한 변화를 이끌어낸 결정적인 요인은 바로 지역사회와의 협력이었다. 특히 깊은학습 프로젝트 중 하나와 협력하고 있는 지역 내 대학 교수가 보내온 글이 큰 힘이 되었다. 그동안 교수들은 많은 교사와 학생들을 가르쳐왔지만 이번 프로젝트를 통해 오히려 더 많은 것을 배울 수 있었다고 한 것이다. 평가자들은 우리 학교의 프로그램이 아직 초기 단계임을 인식했고, 그럼에도 학교 전체에 걸쳐 학생의 역량을 명시적으로 가르치려 시도했다는 점을 높이 평가하며 격려를 보냈다.

이 학교는 변화하고 있는 수많은 학교들 중 하나이다. 놀라운 점은 고등학교 전체에 걸친 이러한 중대한 변화가 18개월 만에 일어났다는 것이다. 지역교육청, 국가 차원의 교육 시스템은 새로운 접근 방식이 학생들에게 큰 영향을 미치고 있음을 알고 있지만, 여전히 기존의 전통적인 성과 측정 지표로는 이 새로운 현실을 온전히 반영하는 데 어려움을 겪고 있다.

우리는 단순히 역량을 습득했는지를 넘어서, 이러한 역량이 학생들이 삶을 살아갈 준비에 어떻게 기여하는지를 더 잘 보여줄 수 있는 방법을 찾기 위해 노력하고 있다. 맥락, 역량, 자원은 지역마다 다르지만, 깊은학습에 대한 명확한 비전과 이를 뒷받침하는 종합적인 도구 및 실천이 결합될 때 변화의 속도가 빨라진다는 사실을 확인하고 있다.

다음으로는 혁신적인 개별 학교를 넘어서, 전체 시스템의 학교들이 어떻게 함께 움직이는가에 대해 살펴볼 것이다.

| 지역교육청 수준의 실천 사례 |

교육청은 깊은학습 전환을 위한 조건에서 중요한 역할을 한다. 깊은학습 사고방식과 실천으로의 전환을 촉진하고, 확산에 걸림돌이 되는 장애 요인을 제거하는 역할도 수행한다. 그리고 다음과 같은 방식으로 변화를 추진할 수 있다.

- 전체 시스템의 관점에서 깊은학습에 초점을 맞춘다. 단편적인 시도가 아닌 통합적 전략 아래 움직일 수 있도록 교육 시스템을

이끈다.
- 학생과 성인 모두가 실패와 성공을 통해 배우고, 위험을 감수할 수 있도록 안전하고 지지 받는 환경 속에서 혁신과 협력의 문화를 조성한다.
- 교사와 리더의 역량 강화를 위한 기회를 제공함으로써, 교수 실천의 정밀도를 의도적으로 높인다.
- 성공을 측정할 수 있는 기준을 수립한다. 이를 통해 변화의 성과를 명확히 평가하고 지속적인 개선을 도모할 수 있다.

깊은학습으로 전환하는 데 정해진 공식이나 매뉴얼은 없다. 앞으로 살펴볼 캘리포니아주 컨 통합 교육청과 캐나다 오타와주 가톨릭 교육청의 예를 보면, 전혀 다른 맥락에서 깊은학습을 도입하고 있지만 둘 다 변화를 위한 조건을 설정하는 데 있어 지역교육청이 얼마나 중요한 역할을 하는지를 알 수 있다.

| 사례 8.2 | 지역의 변화를 주도한 교육청 (미국, 캘리포니아주)

서던 컨 지역교육청은 3,500명의 학생이 재학 중인 소규모 커뮤니티다. 이곳을 방문하면 학부모, 학생, 교사, 그리고 리더들이 이곳에 대해 얼마나 큰 자부심과 열정을 품고 있는지 단번에 느낄 수 있다. NPDL에 참여한 지 아직 1년이 채 되지 않은 초기 단계의 사례이지만 그 변화는 눈에 띈다.

처음부터 그랬던 것은 아니었다. 이 지역은 캘리포니아 센트럴 밸리의 남쪽 사막 끝에 있는 외딴 곳으로, 대부분의 학생이 히스패닉과 저소득층 백인 자녀들이며 90퍼센트가 무상급식 지원 대상자다. 지리적으로도 고립된 지역이며 에드워드 공군 기지가 가깝기 때문에 접근과 활동이 엄격히 통제되는 환경이다.

와인스타인 교육감은 이 지역사회의 태도를 강렬하게 묘사한다. "제가 이곳에 처음 와서 교육을 새롭게 상상해보자고, 우리 아이들에게 가능성과 기회를 열어주자고 이야기했을 때 지역사회의 반응은 부정적이었습니다. 우리는 그런 거 못한다고, 여긴 그냥 구멍가게 같은 작은 동네지 대도시와는 다르다고, 그런 건 우리와 거리가 멀다고들 말했어요." 하지만 와인스타인은 포기하지 않았다. 그는 학교와 학생들을 지역사회와 연결할 수 있는 모든 기회를 모색했다. 새로운 교육 시설을 마련하고 기존 시설을 개보수했으며, 학생들이 서로 연결되고, 자신의 꿈과 연결되며, 학교 바깥 세상과 연결될 수 있도록 새롭고 흥미로운 학습 방식에 참여할 기회를 하나하나 확보해 나갔다.

2016년 8월 서던 컨 지역교육청은 NPDL에 합류했고 지역 내 모든 교사와 교육 리더, 그리고 모든 학생이 1년 동안 깊은학습에 참여했다. 그 해의 공통 주제는 협력이었다. 이 주제는 학습의 중심이 되었을 뿐만 아니라 지역교육청 전체를 움직이는 원동력이 되었다. 리더십 팀은 의도적으로 네트워크를 확장하고 파트너십을 형성했으며 커뮤니티에 참여할 수 있는 모든 기회를 모색했다.

와인스타인 교육감은 NPDL을 이 새로운 문화의 핵심으로 꼽았으며, 이를 통해 컨 남부지역 전체가 더이상 구멍가게 같은 곳이 아니라 글로벌 지식 경제의 일부로서 함께 협력하고 소통하고 학습할 수 있는 가능성을 입증했다고 밝혔다.

지역을 방문해 보면 사람들은 한목소리로, 학생들이 지금껏 경험하지 못했던 방식으로 서로 연결되고, 배워나가고 있다고 말한다. 학부모와 지역사회의 참여도는 최고 수준에 달해 있으며, 무엇보다도 '지평이 넓어졌고, 목적이 생겼다'는 강한 인식이 형성되어 있다. 그들의 열정과 헌신이 생생하게 느껴진다. 그들의 리더십은 정교하게 조율되어 있고 그들의 학습은 타인에게 영감을 줄 만큼 고무적이다.

서던 컨 지역교육청의 깊은학습 도입 속도는 눈에 띄게 빨랐다. 이러한 예는 지역이 전체 시스템 변화를 목표로 '외부로 나아가 내부를 성장시키는' 전략을 실행했을 때 변화가 더욱 잘 확산될 수 있음을 보여준다. 깊은학습이라는 의제는 지역교육청 전체의 다양한 실천을 통합하는 촉매 역할을 했고, 그 결과 학생, 교사, 지역사회 모두의 참여를 촉발시켰다. 이들은 현재 스스로를 글로벌 운동의 일부로 인식하고 있다. 서던 컨 지역교육청은 아직 깊은 변화의 사례로 생각하기에는 다소 이른 감이 있지만, 알맞은 조건이 갖추어지면 놀라울 만큼 변화가 빠르게 진행될 수 있다는 통찰을 다시 한번 확인시켜 준다.

두 번째 사례는 깊은학습을 지역 전체로 도입하기 위해 전략적이고 의도적인 교육 혁신 운동을 3년에 걸쳐 전개한 것이다. 오타와 가톨릭 교육청은 84개 학교에서 4만 명 이상의 학생들이 재학 중인 도시형 교육구다. 모든 학교와 교실이 깊은학습을 시행 중인 것은 아니지만 (2017학년도부터는 전체 학교에서 깊은학습을 시행하고 있음-옮긴이) 이 지역의 학교를 방문하면 깊은학습이 열어주는 가능성을 확인할 수 있다.

| 사례 8.3 | 시스템 변화를 주도한 리더들 (캐나다, 오타와주, 가톨릭 교육청)

학교에 들어서면 학생들이 개인 기기를 활용해 협업하거나 이동하기에 적합한 방식으로 공간을 사용하는 모습을 볼 수 있다. 건물 곳곳에 있는 영상제작용 벽면(green wall)을 활용하여 동영상을 촬영하고 나중에 배경과 오디오를 추가하는 방식으로 프로젝트를 수행하는 것이다. 벽면은 학생들의 작품과 예술 작품으로 가득하다. 교실에는 활기찬 몰입감이 넘치고, 학습에 대한 책임을 스스로 지는 학생들의 모습이 일상화되어 있다.

새로운 방식으로 배우는 것은 학생들뿐만이 아니다. 교수학습 활동은 학교 전체에서 공개적이고 협력적으로 이루어진다. 교사들은 학년별 또는 교과 간 팀을 이루어 수업을 함께 설계하고 학생들의 학습 수준과 결과물을 평가한다. 교사의 학습은 단순히 수업 계획에 그치지 않는다. 익숙하지 않은 개념, 디지털 기기, 자료를 학생들과 함께 탐색하며, 때로는 학생들에게서 직접 배우는 교사들의 모습도 교실 곳곳에서 찾아볼 수 있다.

교장 및 지역교육청 리더는 '가시적인 학습자(visible learner)'로서 자신의 학습 진전을 스스로 점검하고 조절할 수 있는 사람들이다. 이들은 학생 주도 워크숍이나 튜터링 세션에 직접 참여해 자신의 학습 또는 교수법 실행을 향상시킬 디지털 기술 활용법을 배운다. '러닝 워크(learning walks)'라고 불리는 활동에도 참여하는데, 이는 교사, 리더, 학생들로 구성된 팀이 교실을 순회하며 수업을 관찰하고, 그 과정을 통해 학습을 심화하기 위한 관찰력과 피드백 역량을 기르게 된다. 매달 열리는 교장과 교육구 리더 전체 회의는 실행 과정에서 발생하는 문제를 공유하고, 해결 방안을 함께 탐색하며 발전시킬 중요한 기회다.

모든 학교와 교실에서 이런 학습이 일상적으로 일어나게 만드는 일은 결코 우연히 되지 않는다. 오타와 가톨릭 교육청은 깊은학습 의제를 적극 수용하고 일관성 프레임워크의 구성 요소를 사용하여 시스템 전체의 변화를 위한 전략을 설계했다. 교육청 리더들은 그들의 여정에 도움이 되었던 조건들에 대해 다음과 같이 설명한다.

리더십과 거버넌스. 혁신과 웰빙은 이미 이 지역 변화의 중심축으로 자리 잡고 있었다. 2010년부터 시작된 변화의 청사진은 공동의 참여로 설계되었으며 학교 문화 전환에 초점을 맞추었다. 동시에 디지털 생태계를 마련하는 데 있어서 교직원과 학생의 협력, 창의성, 비판적 사고 및 의사소통에 더 중점을 두었다.

지역교육청은 모든 학교를 대상으로 와이파이 설치, 학교 도서관의 공용 학습 공간으로의 전환, 교육자를 위한 노트북 지원, 통합 소프트웨어 및 하드웨어 지원을 포함한 인프라 개선에 나섰다. 거버넌스 측면에서도 소셜미디어 운영 규정을 마련했고, 디지털 시민자질 교육을 정규 교육과정에 매년 통합하는 주 최초의 계획도 수립했다. 리더들은 이러한 토대 위에 전략적으로 정합성 있는 체제 변화 계획을 세워, 2014년부터 2017년까지 3년에 걸쳐 전면적인 변화 전략을 추진했다. 특히 기존 예산을 재조정하고 방향성을 명확히 함으로써, 추가 예산 없이도 강력한 실행력을 확보할 수 있었다는 점이 주목할 만하다.

시스템 전반의 변화. 교육구의 고위 리더십 팀은 NPDL이 교육청의 핵심 방향성과 맞닿아 있음을 인식했다. 교육청에서는 수업 혁신을 변화의 동력으로 삼고, 디지털 기술을 활용하여 새로운 교수학습 기회를 창출하는 데 중점을 두었다. 초기에는 전략적으로 7개 학교가 NPDL에 참여하도록 선정되었는데 이는 모든 교육감과 지역 교육위원들이 리더십 과정에 함께 참여할 수 있도록 한 결정이었다. 구체적으로는 각 교육감 산하 학군별로 1개 학교씩, 그리고 각 교육위원 지역구마다 1개 학교씩 포함시켜 균형을 맞췄다. 선정 기준은 명확했다. 각 교육감은 변화에 대한 의지와 역량을 보여준 교사 집단이 있고 이들을 지지하는 리더십을 발휘하는 교장이 있는 학교를 선택했다. 이는 디지털 생태계 조성 초기부터 시작된 변화 노력이 실행으로 이어질 수 있도록 하기 위함이었다. 각 학교에는 교육청 본부 직원 1명과 함께, 이미 '러닝 커넥션스

(Learning Connections)'라는 학습 네트워크에 참여하고 있는 타 학교 교사 1명이 연결되었다. '러닝 커넥션스'는 교사들이 앱, 기술, 전문성 개발, 협업 기회를 지원받을 수 있도록 구성된 주 차원의 학습 네트워크다. 이처럼 여러 학습 네트워크를 연결함으로써 시너지를 창출하는 구조를 만든 것이다. 중앙 직원 한 명이 이 새로운 NPDL 학습 네트워크를 이끌도록 지정되었으며, 직원은 NPDL을 지원하고 홍보하는 이사회의 대변자가 되었다.

두 번째 해인 2015년, 교육청은 기존의 성과를 바탕으로 NPDL에 참여하는 학교를 15개로 늘리고 여기에 중학교 5곳을 가상 네트워크로 연결하여 총 20개 학교를 참여시켰다. 이 시점에서 중요한 것은 중간 단계의 리더십(leadership from the middle)이다. 1년차에 참여했던 학교의 교직원들이 쌓은 경험과 실천을 바탕으로, 새로운 학교들에 변화의 동력을 확산시키는 역할을 했기 때문이다. 학교마다 교육청 본부 직원 1명과 다른 학교의 교사 1명을 연결하는 모델은 그대로 유지되었다. 탐구 순환 모델(inquiry cycle)이 사용되었고 이를 마무리하는 행사로 학습 박람회가 개최되었다. 교직원들은 NPDL 프레임워크를 사용하여 성과를 공유하고 축하하는 시간을 가졌다. 그해 '중앙일관성위원회(the central coherence committee)'라는 중요한 시스템 구조가 새로 만들어졌다. 그 전까지는 고위 리더들이 여러 부서 간의 협업을 장려하며 NPDL 학습 네트워크를 포함한 다양한 사업들을 조정하려는 노력을 해왔다. 그러나 '기능이 구조를 이긴다'는 인식에 따라 보다 민첩하고 전략적인 접근이 가능한 위원회가 구성된 것이다. 이 위원회는 단순히 여러 사업을 나란히 조정하는 데 그치지 않고, 교육구 전체의 방향성과 실천을 하나의 통합된 흐름으로 이끄는 데 초점을 맞추었다.

역량 구축 중심 접근. 1~2차 연도에 걸쳐 이루어진 역량 구축 작업의 결과는 3차 연도에 84개 학교로 확산되는 데 중요했다. NPDL은 더 이상 별도의 학습 네트워크로 간주되지 않고, 교육청 전체의 교수학습 프레임워크로 자리매김하게 되었다. 교육청 본부 직원 전원이 깊은학습의 네 가지 학습 설계 요소와 6대 글로벌 역량에 관한 용어와 개념을 깊이 있게 이해하고 활용하는 데 초점을 맞췄다. 수리능력, 문해력, 유아교육 등 기존의 학습 네트워크들도 계속 운영되지만 모든 네트워크가 깊은학습 프레임워크를 기반으로 실천을 이어가게 되었다.

가톨릭 학교라는 우리의 시스템상 글로벌 역량의 정의와 접근 방식에 가톨릭 고유의 언어와 철학을 녹여내는 작업 또한 중요했다. 특히 현실 문제 해결과 사회적 실천에 초점을 맞춘 깊은학습의 방향은 가톨릭 학교 졸업생들이 갖추어야 할 역량과 자연스럽게 연결되고 통합되었다.

협력적 탐구에 기반한 실천. 각 교육감은 자신이 지원하는 학교의 교장들과 만날 때, 학교 여건 평가 루브릭을 활용해 학교 혁신에 대해 성찰하는 대화를 나누게 된다. 기존의 NPDL 대변인들은 계속 활동을 이어가며, 자신의 전문성을 바탕으로 신규 교사들뿐만 아니라 교육청 내 다양한 코칭 및 전문학습 그룹에 깊은학습 과정을 확산시키는 역할을 맡는다. 교육청 전체의 모든 직원에게는 깊은학습의 언어와 문해력, 수리능력에 대한 일관성 있는 접근법을 볼 수 있도록 깊은학습 안내 책자를 제공한다. 교육감은 깊은학습을 교육청 전체의 주요 연설이나 월례 교장단 및 시스템 리더 회의의 핵심 주제로 포함시켜 강조한다. 모든 학습 네트워크는 깊은학습 기반의 루브릭을 활용해 자신의 활동이 시스템에 미친 영향을 점검하고 성찰하는 도구로 사용한다.

NPDL의 1~2차 연도에 참여했던 교사들에게는 깊은학습 인증 프로그램에 참여할 기회가 주어졌는데, 이 프로그램은 글로벌 역량을 측정하고 가르치는 루브릭 도구를 활용하며, 탐구 과정을 통해 다른 학교 교육자들을 멘토링한다. 이 초기 실행자들에게는 그들의 노력을 인정하는 의미로 디지털 배지가 수여된다. 교실에서 깊은학습 실행을 가속하고 싶은 교직원을 위해서는 별도의 깊은학습 입문 과정도 마련된다.

외부로 나아가 내부를 성장시키기. 중앙에서는 전 부서가 함께 일하고 동일한 교수 및 학습 네트워크를 사용하여 공동으로 구현해야 할 작업을 일관성 있게 추진하고 있다. 교직원들은 공통 언어를 공유함으로써 서로 협력하고 학습 네트워크를 유기적으로 연결할 수 있다. 조직 전체에서 리더십이 다방면으로 발휘되고 있으며, 학교 방문과 러닝 워크는 깊은학습의 네 가지 학습 설계 요소와 6대 글로벌 역량에 초점을 맞추고 있다.

오타와주 가톨릭 교육청은 내부 변화를 이룬 것에 그치지 않고, 교실을 개방하고 자체 제작한 다양한 자료를 공유함으로써 국제 파트너들에게도 리더십을 제공하고 있다. "학생과 교직원 모두 깊은 학습에 초점을 맞추면서 교육청의 지향점에 힘을 얻고 있다. 우리는 집단을 통해 집단을 움직이는 데 성공하고 있다."

(개인 커뮤니케이션, 2016년 12월)

두 지역의 사례에서 우리는 시스템 전체에 관한 사고관점이 변화의 속도와 깊이를 결정짓는 핵심이라는 점이다. 처음에는 여건과 자원이 서로 매우 달랐지만, 두 사례 모두 혁신을 위한 조건을 만들고, 업무를 통한 학습을 반복적으로 수행하는 방식으로 역량을 구축함으로써, 변화에 대한 비전과 전략을 한층 설득력 있게 만들 수 있었다. 결국 NPDL 지역교육청들은 다른 학교나 교육구와도 적극적으로 연대하게 된다. 이들은 외부 방문을 받아들이고, 다른 시스템을 지원하며, 지역 및 글로벌 수준의 NPDL에 참여하면서 국내외 교육 혁신의 중심적 역할을 수행하게 된다.

| 교육 시스템 수준의 실천 사례 |

우리는 현재 7개국에서 대규모 학교 집단들과 협력하고 있다. 이 과정에서 자연스럽게 제기할 수 있는 질문은 과연 국가 전체가 바뀔 수 있는가이다. 우리가 아는 한, 지역 전체, 주 또는 국가 시스템에서 깊은 학습을 전면적으로 지원하는 구조를 만든 곳은 아직 없다.

솔직히 이러한 접근 방법이 맞는지는 잘 모르겠다. 우리는 그동안

정부 프로젝트로 규정하지 않고도 전체 시스템 속에서 깊은학습을 만들어가고 지원하는 일에 집중해왔다. 깊은학습의 발전이 일어나도록 자극하고 지원하기 위해 해결해야 할 구성 요소와 시스템이 무엇을 해야 하는지를 분석하고 찾아냈다.

시스템 수준에서 꼽을 만한 가장 중요한 요소로는, 깊은학습을 가치 있는 목표로 공식화하는 것, 교육과정 정책·인프라·투자·역량을 지원하는 전략, 깊은학습 성과에 부합하는 평가 시스템을 꼽을 수 있다. 정부는 모든 학생이 고품질의 디지털 환경에 보편적으로 접근할 수 있도록 보장해야 한다. 국가 정책을 통해 곳곳에서 깊은학습 경험을 수용하고 이를 교육과정 프레임워크에 접목하는 사례가 늘어나고 있다. 시스템의 역할은 학교와 지역교육청이 깊은학습에 참여하고 수용할 수 있도록 정당화하고, 이를 지원하며, 가능하게 하는 것이다. 여기에는 혁신을 촉진하는 전략에 투자하고, 깊은학습 센터가 시도하고 있는 것에서부터 지속적으로 배울 수 있는 풍부한 메커니즘까지 모두 포함된다. 핵심적인 한 가지는 학교와 지역교육청의 네트워크와 클러스터를 통해 국경을 초월한 파트너십을 맺고, 그러한 학습을 후원하고 정당화하는 것이다. 또 다른 전략은 비즈니스 스쿨 파트너십 및 다른 커뮤니티 그룹 및 글로벌 스펙트럼과의 파트너십을 적극적으로 지원하고 촉진하는 방법이다.

공공 정책의 변화는 이 장에서 논의된 바와 같이 평가 문제를 다루어야 하기에 9장에서 이 문제를 더욱 자세히 짚어볼 것이다. 교수학습의 초점을 '쉽게 측정할 수 있는 것'으로 국한하면 오히려 그 폭이 더 협소해질 수 있다는 사실은 주목할 만하다. 교육 시스템은 오늘날과 같은 세상에서 학생들이 성공하게 하려면 어떤 학습 내용과 결과가 진정으로 중요한지를 살펴보아야 하며, 그것은 측정 도구와 평가 방식의 근본적인 전환을 요구한다. 해결 방안은 내부 책무성과 외부 책무성을 동시에 고려하는 것이다. 내부 책무성은 교사와 학교 리더가 학생 학습에 대한 집단적 책임감을 키우는 것을 말한다. 개인과 집단은 국가 정책에 맞는 학습목표를 함께 설정하고, 학습과 평가를 유기적으로 연결시키며, 무슨 일이 일어나고 있고 그것이 어떤 영향을 미치고 있는지를 투명하고 구체적으로 공유한다. 외부 책무성은 새로운 평가 지표에 따른 성과를 제도적으로 뒷받침하고 강화하는 기능을 한다.

지금까지 다수의 깊은학습 사례를 소개했으며, 부록에서는 7개국의 깊은학습에 대한 정보를 요약하였다. 이를 통해 우리가 논의하는 일의 성격과 맥락을 독자들이 보다 구체적으로 이해할 수 있도록 하고자 했다.

마무리하며

우리는 시스템 수준에서 깊은학습을 실현하기 위한 비용 대비 효과가 높은 강력한 접근 방식이라는 결론을 내렸다. 7개국의 참여자들 또한 전반적으로 동의하리라 생각한다. 하지만 여기서 끝나지는 않는다.

NPDL이 현장에 얼마나 정착되었는지에 대해서는 여전히 의문이 남아 있다. 어떤 시스템이든 리더는 대체로 5년 이내에 교체될 경우가 많으므로 우리는 리더들로 구성된 팀을 만들고 이를 중심으로 광범위하고 집중적인 지원 구조를 만들기 위해 애써왔다. 이는 지금까지 여러 해에 걸쳐 깊은학습 실천이 지속되는 데 중요한 역할을 한 것으로 보인다. 하지만 이처럼 다년간 노력했음에도 그 지원이 충분하지 않았거나 두텁지 않았던 몇몇 사례를 볼 수 있다. 변화는 본질적으로 취약하다. 그런 만큼 노력이 지속되어야 한다.

내부의 움직임만으로는 현 상태를 변화시키기 어렵다는 주장도 제기될 수 있다. 우리는 상위 조직에 의존하지 않고 하위 조직에 힘을 실어 주려고 최선을 다했지만, 그럼에도 아직 풀리지 않은 의문이 있다. 교육자들이 변화에 대한 신념을 갖고 있다 하더라도 자신의 습관과 성향, 그리고 기존 규범에 얽매인 시스템의 지속적인 압력에 직면했을 때, 그 신념을 계속 유지할 수 있을까 하는 것이다.

수십 년 동안 학교와 시스템의 개선에 대해 끈기 있게 연구해 온 하버드대 출신의 동료 리처드 엘모어(Richard Elmore)는 우리가 가진 의문에 대해 다음과 같은 답변을 보내왔다.

■ 근본적으로 제도 중심적인 사고는 미래를 상상할 때도 기존의 예측 가능하고 익숙한 방식으로만 생각하는 경향이 있다(개인 커뮤니케이션, 2017년).

또한 우리가 강조한 세 번째이자 근본적인 논점과 관련해 다음과 같이 덧붙였다.

■ 오늘날 사회는 점점 더 엄격한 경계가 없는, 보다 수평적이고 네트워크에 기반한 형태로 변화하고 있다.

수평적이고 네트워크에 기반한 학습은 우리의 핵심 전략이지만 위에 나온 엘모어의 지적은 진지하게 받아들일 만하다. 조슈아 레이모(Joshua Ramo, 2016) 역시 이와 유사하면서도 보다 구체적인 주장을 펼친다. 그는 우리가 진입하고 있는 세상을 '거대 연결의 세계(massively connected world)'라고 부르며 이 세계에서는 '일곱 번째 감각', 즉 글로벌 네트워크의 복잡한 연결 구조 안에서 수평적이고 수직적으로 참여할 수 있는 능력이 요구된다고 말한다. 우리는 이러한 현상이 빠르게 확산해 가고 있으며, 우리가 알고 있는 학교 교육 체계를 근본적으로 변화시킬 가능성을 기꺼이 인정한다. 그런 일이 실제로 일어난다고 할 때 깊은 학습을 경험한 학습자들은 거대한 변화에 더 잘 대비할 수 있을 것이라고 믿는다. 실제로 우리 안에는 미래의 네트워크 기반 학습 시스템을 이끌어갈 깊은학습 리더들이 존재하며, 이들은 오늘날 우리가 통상적으로 이해하는 '학교'의 틀을 넘는 새로운 학습 체계의 주체가 될 수도 있다.

앞으로의 어떤 미래든 핵심적으로 요구되는 요소는, 변화하는 학습 방식과 그 결과를 모두 평가하기 위한 새로운 측정 도구다. 이 주제는 다음 장에서 다룰 것이다.

측정이란 일을 정확히 하는 데서 끝나지 않는다.
그 일이 진짜 중요하고 가치 있는지를 가려내고,
그 일을 점점 더 잘 해내도록 개선하는 것이 핵심이다.

The goal of measurement is not only to do things right
but to do the right things and continuously improve doing that.

펄 주 Pearl Zhu

| 제9장 | 　　　　　　　　　　　새로운 측정과 평가

새로운 도구의 필요성

학습의 설계, 실행, 평가는 학습자의 성장을 측정하고 성공을 정의하는 역량에 좌우된다. 우리가 제시하는 전체 모델에는 평가하고 탐구해야 할 다양한 요소들이 존재한다. 그중 가장 새롭게 탐색해야 할 핵심 영역은 글로벌 역량, 즉 깊은학습 역량인 6C이며, 이를 실제로 어떻게 길러내고, 측정할 수 있을지를 보여주는 '학습 진전도'이다. 이 장에서는 우리 모델의 두 가지 핵심 구성 요소인 6C와 그 실천, 그리고 깊은학습 설계의 네 가지 요소를 집중적으로 다룰 예정이다.

　　이 책 전반에 걸쳐 우리는 학습자가 자신의 사고와 삶, 그리고 세상을 발전시킬 수 있도록 준비시키는 깊은학습에 대해 논의해왔다. 6C 역량은 미래 사회에서 학생들이 온전히 성장하는 데 필수적인 능력이다. 그리고 학생들이 이러한 역량을 개발하고, 학업에 숙달하며, 의미 있는 학습을 생성하고 이를 적용하여 삶과 지역사회에 진정한 변화를 만들 수 있도록 지원하는 깊은학습 설계의 중요성 또한 강조하고 싶다. 표준화 및 내용 암기에 가치를 두던 관행에서 벗어나, 새롭고 강력한 지식과 역량의 생성 및 적용에 가치를 부여하는 교육으로의 변화를 위해서는 측정 도구 및 평가 방식의 혁신적인 변화가 필요하다.

여기서의 차이는 단순히 학생이 무엇을 알고 있는지를 측정하는 것과, 그 지식이 핵심 역량들과 결합되어 학생이 앞으로 배우고, 창조하고, 행동하고, 성공할 수 있는 준비가 되어 있는지를 평가하는 것 사이의 근본적인 차이다.

| 깊은학습 역량 |

깊은학습 역량은 오늘날 학습자에게 가장 핵심적인 요소이며 이 역량을 어떻게 성장시킬 것인가가 교육의 중심에 놓여 있다. 그런데 깊은학습 역량을 측정하는 방식은 지금까지 전 세계 교육 시스템에서 일반적으로 사용되어 온 평가 방식과는 큰 차이가 있다. 역량 자체에 대한 이해뿐만 아니라 이러한 이해를 광범위한 학습 증거와 연결하고, 그 역량을 기르는 동시에 평가할 수 있는 학습 설계 능력을 요구하기 때문이다. 또한 깊은학습은 적절한 환경이 갖추어질 때에만 제대로 자라날 수 있다. 개별 학교는 물론 학교들의 네트워크, 나아가 시스템 전체가 깊은학습이 뿌리내리고 학생들에게 실질적이고 지속적인 변화를 가져올 수 있도록 지원하는 조건을 갖춰야만 한다. 성공적이고 의미 있는 평가를 위한 필수 단계는 다음과 같은 것들이 있다.

- 학습자에게 실제로 중요한 것이 무엇인지 식별하고 정의한다.
- 루브릭 또는 학습 진전도를 사용, 다양한 학습 또는 발달 수준에서 성공이 어떤 모습인지를 명확히 서술한다.
- 의견 차이가 있는 경우 합의된 성취기준을 바탕으로 새로운 평가 도구나 지표를 개발하거나 찾아낸다.
- 깊은학습을 설계, 실행, 평가하고 측정하는 전 과정을 통해 다양한 평가와 지표에 기반한 '증거 중심 의사결정'을 내린다.
- 학교 또는 지역교육청 내에서 필요한 경우 평가자 간 신뢰도 제고를 위해 평가 및 등급을 조정한다.
- 학습을 활용하여 역량 구축에 주력한다. 정말 중요한 것은 무엇이고, 학생들이 어떻게 성공을 거둘 수 있는지 교육 및 학습 프로세스를 학생들에게 집중시킨다.

위 내용을 바탕으로 우리는 각각의 역량에 대해 '깊은학습 진전도'를 개발하였다. 이를 개발한 목적은 다음과 같다.

- 각 역량별로 학습이 발전해가는 수준을 구체적으로 보여준다.
- 깊은학습 성과를 개발하고 측정하기 위해 공유된 용어와 공통된 이해를 제공한다.
- 깊은학습 역량 각각을 개발하기 위한 학생의 진전도를 측정하고 추적한다.

깊은학습 진전도에서는 깊은학습 역량을 여러 하위 영역으로 구분하여 그 역량을 구성하는 스킬과 태도 전반을 입체적으로 파악할 수 있게 설계하고 있다(도표 9.1).

각각의 영역마다 '관찰되지 않음(limited), 형성(emerging), 발전(developing), 가속(accelerating), 능숙(proficient)'의 다섯 단계 중 학생이 어디에 해당하는지 알 수 있게 기술되어 있다. 교사는 해당 영역에 대해 기술된 설명과 함께 다양한 학습 증거를 종합적으로 검토하여 학생이 어느 수준에 위치하는지를 평가할 수 있다.

| 깊은학습 설계 |

5장과 6장에서 깊은학습 설계의 네 가지 요소를 자세히 논의하고 이들 요소가 깊은학습 경험의 설계 및 실행 과정에서 서로 유기적으로 결합되어야 함을 강조한 바 있다.

다음은 이를 지원하는 세 가지 도구이다.

- 학습 설계 프로토콜. NPDL 학습 설계를 위한 프로토콜은 협력적 탐구 과정과 함께 사용되며, 교사들이 깊은학습 경험을 설계하는 데 필요한 구조적 지원을 제공하는 도구다.
- 학습 설계 루브릭. 깊은학습 설계의 네 가지 요소별로, 깊은학습 경험이 실제로 어떤 모습으로 나타나는지 진전 단계에 따라 기술한 도구다. 이 루브릭은 깊은학습 경험의 설계 수준을 평가하고 더 나은 학습을 위해 재설계를 지원하는 도구다.

- **교사의 자기평가.** 교사 자신이 설계한 깊은학습 경험에서 강점을 보이는 영역과 개선이 필요한 분야를 스스로 진단할 수 있도록 지원하는 도구다.

교사들은 특정 깊은학습 경험을 설계, 구현, 평가하고 성찰한 후, 이를 토대로 깊은학습 모범 사례를 설계하고 공유할 수 있다. 그 예로는 깊은학습이 어떻게 발전하고 어떻게 행동하는지 설명하는 학습 설계, 실현, 평가 및 결과와 같은 것들이 있다. 예시 자료는 문서, 서면 또는 시각적 설명 및 성찰, 동영상, 사진 또는 발생한 깊은학습을 표현하고 설명하는 기타 수단의 형태로 공유된다.

이러한 사례들이 축적되면 깊은학습 진전도의 모든 수준에서 깊은학습이 어떻게 보이는지 설명하고, 깊은학습 성과를 가속하는 새로운 교수법을 집단적으로 식별하고 확산할 수 있도록 지원하게 된다. 교사들이 작성한 모범 사례는 풍부하고 광범위한 정보를 담고 있으므로 그 자체로 강력한 도구로 인식될 수 있다. 또한 깊은학습 측정 및 도구의 적용을 검증하고, 교사들이 어떻게 깊은학습 역량을 성공적으로 길러내고 있는지를 구체적으로 설명해준다.

도표 9.1 깊은학습 진전도의 예 (협업 역량)

단계 영역	관찰되지 않음 Limited Evidence	형성 Emerging	발전 Developing
상호 보완적 협력	개별적으로 학습 과제를 수행하거나 2인 1조 또는 그룹을 이루어 비공식적으로 협력하지만 팀으로 함께 작업하지는 않음. 몇 가지 문제나 내용을 함께 논의하지만 프로세스 관리 방법 등 중요하고 실질적인 결정에는 참여하지 않을 수 있음. 이는 팀 작업이 얼마나 잘 이루어지는지에 부정적 영향을 미침.	2인 1조 또는 그룹을 이루어 함께 작업함. 그룹의 일원으로 과제를 완수하기 위해 책임감을 가짐. 과제는 각 구성원의 강점과 전문성에 일치하지 않을 수 있고, 그룹 구성원의 기여도는 공평하지 않을 수 있음. 함께 논의하여 어떤 결정을 내리기 시작하지만 가장 중요하고 실질적인 결정은 한두 명의 구성원에 의해 이루어지고 있음.	2인 1조 또는 그룹을 이루어 효과적으로 함께 작업함. 구성원 각자의 개별적인 강점과 전문성에 맞추어 과제를 조정하는 방법을 함께 결정함. 중요한 문제 또는 프로세스에 대해 모든 구성원이 공동으로 참여하여 결정하고, 팀 차원의 해결책을 개발함.
대인관계 및 팀 관련 스킬	공동의 결과물을 만들거나 작업을 진행하는 데 있어서 서로 도와주긴 하지만, 대인관계 및 팀 관련 스킬은 아직 분명하지 않음. 학습자들은 서로에 대한 공감이나 함께 일하려는 공동의 목적 의식을 아직 보여주지 못하고 있음.	작업에 대한 집단적 소속감을 보여주고 있으며 대인관계 및 팀 관련 스킬도 드러내기 시작함. 공통 과제 또는 공동 결과물, 제품, 설계, 대응 또는 결정에 초점을 두고 있지만, 주요 결정은 한두 명의 구성원에 의해 이루어지고 있음.	작업에 대한 집단적 소속감과 대인관계 및 팀 관련 스킬을 보여줌. 활동 전반에 걸쳐 공동 책임 의식이 뚜렷하게 나타남. 작업의 시작부터 끝까지 팀 단위에서 경청하고, 협상하며, 작업의 목표, 내용, 프로세스, 설계 및 결론에 합의함.
사회정서, 다문화적 스킬	자신이 어떤 사람인지, 자신의 행동이 다른 사람에게 어떤 영향을 미치는지 인식하고 있음. 다만 사물을 자신의 관점에서만 바라보는 경향이 있으며 이것은 경우에 따라 긍정적인 관계를 형성하는 데 장애가 될 수 있음.	자신이 어떤 사람인지, 세상 속에서 어디에 속하는지, 자신의 행동이 다른 사람에게 어떤 영향을 미치는지 분명히 인식하고 있음. 이러한 자기 인식은 타인의 감정과 관점이 자신과 어떻게 다른지를 더 잘 이해할 수 있는 기반을 제공하기 시작함.	자신이 어떤 사람인지, 자신의 관점이 어디에서 비롯되었는지 잘 인식하고 있음. 자기 인식과 경청 스킬을 바탕으로 타인의 감정과 관점을 더 잘 이해하고 공감할 수 있음. 단순한 관용이나 수용을 넘어, 자신과 매우 다른 관점까지 존중하고 소중하게 여길 수 있음.

가속 Accelerating	능숙 Proficient
상호 보완적으로 함께 작업함. 구성원 각자의 개별적인 강점을 최대한 활용, 실질적인 결정을 내리고 아이디어와 해결책을 개발하는 방법을 명확히 할 수 있음. 상호 보완적인 팀워크를 통해 모든 구성원의 기여도가 고루 반영되고 있음. 중요한 아이디어를 공유하고 결과물을 산출하는 데 이러한 팀워크가 잘 결합되어 있음이 명확히 드러남.	구성원 각자의 개별적인 강점을 최대한 활용할 뿐만 아니라 이를 바탕으로 구성원 각자가 새로운 스킬을 배우고 발전시킬 기회를 얻게 됨. 효과적이고 시너지를 발휘할 수 있는 상호 보완적 팀 작업이 이루어짐. 구성원 각자의 강점과 관점이 반영되어 모두에게 이익이 되는 최상의 결정이 내려지도록 함. 즉 깊은 수준에서 실질적인 결정이 논의되도록 보장하는 것이 포함됨.
학습자가 자신이 함께 수행한 작업이 팀 전체의 공동 책임 하에서 어떻게 이루어졌는지 분명하게 설명할 수 있음. 경청, 조정 등의 효과적인 팀워크 스킬을 활용할 수 있음. 모든 구성원의 목소리가 작업 방식이나 산출물에 반영됨.	학습자가 개인적으로, 또 팀 전체적으로 협업이 가장 효과적으로 이루어지도록 주도적으로 책임감을 가짐. 협업 프로세스를 적극 관리하고, 개인의 아이디어와 전문 지식을 최대한 활용하며, 결과물이 가장 높은 수준의 품질과 가치를 갖도록 책임감을 갖고 노력함.
자아에 대한 의식이 강하며, 자신의 관점이 어디에서 비롯되고 그것이 다른 사람들의 관점과 어떻게 다른지 이해하고 있음. 주의 깊게 경청하고, 타인의 감정과 관점에 공감하며, 이를 자기 자신의 학습을 풍요롭게 하는 데 활용함. 팀의 일원으로서 이들은 자신뿐 아니라 다른 구성원도 지원하고, 격려하며, 도전하고, 성장시키는 방식으로 효과적으로 협력함.	개인적·문화적 정체성에 대한 명확한 인식을 바탕으로 고도로 발달된 사회정서적 스킬을 갖추고 있음. 문화와 학문 분야를 넘나들며 원활하게 소통하고, 팀 내에서 효과적으로 협업하며, 긍정적인 관계를 형성함. 관점 수용과 공감, 곧 타인의 관점을 이해하고 그에 따라 자신의 행동을 변화시키는 능력을 통해 팀의 기능을 뚜렷하게 향상시킬 수 있음.

단계 영역	관찰되지 않음 Limited Evidence	형성 Emerging	발전 Developing
디지털 활용	학습자가 과제 수행에 일부 디지털 요소를 사용하긴 했지만 매우 '표면적 수준'에 머물렀고, 협업의 질이나 결과물에 실질적으로 기여하지는 못함.	학습자가 디지털 도구를 활용하여 공동의 작업 방식을 한층 수월하게 진행했음. 만약 디지털 도구를 활용하지 않았다면 이 정도 수준으로 진행하기 어려웠을 것이나 그 수준이 협업을 큰 폭으로 심화시켰다고 보기는 어려움.	학습자가 디지털 요소를 효과적으로 활용하여 상호 의존적인 작업을 장려하고, 피드백 속도를 높이며, 혁신의 순환을 가속하고, 구성원 간 협업의 깊이를 심화시킴.
팀의 역동성과 도전과제 관리	학습자가 팀 내 도전 과제를 다음 두 방식 중 하나로 잘못 다루고 있음. (1) 자신의 관점에 과도하게 집착하고, 타인의 입장에 공감하는 데 어려움을 겪으며, 판단을 내리지 못하고, 진심으로 경청하지 못하는 경우, (2) 갈등을 회피하기 위해 자신의 의견을 말하지 않고 타인의 의견에 따르거나, 부적절한 또래 압력 앞에서 너무 쉽게 자신의 입장을 바꾸는 경우. 그 결과, 팀은 갈등 속에 멈춰 서거나 팀 전체가 공감하지 않는 방향으로 잘못 나아가게 됨.	긍정적인 협업 관계를 형성하고 유지하는 일, 부적절한 또래 압력에 저항하는 일에 있어서 반드시 교사의 지도가 필요함. 갈등 상황을 대하는 방식에서 점차 신중함을 갖기 시작하여, 각 팀원이 자신의 관점을 나누도록 유도하고, 서로의 차이를 논의하려는 시도를 하고 있음. 그러나 아직 그 차이의 근본적인 원인까지 깊이 파고들지는 못하고 있어, 문제를 효과적으로 해결하거나 불필요한 갈등 없이 조정하는 데에는 어려움을 겪기 쉬움.	팀 내에서 대체로 효과적으로 협업하지만, 갈등 해결, 부적절한 또래 압력, 기타 도전 과제에 대해서는 때때로 도움을 필요로 함. 자신과 타인의 관점을 뒷받침하는 요인을 식별하는 능력을 점차 키워가고 있음. 자신의 견해를 명확히 하고 존중하는 방식으로 표현하고, 타인의 의견을 경청하며 배우는 태도도 향상되고 있음. 다만 비교적 사소한 사안에 대해 지나치게 깊이 있는 논의를 이어가느라 팀의 진전이 지체되지 않도록, 어떤 논의에 집중할지 선별하는 능력은 아직 더 발전이 필요함.

출처 McEachen, J., & Quinn, J. Collaboration Deep Learning Progression.
Copyright © 2014 by New Pedagogies for Deep Learning™ (NPDL)

가속 Accelerating	능숙 Proficient
학습자가 디지털 도구나 기술을 어떻게 활용했는지, 어떻게 상호 의존성을 촉진하고 협업의 본질을 심화시켰는지, 공동의 책임감을 향상시켰는지, 팀이 중요한 결정을 함께 내리는 역량을 어떻게 키웠는지를 명확하게 설명할 수 있음.	학습자가 과제 전반에 걸쳐 디지털 요소를 폭넓고 강력하게 활용, 협업의 질을 심화하고 혁신을 촉진했음. 각각의 디지털 요소가 팀의 학습을 어떻게 가속하고 향상시켰는지에 대해 학습자가 구체적으로 설명할 수 있으며, 이러한 이해를 새로운 맥락이나 다양한 상황에 적용할 수 있음.
학습자 자신과 타인의 관점을 뒷받침하는 핵심 요소를 능숙하게 파악하고 있음. 무엇을 토론할지 신중히 선택하며, 논쟁의 대상을 가려내는 판단력도 갖추어가고 있음. 자신의 관점을 표현할 때는 점점 더 명확하고 용기 있게 말하며, 타인의 의견을 경청하고 배우는 태도 역시 함께 길러가고 있음. 다양한 의견을 탐색하면서도 팀의 진전을 지체하지 않고, 오히려 다른 이들의 학습에 기여하는 방식으로 의견 교환을 할 수 있는 역량이 점차 숙련되고 있음.	학습자 자신과 타인의 관점을 뒷받침하는 핵심 요소를 깊이 이해하고 있으며, 자신의 생각을 효과적으로 표현할 수 있는 용기와 명확성을 갖추고 있음. 타인의 의견을 경청하고 그로부터 배우려는 공감 능력도 지니고 있음. 다양한 의견을 존중하며 탐색하고, 이를 통해 자기 자신과 타인의 학습과 사고를 더욱 풍요롭게 하며, 팀이 함께 설정한 방향으로 나아갈 수 있도록 돕고 있음.

초기 측정 결과

| 6C 역량 |

NPDL은 참여자들의 깊은학습 여정을 지원하기 위해 '깊은학습 허브'라는 전용 플랫폼을 운영하고 있다. 수집된 모든 데이터는 교실, 학교, 클러스터, 시스템 및 글로벌 수준에 이르기까지 파트너십 전반에 걸쳐 깊은학습 실천에 대한 통찰을 공유하고 확산하는 데 활용된다.

2016년에 NPDL은 첫 번째 글로벌 보고서를 발간했는데, 여기에는 전 세계 참여자들이 제출한 용어, 실천 사례, 기타 자료를 바탕으로 작성된 '깊은학습의 글로벌 기준선(baseline level)'이 담겼다. 또한 보고서에는 깊은학습이 발달하는 데 일관된 조건들, 도전적 과제를 성공적으로 극복한 방법, 그리고 학생과 교사 모두에게 나타난 깊은학습의 영향에 관한 초기 측정 결과를 강조하였다(New Pedagogies for Deep Learning, 2016). 매년 발행되고 있는 이 보고서는 제시된 기준을 토대로 성장을 측정하고, 전 세계적으로 깊은학습의 영향을 더욱 확대하고 있다.

이 새로운 측정 작업은 아직 초기 단계에 있기는 하나, 깊은학습 역량에 관해 다음과 같이 평가하고 있다.

■ 글로벌 기준에서 볼 때 학생들의 깊은학습 역량 발달 수준은 전반적으로 초기 단계에 머물러 있다. 이는 기존의 학습 설계와 실행 방식이 깊은학습의 성과를 효과적으로 길러내지 못했음을 보여준다. 학생들의 깊은학습 진전도를 측정한 결과 NPDL 도구 및 프로

세스가 6C 습득에 미치는 영향이 확인되었다(NPDL, 2016, p. 1).

깊은학습 진전도의 등급 판별을 위해 수집한 자료는 학생 및 학교 성과에 대한 풍부한 정보를 담고 있다. 교사들은 깊은학습 진전도의 각 차원에 대한 평가와 함께, 학생 개개인이 특정 역량을 얼마나 발달시켰는지에 대한 종합적인 평가도 제공한다.

<도표 9.2>는 각각의 역량별로 깊은학습 진전도 수준에 따른 평가 결과를 보여준다.

도표 9.2 역량별 깊은학습 진전도 평가 결과

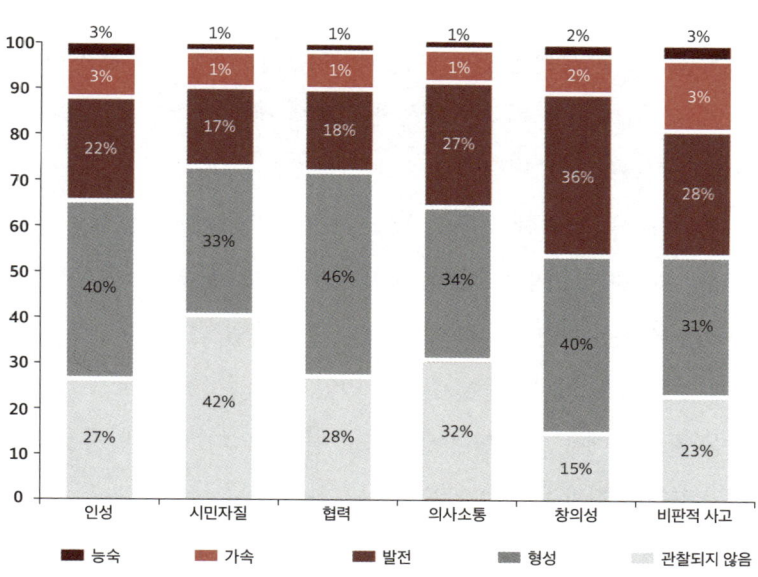

출처 Copyright © 2014 by New Pedagogies for Deep Learning™ (NPDL)

6C에서 50퍼센트 이상의 학생이 '관찰되지 않음' 또는 '형성' 단계에 있는 것으로 평가되었다. 기준선 데이터에서 학생들이 가장 높은 수준을 보이는 것은 창의성과 비판적 사고 역량이다. 이들 역량은 이전에는 피상적으로만 다루어진 수준이었을 수 있으나, 지금은 전 세계의 참가자들이 이 역량들에 대해 명확한 언어와 틀을 갖게 된 것이 큰 전환점이었다고 입을 모은다. 예를 들어, '창의성'을 이해하고 깊이 있게 이야기할 수 있는 능력은 교사들에게 학습 경험을 새롭게 설계하고, 학습자의 창의성을 극대화하는 방식으로 학습 환경을 구조화할 힘을 주었다. 이처럼 새로운 가능성에 대한 기대감 속에서 창의성은 다른 역량의 발달을 촉진하는 촉매 역량으로 급부상했다. 다른 역량들을 보다 창의적이고 의미 있는 방식으로 발달시킬 수 있도록 이끄는 중심축 역할을 하기 때문이다. 비판적 사고는 평가의 복잡성으로 인해 널리 논의되지만, 실제로 깊이 있는 실천은 많지 않은 역량이었다. 이로 인해 참가자들은 학습자들이 의미 있는 지식을 구성하고 실제 세계에 적용할 수 있도록 하기 위해 처음부터 이 역량에 집중하게 되었다.

시민자질을 제외한 모든 역량에서 대다수의 학생들이 '형성' 수준에 몰려 있는 것으로 평가되었다. 시민자질 역량의 경우, 전 세계적으로 가장 낮은 기준선 평가 결과를 보였으며, 평가된 학생의 75퍼센트가 '관찰되지 않음' 또는 '형성' 단계 수준에 있었고, 그중 42퍼센트가 '관찰되지 않음'에서도 매우 초기 단계에 있다고 평가되었다. 즉 시민자질 역량의 평가 결과는 전반적으로 가장 낮게 나타났다.

NPDL은 세계 시민의 관점으로 사고하고, 타인에 대한 연민을 갖고, 다양한 가치와 세계관에 대한 깊은 이해를 바탕으로 글로벌 문제를 고민하고, 인간과 환경의 지속 가능성에 영향을 미치는 모호하고 복잡한 현실 세계 문제를 해결하려는 의지와 능력을 갖는 것으로 '시민자질'을 정의한다. 시민자질 역량 차원에서도 학생들의 진전 정도는 '인간과 환경의 지속가능성에 대한 진정한 관심' 영역에서 가장 높았고, '글로벌 관점 계발'에서 가장 낮은 수준을 보였다. 지속가능성과 성공에 영향을 미치는 문제들은 전 세계 학습자들의 삶과 밀접하게 연결되어 있으며 의미 있는 주제다. 이에 대한 관심을 키우고 학생들이 글로벌 관점을 계발하는 데 도움이 되는 학습은 학생들이 자신의 삶과 전 지구적 공동체 모두에 중요한 문제들을 이해하고 해결할 수 있도록 뒷받침하게 될 것이다.

시민자질은 글로벌 연결성과 인식 확대에 힘입어 최근 부각된 영역이다. 반면 협업은 오랫동안 교육의 기본 요소로 자리 잡아왔다. 전체 평가 기준으로 보면, 학생의 74퍼센트가 협업 역량에서 '관찰되지 않음' 또는 '형성' 단계 수준에 머물러 있다. 이중 46퍼센트의 학생이 '형성' 수준에 있는데, 이는 협업을 일상적으로 수행하더라도 깊이 협력하지는 못하는 수준이다. '숙련' 도달 여부는 단순히 과제 결과물 품질만을 보고 판단하는 것이 아니다. 여기에는 팀 내 역학관계 및 갈등을 관리하고, 실질적인 의사결정을 수행하고, 타인의 학습에 기여하고 그로부터 배우는 역량까지 포함된다. 전통적인 교수학습 프로세스는 깊은학습 결과를 효과적으로 길러내지 못하는 방식으로 설계되어 있었다. 이는 NPDL 방식의 깊은학습 경험을 통해 비로소 기를 수 있을 것이다.

다음은 NPDL에 참여한 한 학교 집단의 조사 결과를 다루고 있다. 이 학교들은 학습 과정의 여러 시점에서 학생들의 역량 발달 정도 및 깊은학습 성과를 추적하였다. NPDL에 참여한 지 1년이 채 되지 않은 '지역 A'의 놀라운 성장은 우리가 제안하는 새로운 교수법의 영향을 잘 보여준다. 특히 이러한 효과는 교사의 깊은학습 설계와 공유에서 가장 명확하게 나타난다.

▪ 이제 기준선 데이터가 마련된 만큼, NPDL은 앞으로 학생들의 깊은학습 역량이 전체적으로 얼마나 향상되었는지, 나아가 각 학생이 학습 과정 전반에 걸쳐 어떻게 성장했는지를 다각도로 측정하려 한다. 지금까지 수집된 거의 모든 데이터는 학생의 성장 수준을 한 시점에서만 측정한 것이었으나, NPDL에 참여한 한 학교 집단("A지역")의 교사들은 깊은학습 도입 초기부터 첫 학년 말까지의 학습 진전도를 지속적으로 평가 측정하였다. 총 157건의 학생 평가 결과 73퍼센트 이상이 깊은학습 역량에서 진전을 보였고 21퍼센트 이상은 두 단계 이상 성장한 것으로 평가되었다.

특히 전 세계적으로 가장 낮은 기준선 수준을 보인 '시민자질' 역량의 경우, 깊은학습을 경험한 학생들 상당수에서 성장이 확인되고 있다. 1년간의 데이터를 축적한 46명의 학생들 중 93퍼센트 이상이 성장을 보였고 이들 중 37퍼센트는 여러 단계의 성장을 뚜렷이 보여주었다.

| 새로운 교수법의 시도 |

깊은학습을 설계하고 실천하는 데 있어 교수법, 학습 파트너십, 학습 환경, 디지털 활용이란 네 요소는 필수적이다. NPDL에 참여한 교사들은 이 네 가지 요소를 중심에 두고 새로운 교수법을 수업 설계에 통합, 깊은학습이 실제로 교실 안에서 구현되도록 이끌어왔다. <도표 9.3>은 깊은학습 모범 사례에서 수집된 것으로, 네 가지 요소 각각에 걸쳐 중요한 학습의 단서들을 보여주고 있다.

깊은학습 경험을 설계하는 일은 교사들의 성장에도 도움을 준다. 즉, 깊은학습을 설계하는 과정 자체가 교사들에게 있어 전문성 향상의 장이 되고 있다는 말이다. NPDL에서는 깊은학습 진전도를 사용하여 학습 성과를 측정하고 평가하는 역량, 깊은학습과 교육과정을 연계하여 수업을 설계하는 역량을 기르는 일에 중점을 두고 있다.

▶▶ 학습 성과의 측정과 평가

깊은학습 모범 사례를 보면 해당 학습 경험 전반에 사용된 평가 방식에 대한 설명뿐만 아니라, 학습 전후의 진전도 평가 결과도 포함되어 있다. NPDL 호주 클러스터의 브라우어 고등학교 학생들은 루브 골드버그(Rube Goldberg, 미국의 카투니스트로서, '모자 청소 장치' '골프공 찾는 장치' 등 재미있는 발명 아이디어를 카툰으로 표현하여 수많은 창작자와 발명가에게 영감을 줌—옮긴이)의 장치를 설계하는 깊은학습 경험에 참여했는데 다음과 같이 평가가 진행되었다.

도표 9.3 깊은학습 모범 사례에 포함된 학습 설계의 단서들

교수법 실행

- 학생, 교사, 학부모, 지역사회 구성원이 함께 참여하는 공동 설계(co-design), 학습 과정의 여러 지점에서 학생이 자신의 성장과 학습을 되돌아보는 성찰 활동, 그 과정에서 동료 피드백과 집단이 설정한 성취기준을 함께 활용하는 방식, 그리고 학생의 삶과 세상에 실제로 연결되고 변화를 이끄는 교과 간 융합 학습 등이 포함됨.
- 교사들은 깊은학습 역량을 길러주는 학습 경험을 설계하면서, 동시에 다양한 발달 과제를 함께 지원하는 방식으로 성과를 거두고 있음.

학습 파트너십

- 학생들 간의 학습 파트너십이 적극적으로 형성되며, 이는 학급 내뿐 아니라 학년 간 협업과 지식 공유의 질을 높이는 데 기여하고 있음.
- 학생과 교사가 학습의 설계, 실행, 평가에 함께 참여하는 새로운 관계를 통해 학습자 주도성이 한층 강화되었음.
- 학부모, 가족, 지역사회 구성원과의 협업은 학습 결과와 학생의 몰입도를 높였으며, 참여한 모든 사람에게 의미 있는 학습 경험을 만들어줌.

학습 환경

- 학습에 대한 주인의식이 갖춰지면 학생은 이전에는 불가능했던 방식으로 자신의 능력을 개발하고 드러내며, 자신과 다른 사람의 삶에 긍정적인 영향을 미치는 학습에 몰두하게 됨.
- 깊은학습은 학습이 교실 벽을 넘어 가족과 지역사회 구성원에 의해 더욱 발전되기 때문에 언제 어디서나 지식과 역량 계발을 촉진함.
- 학습, 혁신 및 성찰의 문화는 모든 구성원이 위험을 겁내지 않고, 성공과 도전에 대해 숙고하고, 학습 결과에 미칠 영향에 비추어 모든 조치와 결정을 숙고할 수 있는 권한을 부여함.

디지털 활용

- 디지털 기술은 깊은학습을 가능하게 하고 가속함. 새로운 교수법을 통해 가르치는 것은 모든 학습자를 위한 깊은학습 결과의 진정한 동인임.
- 기술 자체의 정교함이나 복잡성이 아니라 학습 경험을 심화하기 위해 기술을 활용하는 방법에 중점을 두는 것이 가장 바람직함.
- 디지털 기술을 효과적으로 활용하면 새로운 교수학습 설계의 모든 요소가 향상됨. 지리적 위치에 관계없이 학생 및 커뮤니티 전문가와의 깊은학습 파트너십을 촉진함. 설계 및 실현을 학습할 수 있는 풍부한 기회를 제공함. 그리고 교실 안팎에서 학습을 통제할 수 있는 학생들의 능력을 지원함.

출처 Copyright ©2014 by New Pedagogies for Deep Learning™ (NPDL)

- 자기평가표(self-assessment sheet)를 작성하여 사회적, 인지적 협업 능력을 점검했다.
- 패들렛(Padlet, 콘텐츠를 게시하고 공동으로 수정 편집할 수 있는 애플리케이션―옮긴이)을 사용해보고, 자신이 알고 있는 협업의 개념과 단순한 소그룹 활동의 협업이 어떻게 다른지 공유했다.
- 활동 진행 상황을 동영상으로 기록해 공유했다.
- 학생들의 설계 내용에 대하여 동료 피드백이 이루어졌다.
- 디지털 도구인 '솔루션 플루언시(Solution Fluency, 정의>발견>꿈>디자인>전달>요약의 6단계로 진행됨―옮긴이)'와 구글 문서를 사용했다.
- 교사와 학생 모두가 활용할 루브릭을 마련했다.
- 개인 및 그룹 단위로 성찰 과제 활동을 진행했다.
- NPDL의 협업 역량에 관한 '깊은학습 진전도'를 학생용 버전으로 바꾸어 학생들 스스로 자기평가를 실시하게 했다.
- 가장 창의적이고 혁신적인 '루브 골드버그 장치'를 뽑는 투표를 진행했다.

깊은학습 교사들은 학생의 실행을 더 잘 이해하고 측정 및 평가하기 위해 매우 다양한 접근 방식을 사용하고 있다. <도표 9.4>와 <도표 9.5>는 '시민자질' 역량의 하위 영역인 '글로벌 관점 계발'의 성장을 측정하고 평가한 사례로, NPDL 캐나다 클러스터의 교사 케리 데니예스가 설계했다. 몇 명의 학생을 선정하여 깊은학습 전후의 수준을 진단한 것으로, 학생의 성장과 진전 정도를 비교하여 살펴볼 수 있다.

도표 9.4 역량 진단을 위한 평가지 (수업 전)

[평가 항목] ☐ 창의성 ☐ 비판적 사고 ☐ 의사소통 ☐ 인성 ☑ 시민자질 ☐ 협업
[평가 지수] 1 (관찰되지 않음) 2 (형성) 3 (발전) 4 (가속) 5 (능숙)

이름(번호)	성별	평가	글로벌 관점 계발
927252035	F	2	크리스마스에 아프리카 가정을 돕기 위해 치킨을 구입한 가족의 활동을 공유함. 글로벌 이슈에 대한 관심은 있었지만, 이런 행동이 갖는 더 큰 의미나 맥락에 대해서는 명확하게 이해하지 못함.
927252036	M	1	Earth Rangers(캐나다 환경교육단체) 참여 등 개인적 경험과 연결해 글로벌 이슈에 대한 관심을 보였지만, 표면적인 수준의 연결에 머물렀고 깊이 있는 이해는 부족했음. 다만 다른 학생들의 참여를 유도하고 대화를 확장시킨 점은 긍정적으로 평가됨.

도표 9.5 역량 진단을 위한 평가지 (수업 후)

[평가 항목] ☐ 창의성 ☐ 비판적 사고 ☐ 의사소통 ☐ 인성 ☑ 시민자질 ☐ 협업
[평가 지수] 1 (관찰되지 않음) 2 (형성) 3 (발전) 4 (가속) 5 (능숙)

이름(번호)	성별	평가	글로벌 관점 계발
927252036	M	4	• 자신이 경험한 일들을 글로벌 이슈와 연결지어 생각하며, 학습 주제와 관련된 뉴스 기사(예: 기후 온난화와 북극 빙하에 미치는 영향)를 공유함으로써 전체적인 맥락 속에서 사고하려는 태도를 보였음. • 깊이 있는 사고를 보여주는 질문을 던지며, 학급 내 대화를 더욱 확장시킴. • 수업 중 제기된 질문에 대해 스스로 추가적으로 탐구한 뒤 답변을 제시함. • 학습한 내용을 가정으로까지 확장시켜, 가족의 생활 습관을 지구 환경에 도움이 되는 방향으로 바꾸도록 권장함.

출처 Denyes, K. (2016). An Adventure With Air and Water [NPDL Exemplar].

▶▶ **교육과정과 연계한 수업 설계**

초기 작업에서 가장 중요하게 다뤄진 성찰 지점 중 하나는 깊은학습 개념과 프로세스를 지역 및 국가 교육과정과 어떻게 연결하고 재구성할 것인가에 관한 문제였다.

최근에는 주 또는 국가 수준의 교육과정에서 글로벌 역량을 중요하게 포함시키고 있는데, 호주 빅토리아주, 캐나다 브리티시컬럼비아주와 온타리오주, 핀란드, 뉴질랜드 등의 교육과정에서 그러한 사실을 확인할 수 있다. 하지만 이 새로운 교육과정 문서에는 해당 역량을 어떻게 실행하고 평가할 것인가에 대한 충분한 지침이 여전히 부족한 실정이다. NPDL은 이 부분에서 중요한 역할을 수행한다. 실제로 참여자들은 NPDL에서 다루는 여러 도구와 중점 사항들이 해당 지역의 새로운 교육과정과 연결되는 데 많은 도움을 주었다고 평가했다. 다시 말해 깊은학습은 주 또는 국가 수준의 교육과정과 충돌하거나 반하는 것이 아니라 그것을 뒷받침하는 방식으로 작동할 수 있다.

실제 사례를 통해 이 점을 확인해보자. <도표 9.6>은 캐나다 밀그로브 공립학교의 교사 조디 하우크로프트가 수행한 깊은학습 모범 사례에서 발췌한 것이다. 이 표를 보면 깊은학습 프로젝트가 캐나다 온타리오주 교육과정의 다양한 영역 및 성취기준과 어떻게 연결되는지 알 수 있다. 여기 사용된 알파벳과 숫자는 해당 국가의 교육과정 문서 내 항목들을 나타내며, 각각의 역량이 교육과정 내의 요구사항과 어떻게 연결되어 있는지 명시하고 있다.

도표 9.6 깊은학습과 교육과정의 연계 예시 (캐나다 밀그로브 공립학교)

사회
인간과 환경 - 지역사회 (Grade 1)
- B2 사회 연구 조사 프로세스를 사용하여 사람들 사이의 상호 관계의 일부 측면과 지역 사회의 자연적, 인위적 특징을 조사하며, 이러한 상호 관계의 중요한 장단기 효과에 초점을 맞춘다.

세계의 여러 지역들 (Grade 2)
- B2 사회 연구 조사 프로세스를 사용하여 선택한 지역의 기후를 포함한 자연 환경과 해당 지역 사람들이 사는 방식 간의 상호 관계 측면을 조사한다.

과학
생태계 이해 - 생물의 필요성과 특성 (Grade 1)
- 1.0 건강한 환경을 유지하기 위한 인간의 역할 평가

생태계 이해 - 동물들의 성장과 변화 (Grade 2)
- 1.0 동물이 사회와 환경에 미치는 영향과 인간이 동물과 그들이 사는 장소에 미치는 영향 평가, 그리고 지구와 우주 시스템 이해 - 환경 속의 공기와 물
- 1.0 인간의 행동이 공기와 물의 질에 영향을 미치는 과정, 그리고 공기와 물의 질이 생물에게 영향을 미치는 방법을 평가

수학
기하학 및 공간 감각
- 위치 언어를 사용하여 대상의 상대적 위치를 설명한다. (Grade 1)
- 객체의 상대적 위치를 설명하고 표현하며 지도에서 객체를 나타낸다. (Grade 2)

언어
쓰기 (Grades 1 and 2)
- 2.1 몇 가지 간단한 형식을 사용하여 짧은 글 쓰기
- 2.5 도움과 가르침을 받아 주제에 대한 그들의 관점과 다른 관점을 식별하기 시작함

읽기 (Grades 1 and 2)
- 1.1 몇 가지 다른 유형의 문학 텍스트, 그래픽 텍스트(예: 환경 인쇄, 표지판) 및 정보 텍스트 읽기
- 1.5 텍스트에서 명시적이고 암시적인 정보와 아이디어를 사용하여 간단한 추론과 합리적인 예측하기
- 1.6 텍스트를 자신의 지식과 경험, 다른 텍스트 및 주변 세계와 연결하여 깊은 이해를 확장함

말하기 (Grades 1 and 2)
- 2.2 짝과 함께 나누기, 소그룹 및 대규모 그룹 토론을 포함하여 다양한 상황에서 적절한 말하기

건강
개인 안전과 사고 예방 (Grade 1)
- C3.1 가정, 지역사회 및 야외에서의 잠재적 위험에 대한 지식을 사용하여 다양한 상황에서 자신과 다른 사람의 안전을 유지하고 부상을 방지하는 방법에 대한 이해를 보여줌

개인 안전과 사고 예방 (Grade 2)
- C1.1 가정에서 개인의 안전을 강화하는 관행에 대한 이해를 보여줌

출처: Howcroft, J. (2016). What Makes a Great Community? [NPDL Exemplar].

두 번째 사례인 <도표 9.7>은 핀란드의 새로운 국가 수준 교육과정에서 발췌한 내용이다. 핀란드의 NPDL 리더들은 인성, 협업, 의사소통 등 깊은학습 역량의 하위 영역들을 교육과정과 대응시키고 있다(예를 들어 '자신의 강점을 찾고 이를 학습에 활용하기'는 인성 역량의 하위 영역인 자기인식이나 자기주도성에 해당함—옮긴이). 또한 디지털 활용을 통해 교과 간의 경계를 넘는 학습이 가능해지며, 학생과 교사 모두에게서 협력적 탐구가 촉진된다.

도표 9.7 깊은학습과 교육과정의 연계 예시 (핀란드)

교과 간 활동 개요				
같은 색과 모양*으로 표시된 활동은 동일한 과제로, 여러 교과에 걸쳐 연결 진행됨을 뜻함.				
ICT와 예술	핀란드어	영어	지리	학습, 사고 스킬, 사회기술
인터뷰 영상 촬영 및 편집	인터뷰 대본 작성하기	공동 작업으로 질문 목록 만들기	인터뷰 영상	자신의 강점을 찾고 이를 학습에 활용하기
OneNote 활용 공동 작업	OneNote 활용 공동 작업	인터뷰 대본 작성하기	OneNote 활용 공동 작업	학교 활동에서 능동적인 역할 찾기
시각적 발표자료(PPT) 만들기	구두 발표	인터뷰 영상	발표 활동 (구두 및 서면 발표)	학습 활동에서 즐거움 찾기
정보검색		등장인물에 대한 글쓰기 및 영상 발표	등장인물에 대한 영상 발표	학습 계획 수립 인내심 기르기
대칭그림 제작하기			다른 학생들의 정보지를 보고 새로운 정보 수집	협력과 의사소통 스킬 키우기
			워크북 및 노트필기 과제	자기평가 및 동료평가 연습

출처: Ilo, A., & Saarenkunnas, M. (2016). Europe [NPDL Exemplar].

* 원서에서는 여러 색으로 구분하여 제시하였으나, 여기서는 색상 및 글자 모양으로 구분하여 제시함 - 편집자

'새로운 측정' 방식에서 사용하는 용어는 개별 국가와 학교에서 공통의 이해를 제공할 뿐만 아니라 전 세계적으로 시행 가능한 수준의 포괄성을 갖고 고안되었다. 이 '새로운 측정'을 적용하려는 참여자들은 먼저 자신들이 몸담고 있는 교육 시스템의 맥락에서 무엇이 중요한지 판단하고, 그에 맞는 실행 경로를 설계해야 할 것이다.

'새로운 측정'을 적용하는 것은 많은 경우 학교 운영 전반에 대한 사고와 수업 방식 자체를 바꿔야 하는 일이었다. 과거에는 참여자들이 환경이나 맥락을 반영할 여지가 거의 없는, 단계별로 고정되고 정형화된 실행 방식에 익숙했다. 게다가 깊은학습을 도입하더라도 초기에는 모범적인 사례나 실행 전략들이 충분하지 않기 때문에 참여자들 스스로 해당 학습을 탐색하고 고안하거나 협력적으로 설계할 수밖에 없다. 그러다 보니 참여자의 의지, 즉 스스로 실행 방식을 만들어내고, 그 과정에서 배우고, 그렇게 얻게 된 지식을 공유하려는 강한 의지를 갖고 있어야만 가능했다는 말이다. 다행히 지금 이러한 학습 공유의 문화가 점차 구체적인 형태를 갖춰가고 있으며, 학습자와 교사, 교육 리더들에게 실질적인 변화를 일으키고 있다. 이에 대해서는 뒤에서 좀더 자세히 살펴보기로 하자.

지금까지의 경험을 통해 우리는 깊은학습이 전 세계적으로 실현 가능할 뿐만 아니라 교육 시스템 형태와 관계없이 학습자와 교사 모두에게 실질적 변화를 만들어내고 있음을 확인했다. NPDL이 세계 곳곳에서 성공적으로 정착하고 있는 것 또한 그 도구와 프로세스가 유연하고 적응력이 뛰어나다는 점을 보여준다. 참여자들은 이 프레임워크를 매우 다양한 교육 체제와 교육과정 속에서 기대치에 부응하며 성공적으로 적용해 가고 있다. 이 여정의 초기 단계에서 수집된 수많은 증거는 깊은학습을 위한 글로벌 프레임워크의 실행 가능성을 입증했으며, 참여자들의 경험이 공유됨에 따라 계속 강화될 것이다.

글로벌 수준의 조정

지금까지 살펴본 깊은학습 모범 사례를 보면, 교사들이 자신의 수업을 설명하고 그 결과로 나타난 깊은학습 성과를 공유할 수 있는 기회를 갖는 것이 매우 중요하다는 것을 알 수 있다. 자신의 사례를 공유하고 다른 사람의 모범 사례를 참고함으로써 전 세계의 참여자들은 깊은학습 성과를 한층 깊은 수준으로 발전시키는 데 기여할 것이다. 필요한 것은 이러한 사례들에 담긴 학습 경험의 공유, 측정, 확장을 체계화하는 일이다. 이를 통해 깊은학습을 가장 효과적으로 촉진하는 새로운 교수법을 발전시킬 수 있게 된다.

　조정에 참여하는 사람들이 경험한 학습 수준은 평가자들 간에 평가 기준을 맞추는 데 중요한 자료가 된다. 또 과정 전반에 걸쳐 모든 수준의 학습에 긍정적인 영향을 미친다는 것도 보여준다. 세계적으로 보았을 때도 깊은학습 설계와 모범 사례 조정 과정에는 높은 수준의 집중이 필요하다. 이는 참여자들이 자신의 지속적인 성장과 발전을 위해 가장 강력한 깊은학습 사례들을 접할 수 있도록 하기 위함이다.

조정 과정을 통해 확인된 중요한 사항들은 다음과 같다.

- 학습 경험의 크기나 범위와 관계없이, 교사들은 '새로운 측정' 도구를 활용해 학습자 성과를 향상시키기 위해 각 요소를 어떻게 더 깊이 있게 발전시킬 수 있을지 고민할 수 있다.
- 학습은 학생의 삶과 연결될 때, 즉 자신이 누구인지, 어떻게 세상에 적응할 것인지, 자신이 세상에 공헌할 수 있는 방법과 연결될 때 가장 깊이 일어난다. 학습목표와 상관없이 교사에게는 평범한 학습을 학생들의 삶과 세상에 변화를 일으키는 깊은학습으로 전환할 기회가 있다.
- 글로벌 조정 결과 개선이 가장 필요한 요소는 디지털 활용으로 확인되었다. 디지털 기술을 통해 학습자의 성장을 가속하려면, 디지털 도구가 6C의 교육과정 개발에 학생 참여를 촉진할 수 있도록 그 방법을 마련하는 데 중점을 두어야 한다.

마무리하며

깊은학습은 이미 전 세계 초중고교 교육 시스템 전반에 자리 잡고 있다. 초중고교에서는 깊은학습의 새로운 측정 방법을 마련하는 데 무게를 두고 있으며, 이를 광범위한 평가 증거와 함께 사용하여 개별 학생의 성공을 종합적으로 조망하려 하고 있다.

깊은학습으로의 광범위한 전환이 직면한 주요 과제 중 하나는 초중고교를 넘어 대학 교육과의 연결 고리를 형성하는 것이다(Scott, 2016; Tijssen & Yegros, 2016). 학생이 어떤 사람인지, 그는 시험 점수를 받는 것 외에 무엇을 했으며 어떤 능력이 있는지, 타인의 삶과 세계에 어떻게 기여하기를 희망하는지 등에 대한 광범위한 증거를 활용하는 것보다, 시험 점수 및 기타 표준화된 측정으로 학생들을 비교하는 일이 훨씬 쉽기는 하다. 핵심 논점은 학생의 성공과 잠재력을 하나의 지표로만 예측하려는 것에서 벗어나 진정으로 학생이 가진 중요한 점에 집중하고, 학생을 진정으로 이해하려는 방법을 찾자는 것이다. 입학 전형에서 학생들에게 그들의 학습을 증명할 수 있는 기회를 똑같이 적게 준다고 해서 더 공평한 것이 아니다. 그보다는 학생들이 다양하고 광범위한 방법으로 자신의 학습을 보여줄 수 있는 기회를 가질 때 더 공평하다. 깊은학습은 이러한 기회를 제공한다.

한 NPDL 리더는 다음과 같이 말했다.

■ [깊은학습을 통해] 다양한 방법을 경험하면서 학생들은 더욱 똑똑해지고 능숙해졌다. 전통적인 학교에서는 학생들에게 이와 같은 기회를 항상 제공하지는 않았다. NPDL은 모든 아이들에게 놀라운 기회를 제공하고, 그들의 타고난 재능을 보여줄 수 있게 한다. 우리가 학생들에게 주는 좋은 기회와 함께 학생들을 바라보는 시각도 변화하고 있다.

요컨대, 깊은학습에서 추후에 다룰 영역 중 하나는 고등학교의 발전을 대학교육 분야의 새로운 교수법 및 평가와 연결하는 것이지만, 그것은 다른 책의 주제가 될 것이다.

이 장의 시작 부분에서 설명한 측정 프로세스로 돌아가서 살펴보자면, 다음 단계는 새로운 측정 작업을 통해 획득한 학습 정보를 사용하여 역량을 구축하는 데 더 집중하고, 필요에 따라 도구와 프로세스를 조정하는 과정이 될 것이다. 이 장에서는 학습에 대한 세부 사항을 안내하였고, 다음 장에서도 계속해서 깊은학습의 다음 단계에 대한 정보를 제공한다.

새로운 측정 방법은 여러 국가의 교육 시스템에서 충분한 테스트를 거친 다음, 학습에 비추어 학습도구를 평가, 개정한다는 목표로 협력 파트너십의 논의를 거쳐 만들어졌다. 현재 우리는 깊은학습 결과를 더욱 효과적으로 길러낼 수 있도록, 이 도구들이 역량 강화와 학습 성과 측정에 있어서 보다 강력한 기능을 발휘할 수 있도록 정교화하고 있다.

큰 그림의 일환에서 살펴보면 깊은학습 졸업생들이 가질 것으로 기대되는 역량인 6C를 학습 성과로 평가할 필요가 있다. 이미 우리는 경제협력개발기구(OECD)와 협력하여 글로벌 역량 개발을 지원하는 중이다. 글로벌 역량을 어떻게 정의할지 국제적 합의에 도달하기란 상당히 어렵고 복잡하다. 동일한 용어에 부여하는 의미가 각 나라마다 서로 다를 수 있기 때문이다.

이런 점에서 우리는 학습 진전도를 평가하는 접근 방식이 이 논의에 긍정적으로 작용할 것이라고 생각한다. 우리 모두는 앞으로 나아갈 것이고, 핵심은 깊은학습을 달성하는 실질적 조건과 과정, 성과물에 초점을 맞추는 데 있다. 이것이 바로 이 책의 주제다. 우리는 이러한 흐름 속에서 적극적으로 참여해 나가기를 기대한다.

마지막으로 덧붙이려는 말은 이것이다. 세상과 연결되고 세상을 바꾸는 일은 근본적으로 심오하고 영적인 것이다. 깊은학습 속에는 이와 같은 신성한 가치와 세속적 가치가 함께하고 있다. 세상에 영향을 미치면서 배우고, 그 과정에서 세상을 변화시키고, 동시에 자신을 지속적인 만족으로 이끄는 일, 이 모두는 진화인 동시에 영적인 일이다.

PART 3

불안정한 미래

그리스 신화에는 위험한 인어 같은 존재가 세 명 등장하는데,
이들은 매혹적인 음악과 목소리로 근처를 지나던 선원들을 유혹해
자신들이 사는 섬의 바위투성이 해안에 난파시키곤 했다.

In Greek mythology were three dangerous mermaid-like creatures
who lured nearby sailors with their enchanting music and voices
to shipwreck on the rocky coast of their island.

제10장 │ 파멸인가, 구원인가

세이렌

인류에게 지금처럼 이토록 많은 위험과 기회가 있다는 사실을 인지할 때가 있었는지, 그리고 그 위험에 대해 무엇을 해야 하는지, 그리고 어떤 결정을 해야 할지 이토록 모호했던 때가 있었는지 의문스럽다. 지금이야말로 파울루 프레이리(Paulo Freire, 2000, p. 32)가 교육의 역할에 대해 남긴 조언을 진지하게 새겨야 할 때다. "세상을 변화시키고, 그 변화를 통해 개인과 공동체 모두가 더 풍요롭고 온전한 삶의 새로운 가능성으로 나아가야 한다." 이보다 더 명확하게 깊은학습의 목적을 설명하는 정의도 없을 것이다.

마지막 장에서 우리는 두 가지 중대한 질문을 다루려 한다. 하나는 '깊은학습으로 갈 곳은 천국인가, 지옥인가?'라는 물음에 대한 답이며, 두 번째는 가장 중요하고 궁극적인 도전과제, '사회의 심화되는 불평등 문제를 어떻게 다룰 것인가?'이다.

깊은학습, 천국인가 지옥인가

동료이자 사회학자인 잘 메흐타(Jal Mehta)는 깊은학습 사례 연구를 위해 미국 전역의 중고등학교 중 깊은학습을 실천한다고 알려진 여러 학교를 방문하고 나서 이렇게 보고했다. 안타깝게도 진정한 의미의 깊은학습이라 할 수 있는 사례를 거의 찾아볼 수 없었다는 것이다(Mehta & Fine, 2015). 이후 그는 자신이 목격한 현실을 바탕으로 해석을 시도했고, 그 내용을 블로그에 '깊은학습을 망치는 10가지'이라는 제목으로 발표했다(Mehta & Fine, 2016).

잘 메흐타는 현 교육 체제의 관성이 깊은학습을 가로막고 있다고 지적했다. 깊은학습을 실천하고 있다고 주장하는 학교들조차 말이다. 그가 목격한 현실은 마치 그리스 신화 속 세이렌의 유혹과도 같았다. 멀리서 들을 때는 매혹적이지만 다가가면 파멸이다. 반면 우리의 경험은 달랐다. 깊은학습이 어떤 모습일지 명확하게 틀을 짜고 이것이 실제로 가능할 수 있도록, 서로의 경험에서 배울 수 있는 인프라를 구축했기 때문이다. 깊은학습을 실제 교육현장에 구현하는 일은 많은 사람들이 생각했던 것보다 훨씬 더 어렵다. 왜냐하면 이것은 단순한 교수법의 변화가 아니라 혁신을 동반하며, 새로운 관계들을 만들어야 하고, 이전에 몰랐던 것들을 탐색하고 발견해야 하는 과정이기 때문이다. 게다가 학교에서 소외된 학생들까지 참여시켜야 하고, 무엇보다도 기존 체제의 보수성과 정면으로 맞서야 한다.

잘 메흐타가 제시한 '깊은학습을 망치는 10가지'와 우리가 정리한 '깊은학습을 실현하는 10가지'를 비교해 보자.

깊은학습을 망치는 10가지

1. 당신 자신이 깊고 강력한 학습을 직접 경험해본 적이 없다면
2. 학교의 문법(틀과 규칙)을 새롭게 상상할 의지가 없다면
3. 학생을 지금 현재 가능성을 지닌 존재로 존중하지 않는다면
4. 학생에게 선택권을 전혀 주지 않는다면
5. '적을수록 더 깊다'는 마음가짐으로 살지 않는다면
6. 모르는 것을 모른다고 인정하고 싶지 않다면
7. 실패를 받아들이지 않고 수정과 개선으로 발전시키지 못하면
8. 학생이 당신의 수업이나 관심에 속해 있다고 느끼지 못하면
9. 기존 질서를 약간이라도 뒤흔들 용기가 없다면
10. 깊은학습이 본질적으로 기존 문화에 반하는 시도라는 사실을 깨닫지 못한다면

깊은학습을 실현하는 10가지

1. 단순한 개념에서 복잡한 개념으로 나아가는 학습
2. 개인적이면서 동시에 집단적인 학습
3. 관계와 교수법을 변화시키는 학습
4. 기억에 오래 남는 학습
5. 비슷한 방향을 지향하는 사람들이 함께하는 학습
6. 핵심 문제와 이슈에 대한 혁신을 기반으로 한 학습
7. 형평성을 해결해 모두의 탁월성을 추구하는 학습
8. 세상과 연결되고, 세상을 변화시키는 학습

9. 오늘의 학생이 내일의 시민이 되도록 준비하는 학습
10. 젊은 세대가 어른을 더 나은 존재로 만드는 학습

앞서 언급했듯이 아직까지 시스템 전반에 걸쳐 깊은학습을 가능하게 하는 정책적 기반을 제대로 구축한 국가나 주는 없다. NPDL에 참여한 교사, 교장, 지역교육청 리더들 또한 기존의 평가 시스템이나 성적표, 교육과정 적용 범위 등 시스템 장벽 때문에 깊은학습 실행에 많은 어려움을 겪었다. 하지만 최근 핀란드, 브리티시컬럼비아주 등 몇몇 지역에서 깊은학습에 적합한 새로운 교육과정 정책을 발표했다는 점은 주목할 만하다. 이러한 정책을 어떻게 실행할 것인지에 대한 구체적인 방안은 부족하지만, 동시에 변화의 가능성도 있다.

2017년 9월, 캐나다 온타리오주는 깊은학습을 위한 정부 차원의 정책적 틀과 방향으로 과감한 전환을 단행했다. '교육형평성 실행계획(Equity Action Plan)'을 명확히 수립한 데 이어 교육성과평가원(EQAO)에서 수행한 기존 평가 관행을 점검하고, 수학 및 기타 과목을 포함한 교육과정을 전면 개정하기로 발표한 것이다. 6C를 바탕으로 새로운 성적표를 도입하기로 한 점도 주목할 만하다. (단 여기서는 '인성'이 '자기주도학습'으로 대체되고 있다.)

다른 정부들도 비슷한 방향으로 움직이고 있다. 2017년 10월, 뉴질랜드는 국가학업성취기준을 폐지하고, 학습 진전도와 깊은학습 및 6C에 부합하는 요소를 활용하는 새로운 정책을 발표했다. 뉴질랜드와 온타리오주에서는 깊은학습을 가로막는 제도적 장벽, 예를 들어 학습 성

과를 평가하는 방식에 대한 경직된 기준 등을 제거하거나 완화하는 식으로 변화를 추진하고 있다. 이런 변화들은 비록 완전한 정책 인프라 구축까지 나아가진 못했지만 전 세계적으로 이러한 흐름이 강력하게 형성되어 나가는 것을 예측하는 신호로 볼 수 있다. 깊은학습은 정책 결정자들을 향해 수직적으로, 그리고 풀뿌리 현장에서도 수평적으로 확산되고 있다.

흥미로운 지점

깊은학습의 발전을 더디게 만드는 두 가지 외부 요인이 있다. 하나는 급속도로 증가하고 있는 사회적 불평등이고, 또하나는 빠르게 가속화되고 있는 디지털 미래다. 공학자이자 인텔 사의 공동 창립자인 고든 무어(Gordon Moore)는 컴퓨터 처리 능력과 기술 발전 속도가 18~24개월마다 두 배씩 증가한다는 '무어의 법칙'을 말했지만, 이 같은 전망조차 보수적으로 보일 만큼 디지털 세상은 급격히 발전하고 있다.

도시 문제 전문가 리처드 플로리다(Richard Florida)는 미국의 도시에 대한 연구 결과를 「The Urban Crisis(도시의 위기)」(2017)라는 제목의 보고서로 발표했다. 여기서 그는 플로리다주에 대하여 "상대적으로 유리한 계층과 그 외 거의 모든 사람들 사이의 격차가 점점 더 벌어지고 있다."(pp. 55~56)라고 했다. 이러한 추세와 함께 나타나는 또 하나의 심각한 현상은 바로 세대를 거듭하며 고착화되는 빈곤이다.

■ 미국에서 가장 가난한 하위 25퍼센트 지역에서 성장한 아프리카계 미국인 중 3분의 2는 지금도 그들이 살았던 것과 비슷한 불우한 지역에서 자녀들을 양육하고 있다(p. 117).

이러한 현실은 우리가 주장하는 형평성 가설과 맞닿아 있다. 형평성 가설은 불평등을 정면으로 해결하기 위해 '탁월함'을 추구하고, 이를 지역사회의 투자와 결합할 때, 사람들을 실패의 악순환에서 벗어나게 할 수 있다는 것이다. 소규모이긴 하지만 캘리포니아주 린우드 지역 교육청의 사례에서 그 가능성을 확인할 수 있다. 이곳에 재학 중인 약 1만 5천 명의 학생들은 사회경제적으로 열악한 가정의 자녀들로서 학교는 보건 및 주거에 대한 요구와 학습 수월성과의 결합에 초점을 맞춤으로써 졸업률을 90퍼센트 이상(주 평균보다 12퍼센트 높은 수준)으로 높인 것이다. 리처드 플로리다가 언급한 7가지 주요 해결책 중 하나가 '사람과 공간에 투자하여 빈곤을 퇴치하는 것'이다. 모든 학생들은 우리의 숨겨진 보물로서 건강, 주택, 안전 및 학교의 통합 지원을 통해 충분히 성공할 수 있는 역량과 잠재력을 지니고 있다.

요컨대 지역사회와 학교의 결합은 중요하다. 모두를 위한 깊은학습에 도달하는 일은 불평등을 줄이는 것뿐만 아니라 모두의 번영으로 이어진다. 6C를 갖춘 수많은 젊은이들이 세상에 얼마나 많은 선한 영향력을 끼칠 수 있을지 상상해보라. 모든 아이들을 위한 깊은학습의 탁월함으로 불평등을 줄이고, 사회 전체의 건강성을 키워나가자.

맥아피와 브리뇰프슨(McAfee & Brynjolfsson, 2017)이 말했듯이 디

지털 미래를 잘 활용하는 것은 또 다른 과제다. 미래 사회를 준비하는 데 깊은학습 역량을 발전시켜야 하는 이유는 인간의 능력을 발전시켜야 하는 이유만큼이나 많다. 맥아피와 브리뇰프슨은 기계, 플랫폼, 군중의 발전에서 나타나는 폭발적 위력, 상호작용을 분석한다. 기계는 디지털 기술이 만들어낸 광범위한 능력, 플랫폼은 정보의 조직 및 확산과 관련되어 있다. 군중은 '놀라울 정도로 방대한 양의 지식, 전문 지식 및 열정이 전 세계에 분포되어 있으며, 언제라도 온라인을 통해 사용할 수 있고, 집적될 수 있음'(p.14)을 의미한다. 저자들은 이 세 가지 힘 각각을 둘씩 묶어 결합(p. 18)'한 새로운 세 가지 요소를 제시하며, 앞으로 성공하는 기업들은 새로운 세 가지 요소를 활용하여 현재 우리가 하는 것과는 매우 다른 방식으로 업무를 수행하게 될 것으로 예견한다.

사실 복잡한 이야기다(로봇 이야기는 아직 꺼내지도 않았다). 요점을 말하자면 다음과 같다.

> ■ 이 [새로운] 일에 착수하지 않고 현 상태의 기술 및 조직에만 집착하는 이들은 과거에 증기 동력에 집착했던 사람들과 똑같은 선택을 하는 셈이다. (중략) 그리고 결국 똑같은 운명을 맞이하게 될 것이다(McAfee & Brynjolfsson, 2017, p. 24).

이러한 흐름은 우리가 깊은학습에 대해 지금까지 말한 거의 모든 것을 정당화하고 미지의 미래를 향해 확장시킨다. 이는 형평성 가설과 관련된 '숨겨진 보물'의 가능성을 활짝 열어젖히며 기존 학교 교육의 기반을 흔들고 깊은학습의 확대를 요구하는 상황을 만들어낸다.

그렇다. 어쩌면 엘모어(Elmore, 2016)의 말이 옳을지도 모른다. 우리가 알고 있는 학교 교육 제도는 앞으로 맞이하게 될 새로운 환경에서는 살아남을 수 없을 것이다. 학교, 학생, 학부모, 교육자 모두가 알 수 없는 미래에 앞서 대응해야 하며, 이를 위해 글로벌 역량을 키우고 더 나은 세상을 만들기 위해 당장 나서야 한다.

'숨겨진 보물' 현상을 드러내는 단순하지만 극적인 예를 들어보자. 맥아피와 브리뇰프슨이 소개한 플로리다주 브로워드 카운티의 사례다. 이 학교의 학생들 대부분은 소수 민족 출신이었는데 영재 프로그램에 참여하는 아이들은 과반수 이상이 백인이었다. 영재 학생 선발을 학부모나 교사의 추천으로 진행했기 때문이다. 그러자 교육청에서는 선정 방식을 바꾸어, 모든 학생에게 비언어적 지능검사를 실시했다. 간단한 변화였지만 결과는 놀라웠다. 경제학자 데이비드 카드(David Card)와 로라 줄리아노(Laura Giuliano)가 분석한 바에 의하면, 새로 선정된 영재 학생에는 아프리카계 미국인 학생이 기존보다 80퍼센트 이상, 히스패닉계 학생들은 130퍼센트 이상 늘어난 것이다(McAfee & Brynjolfsson, 2017, p. 40).

기계, 플랫폼, 군중을 활용하는 시스템은 이처럼 편견을 줄이고 더 공정하고 객관적으로 판단하게 한다. 디지털화된 세계에서 무언가를 성취하려면 꼭 필요한 인간적 연결을 가능하게 하는 핵심 역량이 바로 6C라는 뜻이다. 맥아피와 브리뇰프슨(2017)이 언급했듯이, 학습자는 깊은 학습 모델을 통해 '군중'에 접속하고 상호작용하고 협업한다.

■ 상호 연결된 컴퓨팅 성능이 전 세계적으로 확산되고, 그 위에 유용한 플랫폼이 구축됨에 따라 클라우드 컴퓨팅은 명백하게 실현 가능하고 가치 있는 자원이 되었다(p. 259).

우리에게 여전히 학교나 그와 유사한 무언가가 필요할까? 기술을 가진 군중이 학교를 능가할 수 있게 되면 과연 학교가 더 이상 필요한 걸까? 현재와 같은 형태의 학교는 꼭 필요하다고 말할 수 없다. 하지만 한 가지는 분명하다. 6C를 갖춘 학습자들이 어떤 방식으로든 조직되고, 서로 연결되어 협력하는 구조는 꼭 필요하다는 것이다.

우리가 이 책의 마지막에 덧붙이고자 하는, 그리고 깊은학습과도 잘 맞아떨어지는 결론은 바로 인간은 서로를 원하고 필요로 한다는 사실이다. 이는 다양한 의견들이 조화를 이루며 양립할 수 있는 이유이기도 하다. 인간이 사회적 존재라는 결론을 내리기에 충분한 신경과학적 증거들도 있다. 인간의 사회적 발전 능력은 그들의 삶의 경험에 따라 증폭되거나 약화되며, 이는 개인 또는 그룹의 차이를 만든다.

미래는 불확실하고 누구도 알 수 없다. 중국의 거대 인터넷 회사 텐센트(Tencent)는 자신을 '야생에서 태어난 존재'라고 묘사하는데, 이 표현은 지금 우리가 처한 풍요롭고도 예측 불가능한 환경을 상징하는 훌륭한 은유다. '요즘 세상'에 태어나는 학습자들은 '야생에서 태어난 것'이나 다름없이 살아간다. 그들은 살아남고 성장하기 위해 세상의 기지와 지혜를 모두 동원해야 하고, 그러한 능력을 길러낼 수 있도록 주변의 도움도 받아야 한다.

그러려면 6C가 반드시 필요하다. 세상은 경이롭고 신비롭지만 위험하고 놀랍기도 하다. 역설적으로 들릴지 모르지만 잘 살기 위해서는 도움도 필요하다는 점을 인정해야 한다.

우리는 그동안 글로벌 네트워크 안에서 6C와 깊은학습을 촉진하면서 새로운 6가지를 발견했다. 그 내용은 다음과 같다.

- 인류를 돕고자 하는 마음. 어린이와 청소년은 본능적으로 세상을 더 나은 곳으로 만들고자 하는 성향을 지니고 있다. 이런 마음을 학습과 연결할 때, 교육은 살아 있는 실천이 된다.
- 삶과 배움의 융합. 배움은 일상에서 중요한 것과 가까울 때 가장 강력히 진행된다. 학습은 개인의 목적의식과 의미 있는 결과물 만들기와 연결될 때 진정한 힘을 발휘한다.
- 타인과 함께하려는 내재적 동기. 가치 있는 일을 다른 사람과 함께 해내는 경험은 인간에게 가장 강력한 동기부여 요소 중 하나다. 깊은학습은 이를 자연스럽게 끌어낸다.
- 변화의 촉매로서 인성, 시민성, 창의성. 이는 새로운 것을 탐색하고, 실제로 의미 있는 변화를 만들어내는 데 핵심적 역할을 한다.
- 최고의 변화 주체인 청소년. 아기 때부터 시작되는 변화 가능성은 실제로 가장 강력한 사회 변화의 원천이 될 수 있다. 하지만 이들은 고립된 개인으로서가 아니라, 세대 간 시너지를 통해 잠재력을 실현한다.
- 탁월성으로 불평등에 맞서기. 세상은 점점 더 불평등해지고 있

다. 모든 아이들이 깊은학습을 통해 탁월함을 발휘할 수 있게 하는 것이야말로 모두가 생존하고 번영하는 핵심 전략이 된다.

위와 같은 발견들은 다음 명제에 정확히 부합한다.

"세상에 참여하고, 세상을 변화시켜라."
"선한 일을 하면 더 많이 배운다."
"세상은 나를 필요로 한다."

이러한 주제들은 단순한 구호나 감상적인 이상이 아니라 경험 기반의 깊은학습에서 실제로 우러나온, 살아 숨 쉬는 통찰의 발견이다. 그 발견은 기계, 플랫폼, 군중이 예측할 수 없는 방식으로 상호 작용할 미래와도 관련된다. 이처럼 강력한 외부의 힘에 직면했을 때, 서로 연결되고, 서로를 돌보는 인간의 능력은 더욱 절실해질 것이다. 단적으로 말해 깊은학습은 더욱 필요하다는 뜻이다.

지금처럼 깨어 있는 학습자들이 서로 협력하며, 세상의 큰 흐름에 연결되어 있어야 할 때는 없었다. 물론 이 모든 것이 잘못될 수도 있다. 하지만 어떤 상황에서도 6C 역량을 갖춘 학습자들이라면 훨씬 더 나은 삶을 살 수 있다는 것은 분명하다. 우리 모두가 함께 기대할 수 있는 최선의 희망은, 미래의 세상을 깊은학습자들이 물려받는 것이다.

참고 문헌

American Institutes of Research. (2014). *Study of deeper learning: Opportunities and outcomes.* Palo Alto, CA: Author.

Biggs, J., & Collis, K. (1982). *Evaluating the quality of learning: The SOLO taxonomy (structure of the observed learning outcome).* New York, NY: Academic Press.

Cadwell, L. B. (1997). *Bringing Reggio Emilia home: An innovative approach to early childhood education.* New York, NY: Teachers College.

Cadwell, L. B. (2002). *Bringing learning to life: A Reggio approach to early childhood education.* New York, NY: Teachers College.

Clinton, J. (2013). The power of positive adult relationships: Connection is the key. Retrieved from http://www.edu.gov.on.ca/childcare/Clinton.pdf

Comber, B. (2013). Schools as meeting places: Critical and inclusive literacies in changing local environments. *Language Arts*, 90, 361–371.

Connection through relationship: The key to mental health. (2017, June 13). [Seminar]. Toronto, Canada.

Davidson, E. J., & McEachen, J. (2014). *Making the important measurable: Not the measurable important.* Seattle, WA: The Learner First.

The Deming Institute. (n.d.). The Deming system of profound knowledge. Retrieved from https://deming.org/explore/so-p-k

The Economist. (2017). Together, technology and teachers can revamp schools. Retrieved from https://www.economist.com/news/leaders/21725313-how-science-learning-can-get-best-out-edtech-together-technology-andteachers-can

Elmore, R. (2016). Getting to scale . . . it seemed like a good idea at the time. *Journal of Educational Change, 17*, 529–537.

Epstein, J. L. (2010). School/family/community partnerships: Caring for the children we share. *Phi Delta Kappan, 92*, 81–96.

Epstein, J. L., Sanders, M. G., Sheldon, S. B., Simon, B. S., Salinas, K. C., Jansorn, N. R., Van Voorhis, F. L., . . . Williams, K. J. (2009). *School, family, and community partnership: Your handbook for action* (3rd. ed.). Thousand Oaks, CA: Corwin.

Florida, R. (2017). *The new urban crisis.* New York, NY: Basic Books.

Fraser, B. J. (2012). *Classroom environment.* New York, NY: Routledge.

Freire, P. (1974). *Education for critical consciousness.* London, UK: Bloomsbury.

Freire, P. (2000). *Pedagogy of the oppressed.* New York, NY: Bloomsbury.

Freire, P. (2013). *Education for critical consciousness.* London, UK: Bloomsbury Academic.

Fromm, E. (1941). *Escape from freedom.* New York, NY: Farrar & Rinehart.

Fromm, E. (1969). *Escape from freedom* (2nd ed.). New York, NY: Holt.

Fullan, M. (2014). *The principal: Three keys for maximizing impact.* San Francisco, CA: Jossey-Bass

Fullan, M. (2015). *Freedom to change.* San Francisco, CA: Jossey-Bass.

Fullan, M. (2017). *Indelible leadership: Always leave them learning.* Thousand Oaks, CA: Corwin.

Fullan, M., & Edwards, M. (2017). *The power of unstoppable momentum: Key drivers to revolutionize your district.* Bloomington, IN: Solution Tree.

Fullan, M., & Gallagher, M. J. (2017). *Transforming systems: Deep learning and the equity hypothesis.* Palo Alto, CA: Learning Policy Institute.

Fullan, M., & Hargreaves, A. (2016). *Bringing the profession back.* Oxford, OH: Learning Forward.

Fullan, M., & Quinn, J. (2016). *Coherence: The right drivers in action for schools, districts, and systems.* Thousand Oaks, CA: Corwin.

Gallup. (2016). 2016 Gallup Student Poll: A snapshot of results and findings. Retrieved from http://www.gallup.com/file/reports/211025/2016 Gallup Student Poll Snapshot Report.pdf

Grey, A. (2016). The 10 skills you need to thrive in the fourth industrial revolution. *World Economic Forum.* Retrieved from https://www.weforum.org/agenda/2016/01/the-10-skills-you-need-to-thrive-inthe-fourth-industrial-revolution

Hattie, J. (2012). *Visible learning for teachers.* New York, NY: Routledge.

Heller, R., & Wolfe, R. (2015). *Effective schools for deeper learning: An exploratory study. Students at the center: Deeper learning research series.* Boston, MA: Jobs for the Future.

Helm, H., Beneke, S., & Steinheimer, K. (2007). *Windows on learning: Documenting young children's work.* Ann Arbor, MI: Teachers College Press.

Howcroft, J. (2016). *What makes a great community?* [NPDL Exemplar].

Huberman, M., Bitter, C., Anthony, J., & O'Day, J. (2014). *The shape of deeper learning: Strategies, structures, and cultures in deeper learning network high schools. Report #1 findings from the study of deeper learning: Opportunities and outcomes.* Washington, DC: American Institutes for Research. Retrieved from http://www.air.org/sites/default/files/downloads/report/Report%20 1%20The%20Shape%20of%20Deeper%20Learning_9-23-14v2.pdf

Hutchins, D. J., Greenfeld, M. G., Epstein, J. L., Sanders, M. G., & Galindo, C.(2012). *Multicultural partnerships: Involve all families.* New York, NY: Taylor and Francis.

Ilo, A., & Saarenkunnas, M. (2016). *Europe.* [NPDL Exemplar].

Institute for the Future for University of Phoenix Research Institute. (2011). Future work skills 2020. Retrieved from http://www.iftf.org/uploads/media/SR-1382A_UPRI_future_work_skills_sm.pdf

The Internet challenge in China: A case study of Tencent. (2015). [Seminar]. Palo Alto, CA: Stanford Law School.

Jenkins, L. (2013). *Permission to forget.* Milwaukee, WI: American Society for Quality.

Jenkins, L. (2015). *Optimize your school: It's all about strategy.* Thousand Oaks, CA: Corwin.

Kluger, J. (2009). *Simplexity: Why simple things become complex (and how complex things can be made simple).* New York, NY: Hyperion.

Lindstrom, M. (2016). *Small data: The tiny clues that uncover huge trends.* New York, NY: St. Martin's Press.

McAfee, A., & Brynjolfsson, E. (2017). *Harnessing the digital world: Machine platform crowd.* New York, NY: W. W. Norton.

Mehta, J. (2016, August 25). Deeper learning: 10 ways you can die. [Web log comment]. Retrieved from http://blogs.edweek.org/edweek/learning_deeply/2016/08/deeper_learning_10_ways_you_can_die.html

Mehta, J., & Fine, S. (2015). *The why, what, where, and how of deeper learning in American secondary schools. Students at the center: Deeper learning research series*. Boston, MA: Jobs for the Future.

Miller, P. [millerpEDU]. (2017, February 7). The modern learning "space" includes physical and virtual spaces but more importantly the cultural and relationship spaces. #innovations21 [Tweet]. Retrieved from https://twitter.com/millerpEDU/status/828980776502964228

Montessori, M. (2013). *The Montessori method*. Piscataway, NJ: Transaction.

Moore, G. (1965). Cramming more components onto integrated circuits. *Electronics,* 114–117.

New Pedagogies for Deep Learning. (2016). NPDL Global Report. (1st ed.). Ontario, Canada: Fullan, M., McEachen, J., Quinn, J. Retrieved from http://npdl.global/wp-content/uploads/2016/12/npdl-global-report-2016.pdf

New Pedagogies for Deep Learning: A Global Partnership. (2016). *Bendigo Senior Secondary College speed dating with the pollies*. Retrieved from http://fuse.education.vic.gov.au/?8KKQKL

Noguera, P., Darling-Hammond, L., & Friedlaender, D. (2015). *Equal opportunity for deeper learning. Students at the center: Deeper learning research series*. Boston, MA: Jobs for the Future.

OECD. (2016). *Global competency for an inclusive world*. Paris, France: OECD.

Ontario Ministry of Education. (2014a). *Achieving excellence: A renewed vision for education in Ontario*. Ontario, Canada: Author. Retrieved from http://www.edu.gov.on.ca/eng/about/renewedvision.pdf

Ontario Ministry of Education. (2014b). *Capacity building series: Collaborative inquiry in Ontario*. Ontario, Canada: Author. Retrieved from http://www.edu.gov.on.ca/eng/literacynumeracy/inspire/research/CBS_CollaborativeInquiry.pdf

Ontario Ministry of Education. (2014c). *How does learning happen? Ontario's pedagogy for the early years.* Ontario, Canada: Author. Retrieved from http://www.edu.gov.on.ca/childcare/HowLearningHappens.pdf

Ontario Ministry of Education. (2016). *Ontario's well-being strategy for education.* Ontario, Canada: Author. Retrieved from http://www.edu.gov.on.ca/eng/about/WBDiscussionDocument.pdf

OWP/P Cannon Design Inc., VS Furniture, & Bruce Mau Design. (2010). *The third teacher: 79 ways you can use design to transform teaching & learning.* New York, NY: Abrams.

Pane, J., Steiner, E., Baird, M., Hamilton. L., & Pane, J. (2017). *Informing progress: Insights on personalized learning implementation and effects.* Santa Monica, CA: Rand Corporation; Funded by Bill and Melinda Gates Foundation.

Pappert, S. (1994). *The children's machine: Rethinking school in the age of the computer.* New York, NY: Basic Books.

Piaget, J. (1966). *The origin of intelligence in the child.* London, UK: Routledge & Keegan Paul.

Quaglia, R., & Corso, M. (2014). *Student voice: The instrument of change.* Thousand Oaks, CA: Corwin.

Ramo, J. C. (2016). *The seventh sense.* New York, NY: Little Brown.

Robinson, K. (2015). *Creative schools.* New York, NY: Viking.

Robinson, V. (2017). *Reduce change to increase improvement.* Thousand Oaks, CA: Corwin.

Rubin, C. M. (2016). The global search for education: Would small data mean big change? [Blog]. Retrieved from http://www.huffingtonpost.com/c-m-rubin/the-global-search-for-edu_b_12983592.html

Ryan, R. M., & Deci, E. L. (2017). *Self-determination theory: Basic psychological needs in motivation, development, and wellness.* New York, NY: Guilford.

Schein, E. H. (2010). *Organizational culture and leadership* (4th ed.). San Francisco, CA: Jossey-Bass.

Scott, G. (2016). *Transforming graduate capabilities & achievement standards for a sustainable future.* Sydney, Australia: Western Sydney University.

Scott, K. (2017). Radical candor. New York, NY: St. Martin's Press.

Shnur, J. (2016). Pine River Annual Improvement Plan 2017, personal communication, December 2016.

Tijssen, R., & Yegros, A. (2016). The most innovative universities: An alternative approach to ranking. *Times Higher Education.* Retrieved from https://www.timeshighereducation.com/blog/most-innovative-universitiesalternative-approach-ranking

Timperley, H. (2011). *The power of professional learning.* Maidenhead, UK: Open University Press.

Tough, P. (2016). *Helping children succeed: What works and why.* New York, NY: Houghton Mifflin Harcourt.

Walker, B., & Soule, S. (2017, June 20). Changing company culture requires a movement, not a mandate. *Harvard Business Review,* 2–6.

깊은학습 여정에 함께한 나라들

NPDL에 참여한 7개국에서는 개별 국가의 특성을 반영한 깊은학습 여정을 엿볼 수 있다. 이 책에는 일부 사례만 포함되어 있지만 이 외에도 수많은 사례가 곳곳에 등장하고 있다. 이것은 깊은학습의 성장 동력이자 시스템 변화를 일으키고 세계 곳곳으로 전파되게 만드는 힘이다. 웹사이트(https://deep-learning.global)를 방문하면 더 많은 사례를 볼 수 있을 것이다.

호주

호주에서는 빅토리아주와 태즈메이니아주 교육훈련부가 NPDL 실행을 주도했다. 프로젝트는 빅토리아주 80개교, 태즈메이니아주 20개교로 시작되었고, 2015년에는 퀸즐랜드주에서 8개 학교가 하위 클러스터로 참여했으나 단 1년 만에 29개교로 확대되었다(2025년 현재 호주 전역의 1,800여 개 이상의 학교가 20개국 이상 국가와 협력하며 NPDL 글로벌 네트워크에 참여하고 있다—옮긴이). 호주는 글로벌 수준의 도구와 절차를 빠르게 도입하면서도 현지 맥락에 맞는 내부적 접근을 통해 강력한 역량을 구축하고 있다. 지역 간 협력적 탐구를 통해 아이디어와 기술의 교차 검토 및 깊은 대화를 촉진했고, 폭넓은 지원 구조와 고품질 자원을 개발하여 다른 국가들과 공유했다. 또한 가상의 깊은학습 랩을 폭넓게 운영하여 전 세계 교육자들이 혁신 사례와 시스템을 공유할 수 있는 플랫폼을 마련하고, 깊은학습 진전도 기반의 평가 시스템 및 프레임워크를 강화하고 있다.

캐나다

캐나다는 10개 주와 3개 준주(주보다는 규모가 작은 행정구역 단위—옮긴이)마다 각각 교육부와 하위 교육청들이 조직되어 있다. 연방의 개입이나 국가 수준의 교육과정은 없지만 주 단위에서 개입하는 전반적인 조정은 있다. 2014년에 14개 교육청과 약 100개 학교가 함께 NPDL에 가입했고 최초의 NPDL 학교는 온타리오주와 매니토바주에 있었다(2025년 현재 6개 주 300개 이상의 학교와 28개 교육청이 NPDL에 적극적으로 참여하고 있다—옮긴이). 지리적으로 멀리 떨어져 있는 교육청들은 정기적으로 온라인 가상 회의를 사용하여 자원과 모범 사례를 공유하고 실천 과정에서 나타나는 문제를 조사한다. 강력한 역량 구축 접근 방식을 갖고 있으며, 깊은학습 랩 및 교육청 간의 상호 방문을 추진하는 등 '외부로 나아가 내부를 성장시키는' 능력을 중요하게 생각한다.

핀란드

핀란드는 지난 10년 동안 OECD 학생 평가에서 최상위 성과를 내고 있으며 매년 수천 명의 교육자들이 그러한 성과의 비결을 배우기 위해 핀란드를 방문하고 있다. 2020년대 이후 핀란드 정부는 학생들이 디지털 세계에 대비할 수 있도록 국가 교육과정을 새롭게 개편했고, 파트너인 마이크로소프트(Microsoft)사에서는 깊은학습을 시행 중인 100여 곳의 학교 클러스터 지원에 나섰다. 이러한 정책은 시스템 전반적인 사고 관점에 따라 새로 개편된 교육과정에서 다루지 못한 문제와 실천 방법을 NPDL을 통해 찾아내고 추진하려는 것임을 보여준다. 핀란드는 모든 지역에서 NPDL이 제공하는 지원도구를 활용함으로써 정밀성을 높이고, 설계, 협력, 측정, 평가, 공유 등을 진행하고 있다. 특히 핀란드의 협력적 탐구 및 글로벌 조정 프로세스는 전 세계 다른 곳에서 진행되는 것들과 핀란드의 방식을 비교할 수 있게 한다는 점에서 효율적이다. 교육은 지자체에서 관리하는데, 깊은 학습을 관리하는 단일 조직이 있어서 26개 지자체와 250개 이상의 학교를 연결하고 있다.

네덜란드

네덜란드의 교육은 구조적, 정치적으로 독특한 편이다. 네덜란드에서는 기준을 충족하기만 하면 누구나 신념에 따라 학교를 열 수 있다. 급격한 사회변화에 따른 교육변화 요구에 대응하기 위해 네덜란드 교육부는 <2035년 교육의 청사진>을 수립할 계획을 세우고 다양한 파트너를 연결하고 있다. NPDL 참여는 현대와 미래 교육을 위한 학습 전환이라는 국가적 목표와 직접적으로 맞닿아 있으며, 참여자들이 익숙한 틀을 벗어나 자신과 타인의 실천을 최적화하는 새로운 창의적 방식을 발견하도록 이끈다. NPDL은 다양한 학교와 교육 주체들을 공통의 학습 여정으로 연결하는 데 핵심적인 역할을 했다. 강력한 역량 구축 접근법과 포괄적인 도구들이 결합되면서 학교 간 연결이 형성되었고 '외부로 나아가 내부를 성장시키는' 변화를 이끌어냈다. 교사들은 불과 1년 전만 해도 상상할 수 없었던 수준으로 교수학습 과정과 학생과의 관계가 달라졌다고 말한다.

뉴질랜드

2017년 10월, 뉴질랜드 정부는 국가학업성취기준(National Standards)을 폐지했다. 그리고 전문가 및 현장 교사들과 함께 깊은학습과 6C에 부합하는 학습 진전도와 다른 요소들을 활용하는 새로운 체제로 전환하겠다고 발표했다. 정부는 학교가 협력적으로 공동 계획을 설계할 수 있는 기회를 제공함으로써, 기존 학습공동체(Communities of Learning, CoL) 과정을 토대로 공교육을 강화하려 하고 있다. 뉴질랜드는 원주민 학생의 참여도와 성취도를 높일 수 있는 프로그램에 지속적으로 집중하고 있으며, 이들의 문화적 배경과 언어적 특성을 반영한 고유한 별도의 성취측정 자격시스템을 신설할 계획도 세우고 있다. 또한 깊은학습을 위한 평가 체제를 설계하는 글로벌 챌린지에 동참, 역량 성취를 측정하는 방식을 꾸준히 모색하고 있다. NPDL 참여는 뉴질랜드의 역량기반 교육과정 체계와도 긴밀히 맞물려 있다. NPDL이 강조하는 6C와 새로운 학습 전략과 조직은 교사와 학교가 협력해 지역적·국가적 목표를 추구하는 데 이상적으로 생각되고 있다. 초기 참여 학교는 7개 정도였으나 매년 큰 폭의 성장을 보이고 있다. 주목할 점은 최근 뉴질랜드의 교육정책 변화가 온타리오주의 정책과 유사하게, 성취기준과 같은 장벽을 줄이거나 제거하여 깊은학습을 촉진하는 방향으로 나아가고 있다는 점이다.

미국

미국의 상황은 다양한 지역적 맥락과 정치적 구조로 인해 광대하고 복잡하다. 2017년까지 캘리포니아, 미시간, 워싱턴, 코네티컷 등 4개 주가 가입하여 활동했다. 이들은 지리적 경계를 넘어 학습할 수 있도록 연합 네트워크를 구축하고 클러스터를 형성했다. 상황, 지리 및 인구 통계는 모든 경우에서 다양하게 나타나지만, 각 주 내부뿐만 아니라 다른 주, 또는 세계적으로 다른 사람들과 배울 수 있는 기회를 제공한다는 특성에 매료되어 많은 이들이 관심을 보이고 있다. 일부 주에서는 대면 방식의 역량 구축 접근법을 시도했고, 여기에 네트워크가 더해지면서 협력의 폭이 넓어졌다.

우루과이

우루과이 시스템의 사례는 '천천히 움직여 빠르게 나아가는' 전략으로 국가 전체를 변화시키려는 열망을 보여준다. 교육을 미래 성공을 위한 중요한 기반으로 인식하고, 중앙 집중적인 통제 시스템에서 벗어나 모든 사람의 잠재력을 활용할 수 있는 시스템으로의 변화를 적극 추진해왔다. 이 과정을 주도하며 핵심적 역할을 한 것이 바로 '플랜 세이발(Plan Ceibal)'이다. 세이발은 우루과이 교육 혁신을 위해 공교육 정책에 서비스를 제공하는 디지털 기술 기관으로 정부의 지원은 받지만 독립적으로 운영되고 있다. 초기에는 100개 학교에서 도구와 과정을 기반으로 공통 언어와 역량을 구축했고, 이후 수 년간 기술 기반을 강화하며 400개 이상 학교, 671개 기관, 3,000개가 넘는 교육기관이 참여하는 모델로 확대되었다.

전 세계 1200개 학교에서 실행한 글로벌 역량교육의 실제

역량교육, 이렇게 한다

2025년 11월 25일 초판 1쇄 발행

지은이 Michael Fullan, Joanne Quinn, Joanne McEachen
옮긴이 이병승 박인혜

편집 마케팅 장현주 권구훈
표지 및 본문 디자인 폴리오

펴낸이 이찬승
펴낸곳 교육을바꾸는책
출판등록 2012년 4월 10일 | 제313-2012-114호
주소 서울시 마포구 양화로7길 76, 평화빌딩 3층
전화 02-320-3600(경영) 02-320-3604(편집)
팩스 02-320-3608

홈페이지 http://21erick.org
이메일 gyobasa@21erick.org
유튜브 youtube.com/user/gyobasa
블로그 blog.naver.com/gyobasa_edu
트위터 twitter.com/GyobasaNPO
인스타그램 instagram.com/gyobasa

978-89-97724-42-0 (93370)

• 책값은 표지 뒤쪽에 적혀 있습니다.
• 잘못 만든 책은 구입하신 서점에서 바꾸어 드립니다.